Qu'est-ce qu'un Fonctionnaire ?

FONCTION PUBLIQUE ET CONTRAT

PAR

Mlle G. BICHOFFE

Docteur en Droit

> La source de toutes les hérésies est de ne pas concevoir un accord de deux vérités opposées et de croire qu'elles sont . . . . incompatibles. La source de toutes les hérésies est l'exclusion de quelques unes de ces vérités.
>
> (PASCAL : Les pensées 862 édit. BRUNSCHWICG)

SOCIÉTÉ ANONYME
DU
RECUEIL SIREY
22, Rue Soufflot, PARIS 5e
Léon TENIN, Directeur de la Librairie.

1927

Qu'est-ce qu'un Fonctionnaire?

FONCTION PUBLIQUE ET CONTRAT

PAR

Mlle G. BICHOFFE

Docteur en Droit

> La source de toutes les hérésies est de ne pas con-
> cevoir un accord de deux vérités opposées et de croire
> qu'elles sont . . . . incompatibles. La source de toutes
> les hérésies est l'exclusion de quelques unes de ces
> vérités.
>
> (PASCAL: Les pensées 862 édit. BRUNSCHWICG)

SOCIÉTÉ ANONYME

DU

RECUEIL SIREY

22, Rue Soufflot, PARIS 5e

Léon TENIN, Directeur de la Librairie.

1927

TABLE DES MATIÈRES

— V —

AVANT-PROPOS

Comme toutes les théories juridiques, la théorie
de la fonction publique n'est qu'une abstraction. Il
n'y a de concret que la situation juridique de chacune des catégories indéfiniment variées de fonctionnaires. Mais de la multitude de ces situations il
est possible de dégager une sorte de «droit commun» dont elles ne sont les unes et les autres
qu'autant de «spécifications». Ainsi se sont consti-
tuées en droit public la théorie du domaine, la
théorie de la responsabilité etc... : le pouvoir doma-
nial, la responsabilité administrative, etc., se différen-
cient d'après la nature des parcelles sur lesquelles
s'exerce le premier, suivant le caractère des services dont le fonctionnement donne ouverture à la
seconde; mais au travers des « différenciations » il y
a un «droit commun» constitué par voie d'abstraction et de généralisation. C'est également en ce
sens qu'il est permis d'envisager l'élaboration d'une
théorie générale de la fonction publique. Elle ne représente point un système complet, susceptible de
rendre compte, tel quel, de la condition juridique
d'aucune catégorie des agents des services publics;
elle n'est qu'une charpente destinée à soutenir une
foule de constructions appropriées aux convenances
diverses des services administratifs; elle leur imprime une certaine communauté de style tout en
respectant l'originalité particulière de chacune d'elles.

C'est ainsi que l'ont manifestement compris les auteurs qui, avant nous, se sont attachés au problème que nous nous proposons de reprendre, pour y apporter la contribution de quelques vues personnelles dont la sincérité fera, nous l'espérons, excuser la hardiesse.

Nous avons été tenté d'être plus hardi encore. Partisan convaincu du «contrat de fonction publique», et persuadé néanmoins que ce contrat présente des caractères très différents des contrats de travail du droit privé, nous nous sommes demandé si ce dernier n'était pas, à son tour, un simple type abstrait, comportant, lui aussi, une foule de «spécifications» dont un certain nombre serait assez proche du «contrat de fonction publique». Les deux théories, civile et administrative, s'articuleraient ainsi, dans une synthèse puissante dont la complexité, bien loin de nous scandaliser, manifesterait son exacte adaption à la réalité des choses : et ce serait comme une plus haute abstraction en laquelle se rejoindrait, dans un «droit commun» de l'engagement de services, le «droit commun» de la fonction publique et le «droit commun» du contrat de travail de droit privé.

Nous ne cachons pas que, tout en nous séduisant fort, ce dernier point du programme nous à donné le vertige. Nous y avons renoncé. Nous savons donc qu'il y a quelque chose d'incomplet dans le travail que nous présentons : nous apportons simplement notre petite pierre à l'édifice, que nous laissons à des mains plus expertes le soin de terminer.

G. B.

FONCTION PUBLIQUE ET CONTRAT

INTRODUCTION

Qu'est-ce qu'un fonctionnaire? La question a été
si souvent et si vivement débattue, qu'elle devrait
être tranchée. Il n'en est rien. Son intérêt croît de
jour en jour. Nous n'avons pas l'illusion, ni la fa-
tuité de lui apporter une réponse décisive; nous
essayerons seulement de l'éclairer d'un jour qui n'a
peut-être pas été suffisamment aperçu jusqu'ici.

On peut l'aborder par deux côtés.

On peut d'abord la prendre, en quelque sorte, par
le dehors: se proposer la découverte d'un critère
propre à délimiter, parmi les agents des services
administratifs, ceux qui ont la qualité de fonctionnaire et ceux qui ont la qualité de salarié; c'est
plutôt se demander: *qui est fonctionnaire?*

Or, il est clair que la solution dépend d'une
question préalable, — celle-là même que nous avons
posée, et dans laquelle nous cantonnerons nos investigations — savoir: en quoi consistent les traits

caractéristiques de la condition juridique du fonctionnaire ; quelle est la nature juridique du lien établi entre le fonctionnaire et l'Administration ; en quoi ce lien diffère-t-il essentiellement de celui qui unit le salarié à son maître ? C'est en quelque sorte l'aspect intérieur du problème : il ne s'agit plus de circonscrire le cercle d'application de la théorie de la fonction, mais d'en pénétrer la signification intime. C'est le sens étroit de la question posée : *Qu'est-ce qu'un fonctionnaire.*

C'est à ce point que nous nous attacherons. Pourtant, avant d'entrer dans le cœur de notre sujet, il est expédient de nous expliquer en deux mots sur l'autre aspect de la question. C'est à ce préambule que nous consacrerons les premières pages de ce livre.

I

Il est impossible d'établir une ligne de démarcation rigoureuse entre le fonctionnaire et le salarié.

En 1900, M. Nézard, dans une thèse justement remarquée sur la fonction publique (1), constatait déjà l'impossibilité de trouver la règle qui permettrait d'établir une délimitation parfaitement précise. Doit-on s'attacher au traitement ? Non, car il est des fonctionnaires non rétribués ; ou à la nomination par les pouvoirs publics ? Non, car il est des fonctionnaires élus, et d'autres qui sont investis sans qu'aucun arrêté ou décret de nomination soit intervenu. Le Conseil d'Etat tient pour de véritables fonctionnaires et reconnaît toutes les prérogatives de

(1) H. Nézard, *Théorie juridique de la fonction publique,* thèse. Paris, 1901. page 20.

ce titre à des agents qui n'ont jamais obtenu de
brevet de nomination (¹). Faut-il réserver le titre de
fonctionnaire aux agents investis de la « puissance
publique» entendue au sens du pouvoir de commander?
C'est trop en restreindre la portée, exclure quantité
d'agents qui mettent au service de l'Etat leur capacité et leurs connaissances techniques, sans être
pour cela dotés des attributs de la « puissance publique ».

M. RIVET, dans ses observations, à propos d'un arrêt bien connu, du 29 avril 1922, aboutissait aux
mêmes conclusions (²) : à savoir l'absence totale d'un
critère absolu. « La difficulté, dit-il, provient de ce
« qu'aucun texte général ne précise ce qu'il faut en-
« tendre par fonctionnaire. Les uns subordonnent la
« qualité de fonctionnaire à la réunion d'un certain
« nombre de conditions considérées comme essentielles
« (pérmanence de l'emploi, traitement, pension, délé-
« gation plus ou moins large d'un pouvoir d'autorité).
« D'autres étendent cette définition : tous les indi-
« vidus ayant reçu la qualité de commander au nom
« de l'Etat-puissance ou de l'Etat-personne. »

La jurisprudence n'est pas plus nette, qu'on se
tourne vers la Cour de Cassation ou vers le Conseil
d'Etat. C'est toujours la même indécision et les solutions discordantes qui s'en suivent.

La Chambre Criminelle de la Cour de Cassation,
le 30 octobre 1886, englobait dans le mot fonctionnaire : « toutes les personnes qui, sous une dénomi-
« nation quelconque, ont été investies d'un mandat,

---

(1) C. d'E., 2 juin 1916, AUROUX, Rec. p. 214.
(2) C. d'E., 29 avril 1922, CAILLAUX, D. 1923 - 3 - 55 avec note de
M. RUZÉ.

— 4 —

« dont l'exécution se lie à un intérêt d'ordre public,
« et qui, à ce titre sont soumises à l'autorité du
« gouvernement. » (¹) Cette définition très large —
trop large même — aboutirait à une imprécision sans
pareille, car, à ce compte, il n'y aurait plus à entrer
dans les distinctions de la doctrine : la qualité de
fonctionnaire appartiendrait à tout serviteur de l'Etat,
même à des citoyens dont la condition diffère à
peine de celles des salariés de l'industrie privée, « si
peu, a-t-on écrit justement, que l'on hésitera à voir
en eux de véritables fonctionnaires. » (²)

Le Conseil d'Etat incline, au contraire, vers les
conceptions restrictives de la doctrine.

Ce qui caractérise l'état du fonctionnaire, d'après
les auteurs actuels, c'est le lien *durable* de l'agent,
avec les cadres *permanents* du personnel, soit : un
double élément de *stabilité* : stabilité du poste ou
de l'emploi, stabilité de l'attache de l'occupant avec
ce poste ou cet emploi. Ces deux conditions touchent
au *fond* de la situation : elles sont indépendantes du
mode de collation. Ce dernier n'est qu'une pure
question de *forme*. N'empêche que, la plupart du
temps la forme répondant au fond, l'agent public
bénéficiera d'un décret ou d'un arrêté de nomination par lequel sera attesté d'une façon apparente
et tangible, le caractère stable de son attache à la
fonction administrative.

Stabilité : voilà le trait décisif. Le rapport qui
unit le fonctionnaire à l'administration n'est pas un
lien plus ou moins précaire, susceptible d'être rompu

(1) Cassat. Crim., 30 oct. 1886, D 1887-1-507.
(2) C. d'E., 29 avr. 1922, CAILLAUX, Conclusions de M. RIVET, Rec.
p. 375.

moyennant dénonciation de part et d'autre, dans les délais convenus ou les délais d'usage. L'agent est *incorporé* dans les cadres administratifs ; il y poursuit sa carrière, et normalement cette carrière doit se poursuivre jusqu'à l'admission à la retraite. L'administration est un corps, les fonctionnaires en sont les membres.

C'est précisément pourquoi, si la participation au régime des pensions n'est pas un indice infaillible de la différence de situation qui existe entre le fonctionnaire et le salarié, c'est du moins, dans la pratique, un indice extrêmement sérieux ; dans l'opinion publique et dans celle des fonctionnaires, on peut dire que c'est un indice décisif. Le régime administratif des retraites est l'illustration la plus saillante de la permanence qui caractérise l'emploi public.

Quoiqu'il en soit, ce qu'il importe de retenir c'est que le critérium de l'état de fonctionnaire n'est pas un critère formel.

Le Conseil d'Etat, nous l'avons vu, a reconnu le caractère de fonctionnaire à des agents n'ayant pas obtenu un brevet de nomination, pour la raison qu'ils occupaient *d'une façon permanente, un emploi permanent.* (1)

Or le nombre des fonctionnaires croît presque continuellement, à raison du mouvement qui porte à l'extension de plus en plus vaste des services publics. A mesure que les besoins d'une collectivité se développent, le nombre augmente de ceux que le sentiment public tient pour inéluctables : le progrès de la civilisation — on l'a remarqué bien souvent —

(1) C. d'E., 2 juin 1916, Auroux, Rec. p. 214.

c'est l'accroissement des besoins. Aux besoins publics, sans cesse grandissants, il faut assurer satisfaction. L'Etat doit y pourvoir. Après la défense commune et l'ordre à l'intérieur, c'est le besoin de justice — d'une justice publique nécessaire pour faire cesser le désordre de la justice privée — tout s'enchaîne! Plus tard, c'est l'instruction des citoyens que l'administration devra prendre à sa charge, puis les transports, bientôt les assurances sociales, etc... Première cause d'accroissement du nombre des fonctionnaires!

C'est la même raison qui pousse à l'extension de la domanialité publique. Et, de même que l'extension des services publics aboutit à transformer la notion de domaine public, et à rapprocher celle-ci de la propriété privée, (rapprochemement qui ne va pas d'ailleurs jusqu'à identification) (1), de même il y a lieu de se demander si cette extension n'aboutit pas à une transformation de la théorie de la fonction publique dans le sens d'un rapprochement, d'ailleurs imparfait, soit avec le mandat ou avec le louage de services, soit avec tout autre contrat du droit civil.

D'autre part, et voici une deuxième cause d'accroissement du nombre des fonctionnaires — l'administration a une tendance très prononcée à s'attacher ses collaborateurs d'une façon plus étroite que par les liens fragiles du louage de services, à l'effet d'exercer sur eux une autorité plus énergique et d'éviter le trouble qui résulterait dans les services publics, d'un renouvellement trop fréquent des agents qui en assurent l'exécution.

Symétriquement, les agents eux-mêmes poursuivent

(1) Cf. HAURIOU, *Précis de droit administratif et de droit public,* 10ᵉ éd., p. 626 et suiv.

la stabilisation de leur emploi. C'est un fait qu'il n'y a guère d'auxiliaires salariés de l'administration, dont l'ambition ne soit d'obtenir la titularisation de leur emploi ou un statut qui les rapproche des fonctionnaires proprement dits. Bien plus, les titulaires eux-mêmes paraissent souhaiter une stabilité croissante de leur emploi et de ses attributs. Il n'est pas d'indemnité accessoire de leurs appointements (cherté de vie, résidence, uniforme...) dont ils ne réclament l'incorporation au traitement principal en vue de les faire frapper de retenue pour la retraite et d'arrondir d'autant leurs pensions.

Il y a là, du côté des serviteurs de l'Etat, une disposition psychologique remarquable, diamétralement opposée à celle des serviteurs de l'industrie privée : la mauvaise grâce avec laquelle ceux-ci subissent les retenues imposées par la loi en vue de l'établissement des retraites ouvrières, en dit long à ce sujet.

Cette stabilisation s'est accomplie beaucoup plus rapidement pour les fonctionnaires de l'Etat que pour ceux des départements et des communes.

Pendant longtemps, les administrations décentralisées — principalement les communes — ont été tenues comme imparfaitement intégrées dans la vie administrative ; la commune qui est le type le plus évolué d'entre elles a été une « communauté », une « communion » d'habitants (gens de métier dans les villes, paysans dans le « plat pays ») avant de devenir personne administrative et attributaire d'une parcelle de la puissance étatique ; de cette condition première, il leur reste des traits reconnaissables, le régime des « biens communaux » par exemple (pâturages et

affouages entre autres) ; et telle est aussi la philosophie de la longue résistance de la jurisprudence à
l'admission de la compétence des tribunaux administratifs pour le contentieux de leur responsabilité et
de leurs contrats, hormis les cas où des dispositions
législatives formelles imposaient cette compétence.

Les mêmes traditions ont résisté à une assimilation immédiate des personnels communaux aux personnels nationaux et déterminé leur maintien dans
le cadre civil du louage de services. Nombre d'agents
qui auraient été considérés comme fonctionnaires
s'ils s'étaient trouvés au service de l'Etat, demeuraient dans la condition du louage de services lorsqu'ils servaient les administrations départementales
ou communales.

Mais ici comme en matière de compétence, l'alignement devait s'opérer.

Effectivement — et c'est une troisième cause d'extension du régime du « fonctionnariat » — une série
de lois ou de projets de loi ont, en ces derniers
temps, précipité le mouvement qui, dès avant la
guerre, tendait à donner le titre et à imprimer la
stabilité de l'état de fonctionnaire, à certains agents
départementaux ou communaux. Ces lois et projets
visent à assurer aux employés des administrations
décentralisées, et notamment à ceux des communes,
les mêmes garanties pour la conservation de leur
emploi qu'aux fonctionnaires de l'Etat, et à leur
faire entrevoir des perspectives de retraite analogues.

Tels furent, avant la guerre : la loi de finances du
8 avril 1910, dont l'article 101 promettait aux
employés des préfectures et sous-préfectures un

— 9 —

règlement d'administration publique (qui n'est jamais venu) fixant les conditions de nomination, d'avancement du personnel, la composition et les attributions du Conseil de discipline, etc..; le décret du 6 novembre 1907 organisant dans le même but les emplois de commis et employés des trésoriers-payeurs généraux ; la loi du 30 décembre 1913 dont l'article 33 permet au fonctionnaire d'une administration locale passant au service de l'Etat, de faire compter pour la retraite, sous certaines conditions, la durée des services rendus à la commune et au département, et inversement, au fonctionnaire d'Etat, détaché au service d'une administration locale, de garder son droit à la pension et à l'avancement hiérarchique.

La Guerre avait interrompu ce mouvement. Dès 1920, il reprenait : loi du 1ᵉʳ et du 20 avril 1920 en faveur des employés de préfecture et des attachés au cabinet du préfet ; loi du 23 octobre 1919 modifiant celle du 5 avril 1884 et imposant aux communes de plus de cinq mille habitants, l'établissement d'un statut pour leur personnel. Comme de juste, les projets sont encore plus nombreux que les lois : projet tendant à modifier l'article 88 de la loi municipale en vue de donner aux fonctionnaires, employés et ouvriers communaux, des garanties de stabilité que la loi de 1919 est insuffisante à leur assurer ou qu'elle n'étend pas à tous les fonctionnaires communaux (employés d'octroi, agents de police, gardes-champêtres)(¹) : proposition de loi, tendant à accorder une indemnité au personnel des services communaux et

(1) Projet de loi du 3 nov. 1925. Doc. parl., Chambre des députés, 13ᵉ législature, nᵒ 2020.

départementaux, en cas de suppression d'emploi [1] : ceci par extension du principe posé ou à l'exemple du précédent établi par la loi de finances de 1906 à propos des suppressions d'octroi [2] ; — cette proposition a été reprise beaucoup plus tard par M. Poincaré [3] —; projet de loi tendant à instituer un régime de retraites par l'institution d'une caisse générale de pensions en faveur « des personnels « dépendant des administrations départementales et « communales et des établissements publics d'assis- « tance et de bienfaisance, à émoluements mensuels, « occupant un emploi permanent et tirant leur prin- « cipale rémunération de leur fonction ». [4] (Les caisses existantes, dans les départements et les com- munes devraient, alors, soit prononcer leur liquida- tion en s'affiliant à la nouvelle caisse, soit en conti- nuant de fonctionner, laisser l'option *aux villes et aux communes* de s'affilier à la caisse autonome...) etc.. etc.

Les projets sont nombreux ; du reste il convient d'ajouter que les administrations départementales et communales sont généralement entrées de bonne grâce, et parfois spontanément, dans les intentions du législateur, cédant ainsi aux instances de leurs personnels.

---

(1) Rapport fait le 5 fév. 1926, par M. Bellamy, au nom de la Commission de l'administration générale sur la proposition de M. Chacun,
Doc. parl., Chambre des députés, 13ᵉ législature, n° 2552.

(2) Article 67 de la loi de finances du 17 avril 1906.

(3) Voir plus haut Chapitre II, Section III.

(4) Projet de loi du 16 juillet 1926, Doc. parl., Chambre des députés, 13ᵉ législature, n° 3029. Auparavant: proposition de loi de
MM. Maillard, Bureau, etc... du 24 mai 1922, tendant à l'institution
d'une caisse nationale des retraites pour les employés des communes
et des établissements charitables et à la fixation des conditons d'admis-
sibilité à ces retraites, Doc. parl., Chambre des députés, 12ᵉ législature, n° 4342.

II

Telles sont les causes qui ont déterminé ce qu'on appellerait en style philosophique l'« extension » de l'état de fonctionnaire. Ainsi que nous l'écrivions au début, l'objet du présent travail est d'en étudier la « compréhension » ; c'est cette deuxième face du problème posé « qu'est-ce qu'un fonctionnaire ? » qui nous retiendra désormais.

Or, il est clair que dans l'état du fonctionnaire, se rencontrent deux éléments difficiles à concilier.

Si l'on fait abstraction de quelques cas particuliers, on constate que le fonctionnaire n'est attaché à l'Etat ou à tout autre administration publique que par un lien volontaire ; il n'est au service de l'administration que parce qu'il le veut bien et parce que l'administration a consenti à le prendre à ses gages. C'est ce que, au cours de cette étude nous appellerons *élément contractuel* de la situation.

Mais, par ailleurs, le fonctionnaire se trouve dans une position hiérarchique ; il ne discute pas avec l'administration d'égal à égal. Il ne traite avec elle sur le pied d'égalité ni le jour de son engagement, ni tout le long de sa carrière. Il ne démissionne pas librement. Le statut est dominé par un principe autoritaire : c'est la loi et les règlements qui déterminent les obligations de son service, qui fixent les règles de son avancement, qui arrêtent sa rémunération et les avantages accessoires de celui-ci ; et ces lois et règlements sont perpétuellement modifiables, sans que les agents puissent se réclamer à l'encontre de ces modifications de droits acquis au maintien du régime existant lors de leur entrée en fonctions. C'est *l'élément légal et réglementaire.*

C'est la conciliation de ces deux éléments qui fait toute la difficulté du problème.

Parmi les nombreux auteurs qui, à différentes époques, se sont appliqués à la résoudre, les uns n'ont cru pouvoir y arriver qu'en faisant abstraction de l'un des deux termes de la difficulté : tantôt ils n'ont voulu voir dans le fonctionnaire qu'un bailleur de services ; tantôt (et c'est, dans la doctrine, l'opinion dominante aujourd'hui), l'élément contractuel leur a paru absent et ils en ont fait abstraction pour ne retenir que les éléments légaux et réglementaires de la position des agents publics : ceux-ci se trouvent dans une condition purement statutaire.

Or, il est trop évident que cette simplification n'est qu'une fiction établie sous la préoccupation — devons-nous dire un peu « scolaire » ? — de présenter une construction satisfaisante pour l'esprit. C'est une autre question de savoir si cette fiction ne violente pas la réalité des choses. Ne sommes-nous pas en présence de l'un de ces abus de l'abstraction qu'à tort ou à raison, on reproche si fort aux juristes.., que certains juristes même reprochent aux méthodes habituelles de l'Ecole ? (¹)

Plus proches de la réalité, encore que leurs doctrines soient passées de mode, sont à notre avis, les auteurs qui ont cherché à faire, à chacun des deux principes antinomiques, une part dans la théorie de la fonction publique : certains fonctionnaires se trouvent en position contractuelle comme les salariés de l'entreprise privée, les autres dans une position exclusivement légale et réglementaire.

(1) Renard : *Le Droit, la Logique et le Bons Sens. passim.*

Nous aurons à apprécier cette solution transactionnelle. Disons tout de suite que, pour se rapprocher de la vérité plus que les premières, elle nous semble encore insuffisante. C'est une fois de plus la réalité des choses qui résiste à la répartition des fonctionnaires en deux compartiments étanches. Il y a une gamme aux nuances infiniment variées et délicates entre la position du fonctionnaire le plus voisin du salarié de l'entreprise particulière et celle du fonctionnaire placé dans la condition autoritaire et hiérarchique la plus distante du droit commun ; c'est tenter une stylisation forcée, que de ramener cette gamme à ses deux notes extrêmes.

Nous n'avons rencontré jusqu'ici, dans la doctrine tout au moins — car la jurisprudence a peut-être manifesté plus de doigté — que des opinions auxquelles nous ferions volontiers le grief de monisme : situation contractuelle ou situation statutaire ; l'une *ou* l'autre ; point d'alliance possible entre les deux.

Or cette alliance, que la doctrine voudrait ne pas connaître, la pratique la réalise.

Si la doctrine y répugne, c'est parce que, *dans la notion contractuelle, elle n'aperçoit, en général, que le type de la convention civile, dominée par le double principe de la liberté absolue de la volonté des parties, à l'origine de leurs relations juridiques, et de la force exécutoire absolue des stipulations échangées, pendant tout le cours de ces relations, quoiqu'il advienne par la suite. Bref, dans le contrat civil, l'élément subjectif de la volonté l'emporte sur l'objet de la convention ; ce* sont les volontés des contractants qui construisent de toutes pièces l'objet de leurs obligations mutuelles, sans autres restriction que le respect de l'ordre public. Et il faut bien dire, que *le contrat ainsi entendu, toute conciliation est impossible avec le principe légal et réglementaire* qu'on découvre constamment dans les relations du fonctionnaire et de l'administration.

Mais *il s'agit de savoir si cette notion civiliste du contrat est la seule qui soit concevable.*

N'est-il pas possible de se figurer une théorie du contrat, où l'objet deviendrait l'élément primordial, tandis que les volontés passeraient au deuxième plan? où la force juridique de l'échange des consentements découlerait moins de leur autonomie, que de leur conformité à quelque principe de droit objectif, tel qu'une certaine équipollence des prestations réciproquement promises? où le principe de la force obligatoire des stipulations échangées résiderait essentiellement dans leur finalité...?

Ce qui fait la différence entre cette conception du contrat — nous nous contentons pour le moment de l'esquisser — et celle du droit civil classique, c'est que les rapports obligatoires engendrés par les promesses y prennent une autre valeur juridique que celle qu'ils peuvent trouver dans la volonté des contractants : cette vertu juridique, qu'ils puisent dans leur objet ou plutôt dans la conformité de cet objet à un principe supérieur, rejaillit ensuite sur la volonté des parties ; c'est parce qu'elle suit les suggestions de la raison, que la volonté se trouve sanctionnée par le droit positif.

Ce principe supérieur et antérieur à l'autonomie de la volonté est susceptible de varier de contrat à contrat. Il n'est jamais qu'un des départements de l'« Ordre » qui — d'après certaines études récentes de philosophie juridique (1) — est la source ultime de tout droit, la raison dernière de l'efficacité de toute manifestation de volonté appliquée à la production de résultats juridiques. L'équipollence est un département de l'Ordre : source de la vertu juridique de l'échange et des contrats qui s'y ramènent. La constitution de la famille est un autre département de l'Ordre : en elle, le « contrat » de mariage puise sa vertu juridique. La constitution de l'État est un troisième compartiment de l'Ordre : le « contrat » de fonction publique ne s'y adosserait-il pas lui aussi, de telle sorte que l'élément légal et réglementaire de la fonction publique, loin d'être en état d'antinomie, comme il avait d'abord paru, avec l'élément contractuel, s'y associerait dans une union intime et indivisible ?

D'ailleurs, n'est-ce pas dans l'ensemble des contrats administratifs que se révèle la prédominance de l'objet sur la volonté : et cette prédominance ne s'accuse-t-elle pas d'autant plus saillante dans les divers contrats administratifs que ceux-ci touchent de plus près, aux exigences du service public ?

N'est-ce pas là toute la philosophie de la jurisprudence du Conseil d'État qui autorise l'administration à modifier, dans une certaine mesure, les règles

(1) Georges RENARD, *Le Droit, la Justice et la Volonté*, 7ᵉ conférence : *Le contrat, l'État et la personnalité morale : Le Droit, l'Ordre et la Raison*, passim.

du fonctionnement du service concédé, sous réserve du rétablissement, par quelque mode que ce soit, de l'*équilibre* financier du marché? N'est-ce pas là aussi toute la philosophie de la théorie de l'imprévision? Dans le premier cas : prédominance des exigences du service ; dans le second cas : prédominance d'un principe d'équité et, somme toute, de la justice commutative, sur la règle romano-civiliste de la force obligatoire des conventions, *telles qu'elles ont été stipulées et acceptées*. N'assistons-nous pas à la naissance (ou la renaissance?) d'une conception objective du contrat qui n'est décevante pour nos esprits que parce qu'ils ont été façonnés par le « volontarisme » du droit romain et de la Révolution? En vérité, l'*équilibre* est déjà pour le droit administratif, le *principe objectif* qui, de plus en plus, prime le *principe subjectif* de l'*autonomie de la volonté*. Ceci n'est point de la philosophie ; c'est de la jurisprudence positive !

Il y aussi un *équilibre* de la fonction publique, dont l'un des termes est représenté, non seulement par la durée et par la qualité des services rendus, mais par le loyalisme du fonctionnaire envers l'État et son dévouement à son emploi ; dont l'autre terme est représenté, non seulement par le traitement, la pension et les avantages honorifiques, mais par une certaine garantie contre les risques de l'existence, nous voulons dire par l'assurance donnée à l'agent, en échange de son dévouement total, de pouvoir vivre conformément à sa situation hiérarchique et à sa condition sociale.

Equilibre de l'ordre de la justice — *non commutative — mais distributive*. Et toujours *stabilité !*

Au moment de livrer cette introduction à l'impri-
merie, nous en trouvons une impressionnante confirmation dans le discours prononcé le 2 mai 1927 par
M. le Président POINCARÉ, à l'ouverture de la session du Conseil Général de la Meuse. Nous y lisons
d'abord la promesse de réajustement rétroactif, non
seulement des traitements des agents actuels, mais
aussi des pensions des anciens fonctionnaires, aux
nécessités présentes : promesse qui, pour ces derniers surtout, porte loin au-delà d'une interprétation
civiliste du droit des obligations ! Mais l'orateur de
poursuivre en ces termes : « J'ai appris depuis que
« je ne méritais aucune reconnaissance, pour cette
« décision, et que je m'étais, en définitive, borné à
« tenir des engagements pris par les prédécesseurs.
« Et j'avoue bien volontiers qu'un Gouvernement n'a
« droit à aucune reconnaissance lorsqu'il accomplit
« simplement un acte de justice ».

Le Gouvernement se reconnaît lié, non seulement
par ses promesses, mais avant et au dessus de
toutes promesses, par les évènements qui ont dé-
rangé l'*équilibre* de la situation de ses fonctionnaires
« la baisse du franc et l'enchérissement des prix ».

Paroles de juriste, bien plus que d'homme politique, comme d'ailleurs la magnifique défense de la
théorie classique de l'État et de la fonction publique,
contre les inadmissibles prétentions d'un certain
syndicalisme administratif, par laquelle se poursuit
le discours du président de l'Assemblée départemen-
tale.

Dans cette ligne, il ne nous paraît pas impossible
d'envisager l'emboîtement de l'*élément contractuel*

et de l'*élément légal et réglementaire* qui s'enchevêtrent dans la condition juridique du fonctionnaire.

Telle est (nous tenions à la souligner dès cette première page) l'orientation du travail que nous avons eu la témérité d'entreprendre ; nous nous permettons de le recommander à la bienveillance du lecteur ([1]).

(1) BIBLIOGRAPHIE. — I. Sur la théorie de la fonction publique, nous ne pouvons mieux faire que de renvoyer à la copieuse bibliographie de M. Nézard, à laquelle on pourra joindre — parmi les ouvrages postérieurs — Alibert : *Le contrôle juridictionnel de l'administration au moyen du recours pour excès de pouvoir*, 1926 — Appleton : *Contentieux administratif*, 1927 — Boissard, *L'Etat et ses agents, le statut des fonctionnaires* dans le compte rendu de la semaine sociale de Lyon, 1925 — Berthélemy : *Principes de droit administratif*, 3ᵉ édit. — Chante-Grellet et Pichat : *Vᵒ Fonctionnaires*, Rép. Béquet-Laferrière, tome I, p. 618. Declareuil : *Histoire Générale du droit français des origines à 1789*, 1925 — Duguit : *Traité de droit constitutionnel*, 2ᵉ édit., tomes I, II, III — *Les agents de l'Etat*, Leçons de droit public général, faites à l'Université égyptienne pendant le 1ᵉʳ trimestre de 1926. — Demartial : *Le statut des fonctionnaires*, Grande revue 1909, 2ᵉ édit. — Esmein : *Eléments de droit constitutionnel français et comparé*, 7ᵉ édit., tome II. — *Cours élémentaire d'histoire du droit français*, 14ᵉ édit. — Hauriou : *Précis de droit administratif et de droit public*, 10ᵉ édit. — *Précis de droit constitutionnel*. — Jèze : *Les principes généraux du droit administratif*, 2ᵉ édit. — *Nature juridique de l'engagement militaire*, revue du droit public, 1917 — Larnaude : *Compte-rendu de la Société Générale des Prisons* du 16 mai 1906 dans la *Revue pénitentiaire* de juin 1906. — Renard : *Notions très sommaires de droit public français*. — *Souveraineté et parlementarisme* dans le 4ᵉ *Cahier de la Nouvelle Journée*. — Rolland, *De la nature de l'engagement militaire dans la Légion étrangère*, Revue du Droit public 1908. — Wahl. *Traité de droit commercial*. — Thaller et Percerou : *Traité de droit commercial* (ces derniers auteurs étudiés quant aux agents de change).

II. Sur la théorie générale du contrat que nous avons esquissé, on pourra consulter : Colin et Capitant : *Cours élémentaire de droit civil français*, 3ᵉ édit. tome II. — Dereux : *De l'interprétation des actes juridiques privés*, thèse, Paris, 1905. — *Nature juridique des contrats d'adhésion* dans la *Revue trimestrielle de droit civil* 1910. — Dollat : *Les contrats d'adhésion*, thèse, Paris, 1905. — Gounot : *Du principe de l'autonomie de la volonté*, thèse, Dijon, 1912. — Jèze : *Les contrats administratifs* 1924-25. — Morin, *La loi et le contrat. La décadence de leur souveraineté*, Paris, Alcan, 1927.

III. Pour la partie philosophique de cet ouvrage : Al. Sanhouri : *Les restrictions contractuelles à la liberté individuelle du travail*, 1925. — Gounot, op. cit. — Renard : *Le Droit, la Logique et le Bon Sens*, 1925. — *Le Droit, l'Ordre et la Raison*, 1927. — *Le Droit, la Justice et la Volonté*, 1924.

CHAPITRE I

POSITION DE LA QUESTION.
DOCTRINES ET JURISPRUDENCE
ACTUELLES

Section 1
Conceptions Doctrinales

L'accroissement du nombre des fonctionnaires, à l'étranger comme en France, semble rendre de plus en plus difficile l'élaboration, tant de fois entreprise, d'une théorie générale de la fonction publique. Plus les fonctionnaires se multiplient, plus ils se diversifient ; et plus il est osé de se risquer à des généralisations doctrinales, touchant le caractère juridique du lien qui les rattache à l'administration. Ne soyons donc pas surpris que les idées émises sur cette question, tant à la fin du siècle dernier qu'au début de celui-ci, quelqu'ait pu être leur mérite au moment de leur apparition, se soient rapidement révélées inaptes à rendre compte de toutes les caractéristiques et de toutes les variétés de situation du fonctionnaire.

Revenons d'abord sur les théories en présence.

Certaines écoles — allemandes et anglaises — et plusieurs auteurs français de droit public, manifestement influencés par les traditions civilistes, ont cru apercevoir un lien contractuel entre l'État et le fonctionnaire ; mais jamais ils ne sont parvenus à s'entendre sur la nature de ce contrat. (¹)

D'autres publicistes, impressionnés par l'esprit autoritaire qui préside aux relations de l'Etat et de ses agents, ont vu, tout au contraire, un acte unilatéral dans la nomination de l'agent, et un régime purement légal et réglementaire dans sa situation.

Une troisième école tenta de se maintenir dans un juste milieu. Elle eut une longue période de succès, mais elle paraît bien aujourd'hui sur son déclin. Elle est vengée de cet abandon à peu près général ; par la fidélité que lui gardent ses éminents fondateurs, MM. BERTHELEMY et NÉZARD.

Aux partisans du contrat, elle reproche de ne pas expliquer certaines particularités de la fonction publique : par exemple, les règles du traitement et de la révocation, la faculté pour le gouvernement de modifier à tout instant les règlements ou les décrets qui régissent l'état des fonctionnaires.

Elle estime en revanche, que les adversaires de la doctrine contractuelle exagèrent la portée du régime statutaire en l'appliquant à toutes les fonctions susceptibles d'être occupées par les agents de l'Etat ou des administrations décentralisées (départements et communes).

---

(1) Pour les uns : contrat de droit privé — Pour les autres : contrat de droit public ou encore contrat mixte.

§ 1. Exposé de la distinction entre fonctionnaires d'autorité et fonctionnaires de gestion

1. *SON FONDEMENT*

La base de tout le système est l'idée suivante : l'Etat se présente sous un double mode : puissance publique et personne morale. « Cette double forme, « dit M. Nézard (¹) engendre nécessairement une « dualité dans la nature des actes qui la manifestent : « actes d'autorité d'une part, et actes de gestion d'au- « tre part » ; et plus loin il ajoute (²) : « La distinction « entre la personne morale qui fait des actes de ges- « tion et la puissance publique qui accomplit des « actes d'autorité, est donc générale et absolue. Elle « constitue la base du droit administratif ; elle inter- « vient dans les opérations administratives les plus « complexes pour attribuer à l'une ou l'autre ma- « tière les actes simples qui en dépendent ; elle s'ac- « cuse chaque jour davantage avec les progrès du « droit et surtout de la jurisprudence qui, par l'ad- « mission du recours pour détournement de pouvoir, « empêche la puissance publique de se mettre au « service de la gestion privée. Elle crée ainsi, dans « le droit administratif, deux séries de règles, dont « les unes sont du domaine du droit public et les « autres du domaine du droit privé, et elle applique « cette distinction à toutes les matières adminis- « tratives. »

(1) Nézard, *Théorie juridique de la fonction publique,* thèse, Paris, 1901, p. 459.
(2) Nézard, *op. cit.,* p. 460.

Or la fonction publique est « matière administrative » au premier chef. Lui étendre la distinction précitée n'est plus qu'affaire dë pure logique. Parmi les fonctionnaires, il y a donc ceux qui exercent la puissance publique, qui procèdent par voie de commandement, — fonctionnaires d'autorité — et ceux qui gèrent les intérêts de l'Etat, personne morale — fonctionnaires de gestion.

*
* *

Fonctionnaires d'autorité et fonctionnaires de gestion : entre ces deux catégories, il y a toute la différence qui existe entre la position statutaire, légale ou réglementaire et la situation contractuelle.

Par suite, sont fonctionnaires d'autorité, tous ceux qui détiennent la puissance publique, c'est-à-dire [1] les fonctionnaires « politiques » : préfets, sous-préfets, secrétaires généraux, gouverneurs des colonies, agents diplomatiques, magistrats des parquets ; les magistrats de l'ordre judiciaire ; les agents de la force publique.

Et sont fonctionnaires de gestion : les chefs de division, de bureau, les employés des ministères, des préfectures, les secrétaires de mairie, les ingénieurs et conducteurs des ponts et chaussées, les agents-voyers, les professeurs des trois ordres d'enseignement, les employés des postes, des télégraphes, des téléphones, des chemins de fer de l'Etat, les employés des manufactures, etc...

---

(1) Nézard, *op. cit.*, p. 465 — l'énumération qui suit n'est pas limitative.

II. *FONCTIONNAIRES D'AUTORITÉ*

Ils sont les moins nombreux, et leur nombre tend à rester stationnaire. Ils procèdent, avons-nous dit, par voie de commandement; ils ont un certain pouvoir de décision; mais quelle est la nature de leurs attributions de puissance publique? « C'est, « dit M. Nézard, un pouvoir propre et non un pouvoir « délégué » (1)

Il n'existe, pour les agents publics, que ces deux sortes de compétence, de même que pour le particulier, il n'y a que deux espèces de droits: ceux qu'on exerce en son nom propre, et ceux qu'on exerce pour le compte d'autrui; les premiers correspondent au pouvoir propre, les seconds au pouvoir délégué.

« La délégation, dit Loyseau, est en droit public, « ce que la procuration est en droit privé. Elle im- « plique représentation. » C'est en quelque sorte, un mandat de droit public.

Le délégué agit au nom du délégant, c'est-à-dire au nom de celui qui l'a choisi pour le représenter. Sauf le cas de faute lourde, sa responsabilité est couverte par celle de son supérieur. Il lui doit obéissance, et sa situation de subordonné lui interdit de discuter les ordres reçus et de rechercher s'ils sont conformes à la loi. Sa volonté reste passive. Si le délégué agit de sa propre autorité, le

(1) M. Larnaude définit le pouvoir propre. « Le rôle que remplit un « individu quelconque quand il l'exerce en qualité de titulaire. Le « pouvoir délégué est au contraire celui qui appartient à un sujet autre « que celui qui l'exerce ». *Cours de droit public général:* 1900-01. (D'après Nézard, *op. cit.*, p. 500.)

délégant peut toujours annuler la décision et la remplacer par la sienne. Enfin la délégation cesse *ipso facto* par la mort du supérieur, par l'expiration du mandat, la démission du délégué ou sa révocation par l'autorité hiérarchique.

L'idée de délégation a souvent été développée de la manière suivante : dans nos gouvernements actuels, tant monarchiques que républicains, il y a, dit-on, « délégation descendante » de la puissance publique. Par l'élection, les citoyens délèguent le droit de commandement au pouvoir législatif, qui le transmet pour partie à l'exécutif ; celui-ci en fait, à son tour, délégation aux différents fonctionnaires qui l'exercent sur les administrés.

Sans doute, en régime de centralisation à outrance, les agents et les assemblées administratives n'ont aucun pouvoir de décision libre ; ils ne font qu'exécuter les ordres reçus : tel fut le système établi en France par la loi du 28 Pluviôse, an VIII. Ce régime traduit de la façon la plus exacte le principe de la délégation.

Mais cette situation ne peut durer longtemps. Une décentralisation progressive s'opère par la force des choses ; on reconnaît un pouvoir propre à certains conseils régionaux ou locaux recrutés par élection, et on l'étend à différents fonctionnaires nommés par le gouvernement. Désormais l'acte de nomination ne peut plus être tenu pour une délégation. Il ne met pas l'agent sous l'entière dépendance de celui qui le nomme. Sans doute il lui doit obéissance ; mais c'est une obéissance active, raisonnée, qui ne va pas

jusqu'à exécuter des ordres contraires à la loi (¹).
S'il arrivait qu'une autorité hiérarchique donnât des
ordres illégaux, le fonctionnaire aurait le devoir de
s'y opposer et d'y désobéir. Ses décisions, ses actes
d'autorité sont pris au nom de la loi ou de la souveraineté nationale; non plus au nom du chef du
gouvernement (²).

Bien plus, sa compétence est souvent différente de
celle de son supérieur (³). Cependant celui-ci n'aurait pu déléguer plus de pouvoirs qu'il n'en possé-
dait. La délégation est impuissante à rendre compte
de ce fait que l'autorité hiérarchique peut bien rap-
porter les décisions prises par son subalterne, pour
cause d'illégalité ou même de simple inopportunité,
mais qu'elle ne peut y substituer les siennes; hormis les cas où elle est autorisée par la loi, cette
substition d'action donnerait ouverture au recours
pour excès de pouvoir et serait annulée pour incom-
pétence; l'agent subalterne est donc bien investi
d'un « pouvoir propre ».

Enfin, en cas de crise gouvernementale, le ministre qui succède à un autre déchu, n'a pas à ratifier
les nominations faites par son prédécesseur; les
fonctionnaires que celui-ci a nommés gardent leurs
postes, sans qu'il y ait nécessité de renouveler la
soi-disant délégation.

---

(1) Sur ce sujet cf. l'article de M. BERTHELEMY dans la *Revue du
Droit public,* 1914, p. 401 et suiv.

(2) C'est au « nom du peuple français » que sont rendus les jugements, actes d'autorité par excellence.

(3) Voici les exemples donnés par M. NÉZARD; *op. cit.,* p. 504,
« Le ministre, n'a pas qualité pour prendre un arrêté de chasse; ce
« que peut faire le préfet qu'il nomme. Le préfet ne peut dresser pro-
« cès-verbal à un contrevenant alors que le garde-chasse qu'il nomme
« a qualité pour le faire. »

Quant à l'idée d'un mandat issu du suffrage universel et transmis aux différents pouvoirs, elle est abandonnée aujourd'hui : les auteurs de droit constitutionnel en ont fait bonne justice depuis longtemps[1].

En réalité, l'agent a un pouvoir propre de décision, pouvoir qu'il est censé tenir de la loi ou de la Constitution et qu'il doit exercer lui-même.

La nomination des fonctionnaires d'autorité n'est qu'un choix, conforme aux règles légales. Elle crée un rapport unilatéral de puissance publique entre l'Etat et le fonctionnaire. C'est le législateur qui fixe la compétence et l'étendue des obligations, les cas de révocation, de déplacement, de suspension. C'est lui qui désigne l'adjoint ou le suppléant lorsqu'un poste est vacant, et qui autorise, dans des cas bien déterminés, délégation partielle [2] et temporaire du pouvoir de décision ; c'est lui qui règle le statut de l'agent. Le fonctionnaire d'autorité est l'organe de la souveraineté et non le préposé de l'Etat ou son représentant. « Derrière l'organe, dit JELLINEK, « il n'y a personne ; c'est l'Etat lui-même voulant. « Si on supprime l'organe, la volonté elle-même disparaît. Derrière le préposé, il y a un individu ; il n'y a rien derrière l'organe » [3].

L'objet de la fonction d'autorité, le pouvoir propre est justement la « mise en œuvre » de cette souveraineté qui, d'après M. NÉZARD « est la réunion de « deux pouvoirs, dont l'un, immatériel, constitue sa

---

(1) HAURIOU, *Précis de droit constitutionnel,* p. 227 ;
G. RENARD, *Souveraineté et Parlementarisme,* dans le 4ᵉ cahier de la *Nouvelle Journée,* p. 87.

(2) NÉZARD, *op. cit.,* p. 505.

(3) JELLINEK, cité par NÉZARD, *op. cit.,* p. 480 en note.

« substance même et est formé par la volonté géné-
« rale, et dont l'autre, matériel, en constitue l'exer-
« cice sous la forme de puissance publique » (¹)

Le premier appartient à la nation, à tous les citoyens et s'exprime par la loi de la majorité.

Le second appartient au fonctionnaire d'autorité
qui, dans sa sphère, l'applique directement à ses administrés.

En résumé, la position de ce fonctionnaire se présente comme suit : nomination unilatérale ; point de
lien contractuel ; l'agent est l'organe de la souveraineté. Situation légale offrant, du reste, bon nombre d'avantages et de garanties, et pourvue d'une
véritable stabilité puisqu'elle est l'œuvre de la loi,
et que la violation de celle-ci permet toujours le recours pour excès de pouvoir devant la juridiction
administrative.

III. *FONCTIONNAIRES DE GESTION.*

Ils sont au service de l'Etat - personne morale ;
et ils n'ont aucun pouvoir de décision propre. Le
lien qui les unit à l'administration est purement
contractuel et de droit privé.

Toute personne morale, ayant la capacité juridique
peut passer des contrats par l'intermédiaire de ses
représentants, soit en vue de l'exploitation de son
patrimoine, soit pour obtenir des prestations de services : l'Etat comme les autres ; c'est à ce titre qu'il
embauche les fonctionnaires de gestion.

Mais quel est la nature de ce contrat d'engagement ? c'est tantôt un mandat, tantôt un louage de

(1) Nézard, *op. cit.*, p. 527.

services à durée indéterminée ou à durée déterminée.

Ne nous étonnons pas de cette dualité : tandis que le nombre des fonctionnaires d'autorité s'accroît peu, le nombre des fonctionnaires de gestion augmente avec le développement des services administratifs ; et avec le nombre vient la diversité.

A) L'Etat possède un domaine privé qu'il est nécessaire de gérer ; ce sont ses représentants, ses *mandataires* qui s'en chargent.

On ne peut pas objecter que le mandat est essentiellement gratuit ; car il existe des mandats salariés.

Prétend-on alors que le mandant est lié par l'acte de son mandataire, tandis qu'en administration publique le supérieur hiérarchique peut annuler ou amender l'acte de l'agent subalterne ? C'est se placer sur un mauvais terrain et méconnaître le rôle effectif de l'autorité supérieure ; lorsque le ministre révise les actes accomplis par ses subordonnés, ce n'est pas en qualité d'administrateur, mais plutôt de juge administratif : et la meilleure preuve c'est qu'il peut tout aussi bien les réformer en faveur des particuliers qu'en faveur de l'administration. Telle est la réponse donnée. (¹)

B) Mais le mandat est insuffisant pour expliquer toutes les situations qui, se présentent dans la fonction de gestion, car il implique collation de pouvoir : du pouvoir de représentation ; et tous les fonctionnaires de gestion n'ont pas cette qualité. La théorie civile du mandat ne saurait s'adapter aux agents

---

(1) Faut-il faire observer que cette réponse est en rapport avec la théorie, elle aussi abandonnée, du ministre-juge ?

chargés de simples besognes matérielles. Un cantonnier par exemple, un employé de chemin de fer, ne représentent pas l'Etat ; ils ne peuvent passer un contrat en son nom ; ils ne peuvent être tenus pour les mandataires de l'Etat.

Ici, il faut faire intervenir la théorie du *louage de services* à durée indéterminée. Il est à remarquer en effet, que les contrats d'embauchage passés avec les agents de cette catégorie ne comportent aucune durée préfixe ; la bonne marche des services l'exige ; il faut que l'administration soit en mesure de retenir ses fonctionnaires tant que l'intérêt du service rendra leur collaboration nécessaire.

C) Ces deux espèces de contrat sont-elles parfois réunies en une sorte de *contrat mixte*, comme le pensent certains auteurs, ou bien y a-t-il manda$_t$ pour certains fonctionnaires et louage de services pour d'autres ?

L'idée du contrat mixte, acceptée pendant un certain temps par la jurisprudence, ne peut plus être retenue. Si un agent accomplit tantôt des actes de mandataire et tantôt des actes qui se rapportent au louage de services, il y a néanmoins, dans l'ensemble de sa fonction, prédominance d'une qualité sur l'autre. C'est celle-là qui détermine la nature du contrat. « L'accessoire suit le principal » dit un vieil adage.

L'Etat-personne morale est semblable à toute société personnifiée de droit privé. Celle-ci comprend, d'une part des administrateurs chargés de représenter la société et qui sont des mandataires, d'autre part des techniciens qui ont loué leur activité ;

et rien ne s'oppose à ce que ces derniers soient choisis parmi les administrateurs. Il n'en reste pas moins que leur qualité de bailleurs de services l'emporte sur celle de représentants. Il en est de même pour les fonctionnaires : « Sont mandataires, dit « M. Nézard, les fonctionnaires qui représentent ju- « ridiquement l'Etat-personne morale ; et locataires « de services ceux qui font des actes de gestion « n'impliquant pas la représentation. (¹)

Puisque la situation du fonctionnaire de gestion est essentiellement contractuelle et de droit privé ; c'est au droit privé qu'on demandera les règles applicables à cette manière d'engagement, et les garanties accordées à l'agent. Chaque fois qu'il y aura mandat il faudra se reporter aux articles 1986 et suivants ; de son côté le bailleur de services sera efficacement protégé par l'article 1780 du Code civil modifié par la loi du 27 décembre 1890.

IV. *PORTÉE EXACTE DE CETTE DISTINCTION ENTRE FONCTIONNAIRES*

Ainsi la distinction entre fonctionnaires d'autorité et fonctionnaires de gestion semble bien établie. Remarquons toutefois que la condition des agents publics est loin de présenter, en fait, la simplicité que nous avons constatée jusqu'ici, et que même dans la théorie qui est exposée, les domaines respectifs des règles du droit public et des règles du droit privé sont autrement enchevêtrés.

Un préfet accomplit à la fois des actes d'autorité et des actes de gestion. Un fonctionnaire de gestion

____

(1) H. Nézard, *op. cit.*, p. 639.

est tantôt mandataire, tantôt locataire de services ; comment alors caractériser la position de l'agent, soit à l'égard de l'Etat, soit à l'égard des administrés ?

A l'égard des administrés, répond M. Nézard, il faut tout simplement se baser sur l'acte accompli : « Selon que cet acte est un ordre, un contrat ou un « fait matériel, le fonctionnaire devient fonctionnaire « d'autorité ou fonctionnaire de gestion, mandataire « ou bailleur de services, et on appliquera les règles « du rapport unilatéral, du mandat, ou du louage. »(1)

Et par rapport à l'Etat ? Ici la situation est plus embrouillée. Il faut, pour la déterminer le plus heureusement possible, considérer le but essentiel, l'objet principal de la fonction.

En somme, ceci revient à dire, que la *distinction établie par MM.* Berthelemy *et* Nézard *entre les fonctionnaires d'autorité et les fonctionnaires de gestion n'a de valeur qu'au point de vue des rapports de l'Etat et de ses agents. Vis-à-vis des administrés, c'est la nature des actes qui importe, quelle que soit la qualité de ceux qui les ont accomplis.* C'est seulement vis-à-vis de l'administration qu'il faut répartir les fonctionnaires en deux compartiments, d'après le caractère des actes les plus habituels de leurs fonctions.

Telle est impartialement et très objectivement présentée la doctrine qui a fait fortune jusqu'à ces derniers temps.

Que vaut-elle ?

____

(1) Nézard. *op. cit.,* p. 647.

§ 2. **Discussion de cette théorie**

Cette doctrine s'appuie sur les deux idées suivantes :

1) Division initiale des actes administratifs en actes
d'autorité et actes de gestion ; puis exhaussement de
cette division au rang de principe directeur du droit
administratif ; enfin transposition de ce principe à la
classification des agents publics.

2) Restriction de la discrimination des deux catégories de fonctionnaires au point de vue des rapports entre agents et administration.

Or, de ces deux bases, la première est, sinon
fausse, du moins peu sûre ; et la seconde, totalement
ignorée de la loi et de la jurisprudence.

I. *SON ORIGINE*

Il convient avant tout de remarquer que la distinction entre la voie d'autorité et la voie de gestion n'est
pas très ancienne. (¹) Elle fut ébauchée par la loi,
confirmée par la jurisprudence et *s'appliqua d'abord
et seulement aux actes administratifs, exclusivement en vue de servir de critère à la discrimination de la compétence des tribunaux administratifs et des tribunaux civils.*

Les divers actes administratifs étant justiciables,
au cas de litiges, tantôt des tribunaux judiciaires,
tantôt de la juridiction administrative, il en résultait une grande confusion et des contradictions
constantes. On voulut mettre de l'ordre et délimiter

(1) D'après M. Berthelemy lui-même, elle fut proposée par Merlin
en 1790 est acceptée avec enthousiasme par les jurisconsultes de l'époque.

la compétence des différents tribunaux. D'où cette distinction qui ne visait que les *actes*, et non les *organes* ou les *agents* de l'Etat.

Puis, l'idée, faisant son chemin, parut devoir être utilisée pour résoudre la question des *responsabilités* engendrées par l'activité administrative.

Enfin, par un développement suprême, elle atteignit les *fonctionnaires* et servit à fixer le caractère de leur engagement. Ce dernier pas fut franchi par MM. Berthelemy et Nézard.

a) Quant aux *actes administratifs,* il faut bien avouer que la distinction n'a pas tout le mérite qu'on lui a prêté. Elle n'a pas apporté tout l'ordre qu'on en espérait et la confusion est restée presqu'aussi grande dans le problème de la détermination des compétences : il existe des actes d'autorité pour lesquels les tribunaux judiciaires se déclarent compétents lorsqu'ils sont opposés devant eux par voie d'exception ; et surtout, il y des actes de gestion qui ressortissent au contentieux administratif ; et dans cette voie, le Conseil d'Etat a étendu de plus en plus son action et ses pouvoirs.

On objecte que ce sont des exceptions qui n'enlèvent aucune valeur à la règle, qui la confirme... Mais une étude approfondie, un classement rigoureux des différents actes et de leur contentieux aboutit à cette conclusion bizarre, que les exceptions sont plus nombreuses et plus importantes que la règle elle-même ; c'est dire son peu de valeur pratique !

Mais là ne s'arrête pas la critique. (¹)

(1) Voir à propos de cette critique l'étude de Larnaude à la séance

Donner à la juridiction civile le contentieux des actes de gestion, c'est assimiler totalement ces derniers aux actes correspondants du droit privé. Or, cette assimilation méconnait le privilège de l'Etat et de l'administration, leurs pouvoirs exorbitants et leur action d'office. (¹)

Lorsqu'un particulier ou une personne morale privée prend une décision dont la réalisation comporte une entreprise sur l'activité ou le patrimoine d'autrui, le droit civil exige *avant* toute mesure exécutive et à défaut d'entente entre les parties intéressées, l'intervention d'un juge public; et c'est seulement sur l'habilitation accordée par ce juge, *cognita causa,* et dans la mesure de cette habilitation, que l'exécution pourra suivre son cours. Nul n'a le droit de se faire justice, quand bien même, au fond, il est dans son droit. Le particulier qui outrepasse cette règle s'expose à une condamnation, à des dommages-intérêts et à la destruction ou remise en état des conséquences de l'exécution accomplie sans autorisation de justice.

En droit public, l'intervention de la justice, tant administrative que civile, n'est point préalable aux mesures d'exécution, quelques torts que celles-ci puissent causer aux parties privées. Les recours contentieux sont impuissants pour arrêter le cours de l'exécution, s'il plait à l'administration de le pour-

---

de la *Société Générale des prisons,* du 16 Mai 1906, dans la *Revue pénitentiaire ;* Juin 1906, p. 816; et Esmein, *Eléments de droit constitutionnel français et comparé,* 7ᵉ édit., tome II, p. 120 et suiv.

(1) Hauriou, *Précis de droit administratif et de droit public,* 10ᵉ édit., p. 19 et 20.

suivre... d'ailleurs à ses risques. ([1]) C'est ce qu'on appelle l'action d'office.

Le juge n'intervient généralement qu'*après*. Il n'a à se prononcer que sur le mérite de l'exécution accomplie, et il la censure ; il ne peut même, en général, condamner qu'à des dommages-intérêts ; ordonner la remise en état ou la destruction des travaux entrepris ou parachevés dépasse ses pouvoirs.

Ainsi l'administration a toujours la faculté de résilier un marché de fournitures ou de travaux publics, sans que l'entrepreneur ait l'espérance d'obtenir davantage qu'une compensation pécuniaire, s'il parvient à prouver que l'administration était dans ses torts ; le Conseil d'Etat lui accordera une indemnité si la mesure prise contre lui l'a été sans motifs valables ; mais il ne peut rien contre la résiliation elle-même, l'entrepreneur ne sera pas rétabli à son poste.

De même en cas d'ouvrage mal planté, c'est-à-dire établi sur le terrain d'autrui, l'administration condamnée par les tribunaux a le choix entre la remise en état ou le maintien de l'ouvrage ; sauf pour elle, si elle prend le deuxième parti, obligation d'acquérir le terrain en en payant la valeur. Impossible de la contraindre à une réparation en nature. ([2])

Action d'office, puissance publique, ce sont là des prérogatives que l'Etat abandonne rarement, et lorsqu'il le fait, ce n'est point pour l'ensemble de sa « gestion », mais seulement pour son domaine privé.

---

(1) C. d'E., 27 fév. 1903, OLIVIER-ZIMMERMANN, S. 1905. 3. 17. note HAURIOU.

(2) Cf. l'article de BERTHELEMY dans la *Revue du Droit public,* 1912, p. 505 et suiv.

C'est alors qu'il se comporte comme un particulier quoiqu'il subsiste encore des vestiges de droit public dans cette administration privée, car :

1) Les opérations qui l'intéressent, donnent lieu à des décisions exécutoires de principe ; en tant qu'elles peuvent être isolées des actes, ces décisions sont susceptibles d'un recours pour excès de pouvoir.

2) La partie financière relève fatalement des règles de la comptabilité publique, car ces règles s'appliquent absolument à toutes les opérations administratives.

3) Les voies d'exécution forcée sont impossibles contre l'administration, même dans le cadre de cette gestion privée. (¹)

b) L'extension de la théorie dualiste à la **responsabilité administrative** n'est pas plus heureuse et a été abandonnée encore plus rapidement.

La loi a rejeté catégoriquement, en certaines occasions, ce premier envahissement d'une théorie douteuse. (²) Et la jurisprudence administrative a suivi son exemple, pour la raison que, du plus modeste au plus élevé en grade, tout fonctionnaire accomplit, dans l'exercice de ses pouvoirs, des actes de gestion et des actes d'autorité. En suivant la doctrine critiquée, on en viendrait à décider qu'une même faute doit rester sans conséquences pécuniaires à l'endroit de l'administration ou au contraire donner droit à une réparation à sa charge, suivant

(1) HAURIOU : *Précis de Droit administratif,* 10ᵉ édit. p. 43.

(2) Telle la loi du 8 juin 1895, sur les indemnités dues aux victimes d'erreurs judiciaires. (Compétence judiciaire du contentieux de l'indemnité réclamée par la victime de l'erreur.)

que l'agent qui l'a commise a agi dans la ligne de l'autorité ou dans la ligne de la gestion ; une telle solution n'est ni juste, ni raisonnable. « Ce qui est « essentiel, dit fort bien M. LARNAUDE (¹), c'est moins « la nature de l'acte que la nature de la faute ! » A faute semblable, responsabilité semblable, quelque genre d'activité qui en ait été l'occasion.

c) Or, c'est cette dualité, plus fictive que réelle, que MM. BERTHELEMY et NÉZARD ont transposée en théorie de la *fonction publique*. La thèse était séduisante, mais impossible. « Il n'y a pas de corres- « pondance exacte entre cette différence quant aux « actes administratifs et la distinction qu'on veut in- « troduire entre les fonctionnaires. » (²) D'une clas- sification, purement objective — les actes — on passe à une classification subjective — l'état des fonctionnaires. C'est s'engager dans une complication inextricable, puisque tout fonctionnaire, quel que soit son état est susceptible d'être appelé à accom- plir des actes de l'une et l'autre catégorie. On a vi- sé à une abstraction hardie et par conséquent à une simplification... désirable, en ramenant à une norme commune la *théorie de l'acte administratif* et la *théorie de la fonction administrative :* abstraction impossible : la tentative de simplification a engendré d'insolubles complications.

Et c'est ce qui nous fait glisser de la genèse de la théorie à la discussion logique.

---

(1) LARNAUDE, Séance de la *Société générale des prisons,* du 16 mai 1906. *Revue pénitentiaire,* juin 1906, p. 834.
(2) ESMEIN, *Eléments de droit constitutionnel,* 7ᵉ édit., tome II. p. 120.

II. *CRITIQUE*

La distinction des fonctionnaires d'autorité et des fonctionnaires de gestion pourrait à la rigueur se défendre, si elle s'appuyait sur un texte général, esquissant en ce sens une classification des fonctionnaires. Il n'en est rien.

Les principales idées du législateur sur la fonction publique se trouvent dans le Code pénal. C'est surtout là qu'il est question des rapports de l'Etat et de ses fonctionnaires. Or, nulle part on n'y trouve une allusion à pareille classification. Qu'il s'agisse de coalition de fonctionnaires [1] à l'effet de suspendre la marche d'un service public quelconque ; de destruction, suppression ou détournement de titres dont ils sont dépositaires [2] ou du crime de concussion ou de la corruption de fonctionnaires [3] la loi punit des mêmes peines tous les agents coupables, qu'ils soient juges, administrateurs ou simples « préposés ou commis du gouvernement » [4]. Le droit pénal est bien moins strict et bien moins sévère dans la répression de fautes analogues commises par les particuliers : ce sont ces règles plus douces qui devraient s'appliquer aux fonctionnaires de gestion, puisqu'ils se trouvent dans la même con

---

(1) Art. 123 à 126 du Code pénal.
(2) Art. 173 du Code pénal.
(3) Art 174-177 du Code pénal.
(4) Si la distinction apparaît quelquefois (art. 209-222 du Code pénal), c'est à propos des rapports entre les fonctionnaires et les tiers, non de l'état des fonctionnaires, savoir de leur position juridique au regard de l'administration. « C'est là, « dit M. LARNAUDE, tout le nœud du problème : la distinction « entre actes de gestion et actes d'autorité peut bien exister en « droit, mais seulement dans les rapports de l'administration « et des tiers, et non dans les rapports de l'Etat et de ses fonctionnaires, *op. cit.*, p. 850.

dition que les individus occupant un poste similaire dans les entreprises privées. Donc la loi résiste à la distinction précitée.

Même observation du côté de la loi civile. En bonne logique, les fonctionnaires de gestion devraient être protégés par les règles du mandat et du louage de services ; il faudrait leur reconnaître, **conformément** à l'article 1780, la faculté de quitter le service à leur gré, à charge d'observer les délais ordinaires du congé ; or il n'en est pas ainsi : l'Etat, considère tous les individus qui le servent « comme liés envers lui par une chaîne aussi so-« lide, comme tenus des mêmes obligations et as-« treints à la même discipline » (1) Et M. Esmein de conclure : « Ce qui doit faire condamner cette « théorie, c'est que l'ordre administrativement don-« né au fonctionnaire public, quel que soit l'objet « auquel il s'applique, acte de puissance publique « ou acte de gestion, est toujours donné au nom de « l'Etat » (2)

Tous les actes accomplis par l'administration le sont dans le but de servir l'intérêt public et lui seul. Pour cela, elle se trouve dans une situation privilégiée, afin de vaincre les résistances individuelles qu'elle peut rencontrer. La vie même de l'Etat l'exige. Celle-ci ne doit ni cesser, ni s'inter-rompre, sans compromettre la nation et la collectivité. Les agents administratifs ne peuvent donc avoir la situation contractuelle du droit privé, même s'ils n'accomplissent que des actes de gestion.

En vérité, il n'y a pas plus de barrière entre

(1) Larnaude, *op. cit.*, p. 839.
(2) Esmein, *op. cit.*, p. 120.

l'« autorité » et la « gestion » en matière de droit public, qu'il n'y en a entre le droit positif et le droit naturel en matière de philosophie du droit (¹) On a parlé d'une « innervation du droit naturel » dans toute l'économie et jusqu'aux plus menus détails de réglementation positive (²) : il y a une « innervation d'autorité » dans toute l'économie de l'organisation administrative et jusqu'au plus humble des fonctions qui participent à la marche normale des services publics.

Raisonnement de juriste cela ? Vue de théoricien ? Image et trompe-l'œil ?... Considérons les réalités.

Entre l'employeur et l'employé, c'est la concurrence ; et l'ordre économique n'est guère que la balance d'intérêts rivaux : balance fragile, sans cesse exposée à la rupture ; situation précaire, à la merci des solutions de continuité : grèves et lock-out. Simple trêve dans un combat dont les conditions se renouvellent sans arrêt, bouleversent toutes les situations établies. Voilà le régime du contrat de travail dans l'industrie privée.

Pour soutenir la trêve il faut inlassablement multiplier les pourparlers, renouveler les transactions, amender les conventions et toujours demeurer sous l'éventualité de crises auxquelles il ne faut guère chercher d'autres causes profondes que les incessantes et inéluctables fluctuations du milieu économique.

Pourquoi ? — Parce que le grand moteur de la vie économique c'est le profit.

(1) RENARD, *Le Droit, l'Ordre et la Raison* ; 4ᵉ conférence.
(2) RENARD, *op. cit.*, p. 141.

L'Etat lui, a d'autres préoccupations que de réaliser des bénéfices. D'autre part, le but qu'il poursuit par l'intermédiaire de l'administration, ne souffre pas d'interruption de service. Aussi les intérêts particuliers dont il doit avoir le souci — ceux de ses agents entre autres — passent au second plan, vis-à-vis des fins qu'il vise et des responsabilités qu'il porte. Il brise les volontés rebelles. Il a besoin d'agents : il entend se les attacher par des liens solides. Il leur assure la stabilité de leur emploi et la sécurité de leur situation matérielle présente et future ; mais, par contre, il les soumet à une discipline rigoureuse. Nous sommes, dans l'administration étatique, hors des conditions normales de la vie économique ; c'est une autre atmosphère. L'administration n'est pas une « usine ». « L'administra-« tion, dit M. LARNAUDE, dans une certaine mesure, « c'est le régiment, sinon quant à l'origine des fonc-« tionnaires qui ne sont au service de l'Etat que « s'ils y consentent, tout au moins quant à l'orga-« nisation et au fonctionnement des services » (1).

A ce point de vue, la doctrine de M. BERTHELEMY conduit à des conséquences désastreuses car elle aboutit à accorder aux fonctionnaires de gestion le droit de former des syndicats suivant la loi de 1884 modifiée par la loi du 12 mars 1920. Le syndicat, tel qu'il se réaliserait et s'est réalisé malencontreusement entre fonctionnaires, ce serait le syndicat ouvrier.

Rien de plus naturel que cette formation entre travailleurs de l'industrie privée : l'ouvrier isolé est

____

(1) LARNAUDE, op. cit., p.838.

malhabile à protéger ses intérêts ; le plus souvent, il a besoin de gagner immédiatement sa vie et celle de sa famille et il ne peut attendre : il accepte les conditions qui lui sont faites ; il peut être exploité : pour rétablir la balance, la loi a permis aux salariés de s'unir pour discuter les conditions de travail et, au besoin, contraindre par la grève, le patron à réduire ses exigences.

Admettre qu'une partie des fonctionnaires se trouvent dans la même situation que les employés des industries privées, c'est leur donner le droit syndical et le droit de grève : celui-ci lié à celui-là, sinon par un lien juridique, du moins par un lien psychologique que toutes les démonstrations de juristes ont été jusqu'ici impuissantes à briser ; c'est accepter que leurs intérêts particuliers priment ceux de la collectivité tout entière ; c'est permettre que les subalternes fassent la loi à leurs supérieurs . c'est pour l'Etat, la faillite de ses devoirs primordiaux, la négation de son existence et la course à l'anarchie.(¹)

(1) C'est le moment de revenir sur le discours de M. POINCARÉ déjà mentionné dans l'introduction de cet ouvrage (cf. ci-dessous, p. 17) : « Si nous n'y prenions garde, disait le 2 mai 1927, le « Président du Conseil général de la Meuse, la conception de « l'Etat, telle que l'avait peu à peu formée l'histoire de notre « pays, telle que l'avait éclairée la Révolution française, telle « que l'avait mise en pratique la démocratie moderne... tendrait « peu à peu à se fausser et même à disparaître. C'est dans la « nation que résident la souveraineté et le pouvoir ; ce sont « les représentants de la nation qui ont seuls le droit de parler « en son nom ; c'est à eux et non à d'autres que le gouverne- « ment doit compte de ses actes. L'autorité, que les servi- « teurs de l'Etat tirent de leurs fonctions, est une prérogative « d'emprunt dont ils sont redevables à l'Etat et qu'ils n'ont « pas le droit de tourner contre lui. Que deviendrait la Cons- « titution républicaine, que deviendrait l'ordre public, que « deviendrait la volonté du pays, le jour où le gouvernement « issu de la souveraineté populaire serait exposé à trouver en « face de lui, dans des circonstances critiques, un ou plusieurs

On répond que les fonctionnaires ne pourront jamais se syndiquer que si les agents similaires de l'entreprise privée possèdent ce droit : ce qui exclurait, non seulement les fonctionnaires d'autorité, mais tous ceux pour lesquels il n'existe pas de situation semblable en droit privé.

La réplique a perdu à peu près toute sa force. depuis que le droit syndical est reconnu aux membres des professions libérales (1).

Et si l'on soutient qu'il ne saurait y avoir de similitude entre le fonctionnaire et le membre d'une profession libérale, c'est donc que l'on reconnaît l'existence d'un large fossé entre la vie privée que gouverne même dans les professions libérales, la loi de la concurrence, et l'administration publique que dirige, même chez les fonctionnaires de gestion, le double principe de la recherche exclusive du bien public et d'une discipline quasi-militaire qui ne saurait s'accomoder des libertés de droit commun.

Il n'en faut pas plus pour faire repousser l'assimilation des fonctionnaires de gestion aux agents des entreprises privées, et faire tomber toute la distinction des fonctionnaires d'autorité et des fonctionnaires de gestion.

« autres gouvernements anonymes ou des oligarchies profes-
« sionnelles, qui disposeraient, le cas échéant, contre lui, de
« tous les organes vitaux de la nation, postes télégraphes,
« téléphones, transports, force motrice, éclairage, que sais-je
« encore ? ».

(1) Reste l'argument *à contrario* que l'on peut tirer de l'article 10 de la loi du 12 mars 1920 : l'annonce d'une loi à venir sur le statut des fonctionnaires laisse entendre qu'actuellement le législateur n'a pas voulu les assimiler aux salariés, donc leur accorder le droit syndical. N'empêche que la théorie des fonctionnaires d'autorité et de gestion fournit une arme dangereuse aux agents des services publics pour réclamer l'inscription du droit syndical dans la loi qui leur est promise.

§ 3. **Théorie de la condition légale et réglementaire**

La doctrine de M. Berthelemy ainsi abandonnée, il fallut la remplacer. On revint à la théorie de l'acte unilatéral créant un régime légal et réglementaire . parmi les agents des services publics on distingue :

1° Les *agents fonctionnaires* qui occupent un emploi permanent : cet emploi est tenu pour une entité indépendante de l'individu qui l'exerce. Il est une pièce des cadres réguliers et permanents de l'administration : l'agent en est investi par un acte de nomination ; il jouit du régime des pensions institué par la loi du 9 juin 1853 modifiée par la loi du 14 avril 1924 ; il se trouve dans une situation statutaire, légale et réglementaire.

2° Les *agents auxiliaires*. Ils forment le personnel accessoire. Ils sont liés à l'Etat par un contrat de louage de services. Cette catégorie comprend : les *salariés à la journée* (tels les individus embauchés par une municipalité, l'hiver, pour nettoyer les rues ou frayer un passage dans la neige, ou à l'époque du recensement pour aider le personnel normal des bureaux); les *salariés au mois ou à l'année,* dont l'emploi ne figure pas dans les cadres réguliers et permanents de l'administration, ainsi le personnel ouvrier des arsenaux et manufactures (1). Tous ces auxiliaires sont placés sous la protection de la législation ouvrière : de la loi de 1898 sur les accidents du travail, de la loi de 1884 sur les syndicats ; ils ont le droit de grève. Leur situation est identique à celle des ouvriers des industries pri-

---

(1) Hauriou. *Précis de droit administratif*, 10ᵉ édit., p. 578.

vées. Ils peuvent indifféremment quitter celles-ci·
pour entrer au service des manufactures de l'Etat
ou inversement, sans que leur condition juridique
en soit affectée en son principe. La doctrine et la
jurisprudence, sur ce point sont d'accord. Les tribunaux judiciaires sont compétents pour le contentieux de leur engagement ; à aucun moment, l'administration ne s'arme contre eux de la puissance
publique pas plus qu'elle ne leur en donne l'exercice.

Mais c'est surtout la position des premiers — les
agents fonctionnaires — qui prête à discussion ; il
faut bien dire qu'à l'heure actuelle, on n'a pas encore trouvé de solution satisfaisante. Essayons
pourtant d'analyser de plus près la doctrine moderne, quant au lien qui unit le fonctionnaire à
l'Etat : l'acte de nomination ; et la situation juridique qui en découle.

1. IDÉE GÉNÉRALE DE CETTE THÉORIE L'ACTE DE NOMINATION EST UNILATÉRAL

La situation du fonctionnaire est statutaire, légale
et réglementaire, purement objective.

Le gouvernement nomme l'agent public ; l'acte ·
de nomination est un acte de volonté unilatéral [1];

(1) Pour M. Duguit. *Traité de droit constitutionnel,* 2ᵉ édit.,
Tome I, p. 269, l'acte est plurilatéral, mais il n'y a là qu'une
différence de terminologie. Le doyen de la Faculté de Bordeaux
établit la sienne en se plaçant *au point de vue purement ins-
trumental :* l'acceptation plurilatérale est pour lui le produit
de deux ou plusieurs volontés par opposition à l'acte unilatéral, qui est le produit d'une seule volonté. La nomination,
requérant pour le moins deux volontés : celle du·gouvernant
qui nomme, et celle du fonctionnaire qui accepte, est, par ce
seul fait, un acte plurilatéral. Pour les autres publicistes qui
se placent *au point de vue causal,* l'acte reste unilatéral parce
qu'une des volontés impose ses conditions à l'autre qui y
adhère sans discussion. A la terminologie près, les représentants

il n'est pas l'exécution d'une convention préalablement intervenue ; c'est en vertu de la loi qu'il est
rendu.

On a fait observer (²) que cette opinion ne tient
pas compte de la candidature posée par le fonctionnaire avant sa nomination, ou de son acceptation après coup. Ce à quoi il a été répondu que le
décret ou l'arrêté est parfait par lui-même. La
candidature ou l'acceptation de l'agent n'est point
la cause juridique qui lui imprime efficacité ; elle
n'intervient qu'en vue d'assurer l'exécution du service, et parce que, dans l'ensemble, les emplois publics ne sont pas obligatoires : il n'y a pas réquisition forcée ; il y a « réquisition consentie » : ce
qui est tout autre chose qu'un contrat (³). Si le fonctionnaire refuse, la nomination reste sans effet ; s'il
agrée, au contraire, le poste à lui confié, l'effet de
la nomination est censé se produire, dans le principe du moins, non pas au jour de l'acceptation,
mais au jour de la nomination ; la preuve : c'est
que, d'après la jurisprudence, la nomination, même
non encore acceptée, ne peut être « rapportée » sans
observer toutes les formes de la révocation (⁴) ; et
si le traitement ne court que du jour de l'installation, c'est en raison du principe de comptabilité

des deux partis sont d'accord pour reconnaître, en la *forme*
une manifestation de volonté ; au *fond* pour attacher à la
seule volonté de l'auteur de la nomination, la vertu juridique
à l'effet d'investir l'agent d'une compétence, avec les charges
et avantages qui s'en suivent. L'acte est bilatéral ou unilatéral
suivant qu'on le qualifie à l'un ou l'autre point de vue.

(2) Brémond, *Examen doctrinal de la jurisprudence administrative*, dans la *Revue critique*, 1891, p. 131.

(3) Voir sur la différence entre la réquisition consentie et le
contrat, une note de M. Renard. S. 1922-2-81 et ci-dessous p. 54
et suiv., le développement de M. Hauriou.

(4) C. d'E., 7 avril 1915. Calas. Rec., p. 163.

publique, qui n'autorise les règlements que pour
« service fait ». Voilà qui prouve bien, conclut-on,
que l'acte de nomination est l'unique source du
rapport de droit entre l'administration et ses fonctionnaires : le refus éventuel opérant seulement
à la manière d'une condition résolutoire.

Et M. Hauriou d'insister : « il n'y a pas d'échange
« contractuel du consentement entre l'administra-
« tion et le fonctionnaire, au moment de la nomi-
« nation de celui-ci ; la nomination est essentielle-
« ment un acte de puissance unilatéral ; sans
« doute, le fonctionnaire accepte sa nomination et
« souvent même il l'a sollicitée ; mais il l'accepte
« comme une loi ou une ordonnance, et non pas
« comme la pollicitation d'un contrat. » (1).

*
* *

En somme, la nomination a pour but de conférer
au citoyen qu'elle désigne une compétence déterminée par la loi. Par cet acte, l'Etat se choisit un
organe parmi les candidats qui se présentent. Mais
alors même qu'il aurait posé d'avance les conditions à remplir par les candidats, il ne saurait être
permis de tenir pareille réglementation pour une
pollicitation susceptible de se transformer *ipso
facto* en contrat, par l'accomplissement de ces conditions de la part des postulants. L'Etat reste libre.
Ainsi le gouvernement n'est pas obligé de nommer
le candidat qui a subi les épreuves avec succès,
lorsque l'accès de la fonction est subordonné à un

____

(1) S. 1899-3-106, en note.

concours d'entrée (¹). Il garde le droit de révoquer, punir, destituer ou suspendre le fonctionnaire, et celui-ci peut démissionner, sans qu'il y ait lieu de part et d'autre à dommages-intérêts contractuels, sans autre garantie pour l'agent que le recours objectif en annulation à charge de prouver l'illégalité de la mesure prise contre lui (ou le détournement de pouvoir), et le recours en indemnité, à charge de justifier d'une faute de service.

Et puis, dit-on, cette théorie de l'acte unilatéral (acte-condition pour M. JÈZE) est la seule qui réponde aux exigences de la mission de l'Etat ; car la fonction publique n'existe que dans son intérêt et en vue de lui permettre de faire honneur à ses responsabilités — non directement — du moins, dans l'intérêt de l'agent (²). Cet intérêt ne peut être garanti que par une situation privilégiée pour l'administration ; cette situation : c'est l'acte unilatéral qui la crée.

Car, non seulement il la fait échapper à toute discussion, et donne à l'Etat la liberté qui lui est nécessaire pour tenir son obligation d'assurer le fonctionnement des services publics, mais encore il rétablit en quelque sorte, un équilibre qui serait rompu dans la thèse contractuelle : voici comment :

l'administration a besoin d'agents pour assurer la marche régulière des services ; sous prétexte de situations plus avantageuses offertes dans l'industrie ou le commerce, les agents de l'Etat seraient tentés de lui mettre le marché en mains et d'ex-

---

(1) NÉZARD, *op. cit.*, p. 280-281. Tout ce qui vient d'être exposé, M. NÉZARD ne le dit que pour les fonctionnaires d'autorité ; la théorie rivale étend la même solution à tous les fonc-
(2) Cf. NÉZARD, op. cit., p. 282.
tionnaires.

ploiter l'impossibilité où il se trouve de ne pas faire fonctionner les services publics pour lui extorquer des avantages pécuniaires hors de proportion avec les possibilités financières du budget ; les titres même et l'expérience qu'ils ont acquis au service de l'Etat — et que l'industrie privée apprécie tellement... et rémunère si bien, en dépit de son dénigrement habituel de la « manière administrative » — seraient matière à marchandage ; et les cadres des services publics se peupleraient d'apprentis pressés d'en sortir pour entrer dans des carrières plus lucratives ; ce serait le reniement du principe de *stabilité* qui est la caractéristique de la fonction et l'une des premières exigences du service public. Bref, si le fonctionnaire pouvait librement donner son mois ou ses huit jours, il serait tenté d'abuser de la situation pour obtenir une rémunération disproportionnée, soit avec ses mérites, soit avec les possibilités de l'administration ; alors que celle-ci se trouverait dans la nécessité de passer par toutes les concessions, pour éviter l'interruption du service. On ne peut pourtant pas lancer l'administration, dont les entreprises sont exclusivement orientées vers le bien public, et exemptes de tout dessein de spéculation, dans une concurrence ruineuse avec les industries privées. Cette égalité purement apparente irait contre la nature des choses et recouvrirait en réalité une flagrante et injuste inégalité. La conception d'un acte unilatéral rompt cette inégalité ; elle rétablit la condition des fonctionnaires sur des bases adaptées à la nature propre de la fonction et des services publics.

En définitive, reprend M. Hauriou, le recrutement des fonctionnaires est à base de *réquisition consentie*. L'Etat, le cas échéant, pourrait contraindre les particuliers à assumer une fonction publique. Il en fut ainsi pendant la période du Bas Empire romain, où les *curiales* étaient attachés de force à leur poste, de père en fils, sans aucun espoir de jamais s'y dérober. Actuellement, un tel moyen répugnerait à nos idées de liberté; et l'administration s'en tient à provoquer les collaborations dont elle a besoin, par les avantages qu'elle promet en retour. Mais elle impose aussi ses conditions.

La situation ainsi créée est *objective*, c'est-à-dire générale, impersonnelle, établie par la loi ou le règlement, et à tout instant modifiable par l'autorité qui l'a instaurée.

Elle est *impersonnelle*, car le fonctionnaire ne peut pas, par des clauses particulières, se faire une situation spéciale : « aucune dérogation n'est per-
« mise aux dispositions des lois et des règle-
« ments » (1)... « La fonction publique comporte
« des obligations réciproques des fonctionnaires et
« de l'Etat ; mais ces obligations dérivent de la loi
« et non des contrats. Ni l'administrateur, ni le
« fonctionnaire ne peuvent, en général, les modi-
« fier par des conventions particulières. L'amovi-
« bilité ou la perpétuité du titre, la nature des ser-
« vices à rendre, le taux des traitements, les con-
« ditions du droit à pension, sont fixés pour tous
« les emplois de l'Etat par des actes législatifs ou
« réglementaires auxquels il ne pourrait être sup-

(1) T. des Conf., 27 déc. 1879. Guidet. Rec., p. 880.

« pléé ni dérogé par des contrats » (¹).

Elle est *générale*, car elle est identique pour tous ceux qui sont investis d'une même nature de fonction (2).

Elle est essentiellement *légale* ; les obligations du fonctionnaire, venons-nous de lire dans l'arrêt PINGAL, dérivent de la loi ou des règlements. Ceux-ci sont à tout instant *modifiables,* sans qu'il soit permis au fonctionnaire d'exciper de ses droits acquis. « La situation de la carrière, telle qu'elle « existait au moment de l'acceptation du fonction- « naire nommé, ne reste pas immuable à son pro- « fit, pas plus qu'à son détriment. Il n'a aucun « droit acquis de nature contractuelle à ce qu'elle « subsiste ; elle ne constitue pas la loi contrac- « tuelle des parties. Cette situation était réglée par « des dispositions de loi et de règlement qui peu- « vent être modifiées légalement et réglementaire- « ment et il est obligé de subir ces modifications à moins de donner sa démission »   (³).

Encore, celle-ci ne le libère-t-elle que sous condition d'acceptation par le supérieur hiérarchique, seul juge de son opportunité.

Le fonctionnaire, enfin, n'a pas la faculté de refuser le travail supplémentaire, lorsque de nouveaux assujettissements viennent à lui être imposés après sa nomination : du moins tant qu'il ne lui est demandé aucun service étranger au caractère de l'emploi dont il est investi (4).

---

(1) C. d'E., 4 août 1916. PINGAL. Rec., p. 363. 2ᵉ édit., p. 12.

(2) JÈZE. *Les Principes généraux du droit administratif.*

(3) HAURIOU, *op. cit.,* p. 576, en note.

(4) C. dE., 25 juil. 1913, CAMBIÈRE et COURRÈGES. Rec., p. 920.

« Les règles sur la pension peuvent être rendues
« moins avantageuses ; le traitement existant au
« moment de l'acceptation des fonctions, qui, s'il
« y avait contrat, serait stipulé et constituerait
« droit acquis, peut être impunément réduit ou
« supprimé par des dispositions réglementaires
« postérieures qui rétroagissent ou par des réor-
« ganisations de service ou des suppressions d'em-
« ploi ; c'est le dernier règlement qui s'applique et
« non pas celui qui existait au moment de l'entrée
« en fonction » (1).

Sur ce caractère unilatéral de la nomination, aucune hésitation n'est donc possible. Tous les
maîtres du droit public, unanimement, le reconnaissent pour les fonctionnaires d'autorité. Et le
plus grand nombre refuse aujourd'hui de les séparer des fonctionnaires de gestion. De sorte qu'à
ces derniers s'applique également la théorie de
l'acte unilatéral.

*
* *

Quelques auteurs, de temps en temps, élèvent la
voix et suggèrent timidement l'idée qu'il pourrait
peut-être y avoir contrat : tels MM. DEMARTIAL (2)
et BOISSARD (3) qui, le premier dès 1909, le second
en 1925, revinrent sur les propositions affirmées
si nettement par les publicistes. Il est certain qu'un
courant d'idées tend à se faire jour : M. JÈZE lui-

(1) HAURIOU, *op. cit.*, p. 576 en note.

(2) DEMARTIAL, *Le statut des fonctionnaires, Grande Revue*,
1909, 2ᵉ édit.

(3) BOISSARD, *L'État et ses agents, le statut des fonctionnaires*
dans le compte rendu de la *Semaine Sociale de Lyon*, p. 211.

même, qui, en 1914, dans ses *Principes généraux du droit administratif,* ne reconnaissait que deux classes d'agents au service public : les fonctionnaires ayant une position statutaire déterminée par la loi, et les auxiliaires unis à l'Etat par contrat de louage de services du droit civil, admet aujourd'hui (1) que certains fonctionnaires soient liés à l'administration par un contrat administratif exorbitant du droit privé. Néanmoins, malgré ces quelques signes — bien faibles en vérité — la doctrine paraît tenir fermement à un régime unilatéral.

Mais cet accord n'est guère réalisé que sur le principe. S'agit-il d'une analyse approfondie de cette situation légale et réglementaire et des rapports qu'elle engendre entre l'administration et ses fonctionnaires, de grands dissentiments se produisent entre les auteurs.

Les uns, comme M. HAURIOU, visent à consolider la situation dans l'intérêt de l'agent ; ils font appel aux notions de droit privé ; ils font de l'emploi ou tout au moins du grade, une sorte de bien au sens subjectif du mot (*bona dicuntur ex eo quod beant*). Ils hasardent cette formule, à coup sûr osée, que l'agent se trouve, envers l'Etat, dans la position d'un titulaire de droit réel ; il aurait la propriété ou la possession de sa fonction.

Les autres, MM. DUGUIT et JEZE, qui nient la personnalité morale et même la puissance publique de l'Etat comme étant une fiction plus nuisible qu'utile, ne voient dans la fonction qu'une dévolu-

---

(1) JÈZE, *Les contrats administratifs,* 1924-25, p. 121 et suiv.

tion de compétence, c'est-à-dire un « pouvoir de vouloir ».

Un mot sur chacune de ces interprétations !

II. *INTERPRÉTATION DE M. HAURIOU*

La fonction publique, d'après lui, est un élément constitutif de l'Etat. Elle participe de son immatérialité, de sa permanence ; comme l'Etat demeure lui-même, en dépit du renouvellement des gouvernants et même des changements de gouvernement, ainsi la fonction publique : chaque fonction publique se perpétue en dépit du renouvellement incessant du personnel gouvernemental. C'est une « chose » qui se passe de main en main comme les fameux flambeaux des jeux olympiques : *lampades tradunt*.

C'est en soi une chose très complexe que la fonction ; elle renferme des éléments politiques, économiques et patrimoniaux. Mais ces éléments, le *régime d'Etat* en a opéré une dissociation.

Les premiers sont restés dans la vie publique. Ils comprennent fort probablement, — car sur ce point M. HAURIOU ne s'explique guère — d'une part, un certain nombre de droits de police, gardés par l'Etat sous forme de « provision », lui permettant de rester maître de la fonction et englobant en général, le droit de supprimer ou de modifier le poste, de nommer, destituer, révoquer l'agent, de régler l'avancement et ses conséquences (1), et d'autre part la compétence déterminée par les lois,

____

(1) HAURIOU, *Précis de droit administratif*, 10ᵉ édit., p. 591.

les prérogatives de l'agent à l'endroit des administrés : tout cela attaché beaucoup plus à la fonction
qu'au fonctionnaire.

Quant aux éléments économiques et patrimoniaux, ils ont été lancés dans la vie privée, matérialisés pour partie dans les avantages réservés à
l'agent (grade de l'officier, siège du magistrat,
chaire du professeur) et appropriés par le fonctionnaire.

Mais c'est là une propriété spéciale, de l'ordre de
la souveraineté : « Il y a des choses qui sont de
« l'ordre de la souveraineté, qui ne sont pas de
« l'ordre de la patrimonialité. Ce n'est d'ailleurs
« pas une raison pour que ces choses ne soient pas
« l'objet d'une sorte de propriété, car il y a des
« formes de la propriété qui sont elles-mêmes de
« l'ordre de la souveraineté ou de l'ordre du pou
« voir et qui ne sont pas de l'ordre de la patrimo
« nialité » (1). Et plus loin : « Il y a une occupa
« tion et une possession qui sont de l'ordre de la
« souveraineté, ce qui est parfaitement connu du
« droit international public et ce qu'il s'agit sim
« plement de transporter dans la doctrine du droit
« public interne. Quand un Etat belligérant occupe
« un territoire ennemi, il s'empare des fonctions
« publiques, il occupe à la fois le territoire et les
« fonctions publiques, par une possession qui n'est
« point de l'ordre de la patrimonialité et qui est
« de l'ordre de la souveraineté. Le fonctionnaire
« aussi n'a de sa fonction qu'une possession de
« l'ordre de la souveraineté, c'est-à-dire une pos
« session dont est exclue toute idée de patrimonia

____

(1) Hauriou, op. cit., p. 592.

« lité et qui ne retient que l'idée de pouvoir et de
« garantie » (¹).

Cette forme de propriété présente des caractères
très particuliers : Elle est essentiellement viagère,
intransmissible par donation et hors du commerce.
Outre les avantages sus-mentionnés (traitement,
pension, honneurs) elle comprend le titre et l'emploi. « Le titre, dit M. HAURIOU, est le droit sur la
chose ; l'emploi l'exercice du droit ». Les deux sont
dans une certaine relation ; mais enfin on peut
avoir l'un sans exercer l'autre et inversement. La
possession, l'occupation de l'emploi, exige du fonctionnaire une certaine activité. C'est elle qui lui
donne la propriété des avantages accordés par la
loi : « C'est à cet élément d'occupation que se rat-
« tachent les droits pécuniaires des fonctionnaires..
« lesquels sont des indemnités, dont le droit éven-
« tuel est attaché, à titre de bénéfice viager, à la
« fonction publique, et dont le droit acquis se réa-
« lise par le service fait » (²).

*
* *

Il est à remarquer que cette possession est d'autant moins précaire, que le fonctionnaire jouit
véritablement d'un état, c'est-à-dire de garanties
légales, qui offrent plus de solidité que de simples
garanties réglementaires.

Sans doute, contre une privation brutale et injus-
tifiée de l'emploi, l'agent peut toujours intenter un
recours pour excès de pouvoir ; mais, outre qu'il
perd du temps parce que le Conseil d'Etat, débordé,

(1) HAURIOU, *loc. cit.*
(2) HAURIOU, *loc. cit.*

ne peut faire face en temps utile à toutes les demandes adressées ; la satisfaction qu'il obtiendra sera souvent toute platonique : le gouvernement par de nouveaux règlements, abrogera ceux qui les précédaient, et régularisera les mesures attaquées.

Il convient donc que le fonctionnaire soit plus efficacement protégé contre le favoritisme, cette tendance gouvernementale à faciliter la carrière des amis politiques, au détriment, le plus souvent, des techniciens consciencieux et intègres mais sans influence. Pour qu'une protection devienne vraiment efficace, il faut qu'elle soit difficilement modifiable. Seule la loi obtient pareil résultat. Le règlement, malgré la procédure à suivre n'est pas suffisant. On le transforme encore trop rapidement et trop volontiers ; il ne donne pas lieu aux discussions parlementaires qui attirent l'attention du public et provoquent son contrôle.

Les garanties organisées par une loi forment ce q'on appelle l'état du fonctionnaire. Il comprend le statut ou ensemble des règles relatives au recrutement, à l'avancement, à la discipline, aux avantages pécuniaires etc... et une juridiction disciplinaire appelée à donner son avis sur tout ce qui est susceptible d'intéresser la fonction, ou même investie de pouvoirs juridictionnels. Un tel état légal n'existe que pour quelques fonctionnaires privilégiés : officiers, magistrats, professeurs des trois ordres d'enseignement. Pour tous les autres agents les garanties sont presque exclusivement règlementaires (1).

(1) Presque, à cause de l'article 65 de la loi du 22 avr. 1905.

Il y a ainsi toute une gamme de situations plus ou moins protégées, allant de l'état complet tel qu'il a été défini, à une situation tout à fait précaire, soumise au bon plaisir du ministre, et sans protection.

C'est pour lutter contre cette instabilité, que les fonctionnaires, pendant longtemps, ont revendiqué l'élaboration d'un statut légal. A plusieurs reprises le gouvernement leur a promis satisfaction, et divers projets ont été présentés aux Chambres, en particulier en 1909 et 1920 (1)

Chaque fois la tentative a échoué. Par ailleurs, pour se défendre, les agents des services publics se sont groupés, d'abord en associations conformes à la loi de 1901, puisque la loi de 1884 ne leur était pas applicable. Puis quelques syndicats apparurent. Après de nombreuses hésitations et discussions, le Conseil d'Etat reconnut pour les fonctionnaires le droit d'association, afin de défendre leurs intérêts professionnels, mais déclara illégaux tous les syndicats formés ou en formation et refusa de recevoir toute requête émanant de ces groupements. Néanmoins le mouvement continue de s'étendre. A l'heure actuelle une foule de fonctionnaires sont syndiqués, et les syndicats unis en fédérations na-

(1) Projets de loi sur le statut des fonctionnaires des 25 mai 1909 et 1ᵉʳ juin 1920. Dans son discours du 2 mai 1927 déjà cité (p. 17 et   ), M. Poincaré s'exprimait ainsi : « Voilà de « longues années qu'on proclame, et avec raison, la nécessité « de protéger législativement contre l'arbitraire le personnel « des administrations publiques, de déterminer exactement les « droits des fonctionnaires et, en même temps, de définir les « devoirs des subordonnés envers les chefs et les devoirs de « tous envers l'Etat... » et il ajoutait : « Je prends les choses « dans l'état où elles sont, et je dis qu'elles ne peuvent tarder « davantage à être réglées par la loi ».

tionale et même internationale (1). Il y a là une situation de fait contre laquelle se heurte la légalité. Il est impossible aujourd'hui de la méconnaître sans créer une situation fausse, qui, un jour ou l'autre, cherchera sa solution dans une crise. N'est-il pas trop tard maintenant pour élaborer un projet de statut ? Le gouvernement, par son inertie, ne s'est-il pas laissé dépasser par les évènements ? pourra-t-il contenir le mouvement ?

Le fonctionnaire lui-même, dans toute cette affaire n'est pas sans reproche. Il a trop facilement oublié les devoirs moraux qui lui incombent, pour ne considérer que ses intérêts personnels. Il est un organe de l'Etat, ce qui entraîne pour lui des sujétions très particulières : fidélité à sa fonction et loyalisme envers la hiérarchie administrative.

Ces obligations sont incompatibles avec le droit de grève et le syndicat qui risquent de mettre en péril la vie politique et administrative du pays. Il est d'autres moyens d'obtenir satisfaction sans recourir à ceux qui peuvent troubler la marche des services publics, parce qu'ils procèdent d'une inadmissible prétention à faire prévaloir des intérêts particuliers sur l'intérêt général.

Le mal vient, au fond, de ce qu'on a trop longtemps assimilé l'Etat à un patron. C'est bien ce que souligne M. HAURIOU :« Rien n'est plus faux que « l'assimilation des fonctionnaires avec les salariés « de l'industrie et du commerce. Les salariés sont

---

(1) La Fédération internationale des fonctionnaires a tenu son premier congrès constitutif à Vienne en 1923. Elle comprend plus d'un million d'adhérents appartenant à sept grandes nations différentes : *Politique, revue de doctrine et d'action.* 15 févr. 1927.

« des gens qui n'ont aucune participation à l'entre-
« prise patronale qui les emploie, qui n'en sont pas
« les organes. Au contraire, les fonctionnaires sont
« des organes et des participants de l'entreprise de
« l'administration publique. Dans la réalité des
« choses, l'administration et les fonctionnaires ne
« sont pas opposables, ils ne font qu'un » (¹). Et
l'auteur ajoute, parlant de la grève : « La grève
« ouvrière n'est pas la lutte intestine à l'intérieur
« d'une même institution, ce qu'est une grève de
« fonctionnaires » (²).

*
* *

En définitive, pour le doyen honoraire de Toulouse, l'objectif à venir est de constituer, au profit
de l'agent public, un *droit subjectif*, suffisamment
garanti pour lui tenir lieu des avantages que trouvent, dans le droit commun du louage de services,
les ouvriers et employés des entreprises privées.

Ce droit doit être taillé de manière à concilier
au mieux les exigences de la vie administrative (qui
s'opposent certainement au syndicat et surtout à la
grève) avec les intérêts légitimes des agents des services publics ; et il va sans dire que le point d'équilibre varierait suivant les fonctions publiques. On
pourrait, en somme, lui appliquer une formule analogue à celle que donna l'arrêt BLANCO, des principes
de la responsabilité administrative : « Celle-ci a ses
« règles spéciales qui varient suivant les besoins du

____

(1) HAURIOU, *op. cit.*, 10ᵉ édit., p. 577.
(2) HAURIOU, *op. cit.*, p. 578.

« service et la nécessité de concilier les droits de
« l'Etat avec les droits privés » (1).

C'est à ce droit du fonctionnaire que M. Hauriou
accole l'étiquette de propriété, parce qu'à son avis
— et il a sans doute raison — la propriété est un
genre aux espèces indéfiniment variables : la propriété civile en est une, la domanialité publique
une autre, la fonction publique une troisième ; et il
serait facile de multiplier les espèces, surtout si l'on
adoptait la définition très souple de la propriété,
définition donnée par M. Renard (2). Déjà les expressions de propriété littéraire, artistique, industrielle... plus récemment de propriété commerciale...
un jour peut-être, de propriété scientifique, horti-
cole... accréditeront-elles cette terminologie nouvelle.

Du reste, ce droit de propriété du fonctionnaire,
n'est, quant à présent, qu'une inspiration ingénieuse,
qui ne paraît pas encore s'être traduite dans une
construction achevée, ou plutôt, dont la construction technique est attendue du statut légal... toujours en chantier.

Au fond, la doctrine de M. Hauriou n'est qu'une
illustration, entre bien d'autres, du thème général
de son système de droit administratif : les théories
parallèles du droit civil et du droit administratif ne
sont que des « adaptations » des théories du droit
privé. Mieux : les théories parallèles du droit civil

(1) T. des confli., 8 mai 1874, Blanco. Rec., p. 416.
(2) Renard, *Le droit de la profession pharmaceutique*, 1924,
p. 107. « Le type (de propriété) défini par l'article 544 du code
« civil n'est et n'a jamais été que le point extrême d'une gamme
« très nuancée. Nous définirions volontiers la propriété : le
« le droit le plus absolu que l'on puisse avoir sur un bien,
« suivant sa consistance physique et sa destination sociale ».

et du droit administratif ne sont que des variantes
de théories juridiques générales et universelles, qui
embrassent dans l'ampleur d'un vaste « droit commun » et ramènent à l'unité tous les départements
de la science juridique (1).

Tout autre est le point de vue de MM. Jèze et
Duguit sur la nature de la fonction publique.

III. *INTERPRÉTATION DE MM. DUGUIT ET JÈZE*

L'acte de nomination est un acte-condition. Il
place l'individu auquel il se rapporte dans une situation objective, dont la caractéristique est d'être
impersonnelle, générale, et à tout instant modifiable par la loi. Mais cet acte ne crée pas la position du fonctionnaire. Celle-ci est préexistante.

Elle est déterminée par « la loi du service » et
s'analyse — c'est ici la bifurcation avec la doctrine
de M. Hauriou — non en un droit subjectif compa-
rable à la propriété, mais, d'une part, en un « pouvoir de vouloir » limité, et d'autre part, en avantages et obligations propres à chaque nature de
fonction.

« Le pouvoir de vouloir ou compétence, dit M.
« Duguit, il (le fonctionnaire) le tient de la loi du
« service dont la nomination a conditionné l'appli-
« cation à une certaine personne » (2).

Investi de cette compétence par la nomination,

(1) Renard, *Le droit, la logique et le bon sens*, p. 320 et suiv.

(2) Duguit. *Les agents de l'État*. Leçons faites à l'Université
égyptienne du Caire pendant le premier trimestre 1926 et
publiées sous ce titre : *Leçons de droit public général* (13e leçon).

l'agent peut faire tel ou tel acte se rattachant au but poursuivi par l'Etat ; ce droit de faire des actes juridiques et des opérations matérielles pour le compte de l'Etat n'est pas un droit subjectif ; car pareil droit impliquerait pouvoir, pour le fonctionnaire, de le défendre contre toute atteinte et d'en déléguer l'exercice à autrui ; or le fonctionnaire ne peut ni réclamer sa compétence, ni la déléguer librement et sans conditions : la loi ne lui permet cette délégation qu'exceptionnellement, temporairement, dans des cas bien déterminés, aux agents qu'elle indique elle-même et sous la responsabilité de celui qui a le pouvoir en propre.

Cette compétence est permanente, en ce sens qu'elle ne s'épuise pas après son exercice même répété [1]. Elle est modifiable à tout instant par le législateur qui la réduit ou l'accroît suivant les nécessités du moment. Elle ne peut faire l'objet d'une renonciation totale ou partielle : « la compé-« tence dont ils (les fonctionnaires) sont investis est « un pouvoir légal qu'ils doivent exercer. Le juge « qui refuserait de juger se rendrait coupable d'un « déni de justice réprimé par la loi pénale » [2].

Quant aux avantages accordés par la « loi du service » il ne faut pas croire qu'ils aient été établis en faveur du fonctionnaire. Non. L'idée qui domine tout le droit administratif, celle qui dirige toute l'activité de l'administration, c'est que les services publics sont organisés uniquement dans l'in-

---

(1) JÈZE. *Principes généraux du droit administratif*, 2ᵉ édit., p. 12 à 14, DUGUIT. *Traité de droit constitutionnel*, 2ᵉ édit., tome 3 § 61 à 65.

(2) JÉZE, *op. cit.*, p. 14.

térêt de la collectivité. Le fonctionnaire n'est rien, ses droits particuliers ne sont rien, l'un et l'autre comptent peu, vis-à-vis de cette chose considérable, de cet objectif toujours grandissant, tel un cone lumineux, au fur et à mesure des progrès de la civilisation : l'intérêt collectif, l'intérêt général du pays.

En vertu de ce principe, le traitement et la pension, le statut légal ou règlementaire, en un mot tous les bénéfices dont jouit l'agent dans l'exercice de ses fonctions, ne lui profitent que par ricochet. La loi fonctionnelle ne les a établis que pour mieux assurer la bonne marche des services. Le fonctionnaire en profite ; sans doute ! Mais il n'y a aucun droit : « Le fonctionnaire n'est ni propriétaire de « sa fonction, ni débiteur de sa charge, ni créancier « de son traitement. La conséquence, c'est que toute « loi ou règlement qui modifie, ou en plus ou en « moins. la situation d'une catégorie de fonction- « naire, s'applique à tous les fonctionnaires de « ladite catégorie, tout aussi bien aux fonction- « naires nommés antérieurement à la promulga- « tion du nouveau texte qu'à ceux qui ne sont « nommés que postérieurement » (1).

Puisque le statut, c'est-à-dire l'ensemble des règles qui protègent le fonctionnaire contre l'arbitraire ; le traitement et la pension ; bref, puisque l'état de l'agent et ses garanties ne sont qu'un ensemble de conditions favorables à la marche des services publics, la loi fonctionnelle peut à tout instant les suspendre, les modifier et les supprimer. C'est une conséquence logique du système présenté

(1) Duguit, *op. cit.*, § 61.

par M. Duguit. Mais ce serait une faute de psycho-
logie, de la part de l'administration, d'user trop
facilement de ce pouvoir juridique. A ce compte,
l'Etat ne trouverait plus un serviteur, à notre époque
où l'acceptation des charges publiques n'est plus
obligatoire. En outre, cet exercice abusif serait en
contradiction avec la plus stricte justice qui oblige
à équitable rémunération : « donnant, donnant ».

M. Hauriou, lui-même, reconnaît qu'en fait,
chaque fois que l'administration impose un travail
supplémentaire, elle alloue des indemnités, des suppléments de traitement ou des gratifications, et
ceci par pure équité.

...Equité, si l'on veut, intérêt bien entendu, ou encore pression des associations et syndicats de fonctionnaires : toujours est-il que l'administration ne
s'enferme point dans les prérogatives que lui reconnaissent, de concert, et les doyens de Toulouse,
de Bordeaux, et M. Jèze. Ce faisant, elle n'a pas le
moindre sentiment de se livrer à des libéralités au
profit de ses agents : les contribuables qui en font
les frais ne l'entendent pas davantage de la sorte.

...Alors l'administration se tient donc comme obligée ? Elle se sent donc liée par quelque norme de
droit que prétéritent les théories des auteurs de
droit public ? Ces théories pêchent donc par insuffisance ? Elles sont inadaptées ?... Nous voici au
point vif du débat !

Ce que les auteurs de droit public méconnaissent,
c'est qu'en dehors du principe de la marche continue du service public, il existe un autre principe
qui domine peut-être le premier : celui de la justice

qui oblige l'administration, quoiqu'elle en ait, à établir une équipollence entre les prestations faites et la rémunération dont elles sont l'objet.

Il faut donc, à tout prix, faire intervenir dans la théorie de la fonction publique, soit un élément de contrat, soit au moins un principe analogue à celui de la justice commutative, qui est à la base sinon de la théorie civiliste et classique du contrat — la liberté des conventions et leur force obligatoire, quoiqu'il ait été stipulé — du moins de la théorie prônée par un certain nombre de juristes-philosophes, qui se réclament des plus authentiques traditions : pas d'obligations juridiques sans équipollence du prix et de la chose livrée ou du service rendu (1) : équipollence du salaire et du travail fourni ou équipollence entre le traitement et les nécessités vitales de l'homme qui se consacre au service public ; équipollence de la justice commutative ou de la justice distributive.

Conclusion toute négative et provisoire qui déjà confirme nos pressentiments !

IV. *CONCLUSION DE LA SECTION*

Ce qui ressort immédiatement de l'étude de ces doctrines, qu'elles attribuent au fonctionnaire un droit réel ou seulement une compétence assortie d'avantages « objectifs », c'est qu'elles ne font aucune place au contrat, soit dans la détermination de la situation du fonctionnaire, soit dans l'analyse de

---

(1) Cf. GOUNOT, *De l'autonomie de la volonté*, thèse, Dijon, 1912, et RENARD, *Le droit, la justice et la volonté*, 7e et 10e leçons, 1924.

l'acte de nomination et des opérations préliminaires. Aucune place au contrat, ni au moindre élément de forme ou de fond qui puisse le caractériser.

L'idée d'un « état de fonctionnaire » symétrique à « l'état des personnes » en droit civil, d'une nature objective et abstraite comme la nationalité ou les divers statuts du droit de la famille, cette idée domine et hypnotise les auteurs de droit public.

La jurisprudence a-t-elle suivi les auteurs dans cette voie ? Le Conseil d'Etat a-t-il admis cette conception d'une réquisition consentie ?

La doctrine affecte de tenir pour négligeable, dans la procédure du recrutement des fonctionnaires, la candidature ou l'acceptation de l'agent ; elle concentre son attention sur l'acte unilatéral de nomination ou sur les lois et règlements du service et de la fonction. Elle s'engage dans cette direction avec l'exclusivisme du procureur qui n'est sensible qu'à la déposition des témoins à charge ou de l'avocat qui n'écoute que les témoins à décharge... Tout cela est-il bien réel et la jurisprudence ne devait-elle pas réagir ?

A lire les auteurs modernes, on croirait presque — tant l'autre aspect de la question est estompé — que l'administration lorsqu'elle a besoin de prendre un particulier à son service lui intime purement et simplement un ordre, lui impose un poste, l'y installe bon gré mal gré, et l'assujettit à des règles strictes qu'elle transformera à sa fantaisie. Pas de discussion ! Même s'il accorde généreusement pensions, traitement et avantages, l'Etat reste le maître absolu ; il a tous les pouvoirs que suggère le principe autoritaire de la réquisition. Un tel procédé sent la botte et la cravache.

La jurisprudence ne pouvait endosser pareille thèse ; elle a bâti son système d'une façon plus souple, plus nuancée. L'idée d'un contrat apparaît souvent, dans les arrêts ; malgré les critiques, le Conseil d'Etat continue à employer les termes de contrat de service public, contrat de droit public, pour caractériser le recrutement des fonctionnaires.

Nous allons, dans une deuxième section, étudier plus à fond cette jurisprudence, et nous chercherons qui, d'elle ou de la doctrine, a raison.

Si c'est le Conseil d'Etat, il nous faudra alors étudier les traits caractéristiques de ce contrat de fonction publique, ses rapports avec la convention de droit privé, les ressemblances et les différences.

SECTION II

Jurisprudence du Conseil d'Etat

Il est difficile, en suivant la jurisprudence administrative, d'élaborer une théorie de la fonction publique. Cela tient, sans doute, à ce que les arrêts du tribunal, peu prolixes, aux considérants souvent brefs et trop concis, ne livrent que l'essentiel des motifs qui ont déterminé le jugement. Surtout, ils se gardent, la plupart du temps, d'énoncer les doctrines propres du Conseil d'Etat, s'en tenant à répondre — et pas toujours complètement — aux éléments présentés dans la requête. Et c'est pourquoi il arrive parfois, que la Cour semble en contradiction avec elle-même. Au fond, elle suit bien sa ligne de conduite ; mais elle la garde secrète. De temps à autre elle l'exprime dans ses arrêts ; mais le plus souvent, il faut l'aller chercher dans les conclusions conformes du gouvernement, comme on recherche l'intention probable du législateur dans les travaux préparatoires, lorsqu'un article reste obscur ou semble équivoque.

On a reproché au Conseil d'Etat d'abandonner, après l'avoir édifiée, la thèse du statut légal et reglementaire, pour se rejeter sur la théorie contractuelle ; mais n'était-ce pas, de sa part, une simple manœuvre destinée à établir fermement son droit de connaître et régler les litiges entre l'administration et ses agents ?

Il fallait d'abord, à défaut de textes, consolider quelques principes et asseoir d'une façon indiscutable la compétence administrative, à l'encontre de la prétention des tribunaux judiciaires à retenir le contentieux de la fonction, chaque fois que la puissance publique n'était pas en jeu. C'est dans ce but que fut mise en avant cette situation légale et réglementaire. M. Hauriou le reconnaît implicitement (1). Mais une fois cette position acquise, le Conseil d'Etat s'est appliqué à sonder le contenu de la « situation légale » ; c'est alors qu'il a parle de contrat de droit public, ou plus simplement de convention intervenue entre l'Etat et le fonctionnaire.

Ainsi, malgré des flottements, des obscurités et

______

(1) « La jurisprudence administrative, qui a édifié cette « théorie de la situation réglementaire des fonctionnaires, et « qui s'en est servie pour établir sa compétence dans le con- « tentieux des réclamations des fonctionnaires, y est restée « fidèle jusqu'à ces derniers temps ». Hauriou, *op. cit.*, p. 580.

des retours en arrière, on peut dire que la juridiction administrative, qui, la première, employa le terme de contrat de fonction publique, est restée fidèle à son idée ; elle l'a seulement précisée ; elle lui donne des formules de plus en plus adéquates. L'expression de « situation légale » n'avait, dans son esprit, qu'une valeur toute négative et en quelque sorte pragmatique : l'exécution de la juridiction judiciaire ; c'est dans la seconde qu'il faut chercher sa pensée positive.

L'élaboration de cette théorie ne s'est pas faite en un jour. Il a fallu des années, de nombreux arrêts et de savantes conclusions, pour qu'elle prît figure ; et à l'heure actuelle, rien ne prouve qu'elle soit définitivement au point et que le Conseil d'Etat ne modifiera pas une fois de plus sa terminologie : ce qui serait d'autant plus facile que la thèse jurisprudentielle n'est nulle part, ramassée en un arrêt de principe — tel l'arrêt BLANCO précité pour la responsabilité de l'administration — mais que les éléments en sont épars ci et là, de telle sorte qu'on peut s'attendre à des surprises, le jour où notre haut tribunal administratif jugera à propos de construire explicitement son système.

*
* *

La jurisprudence reconnaît tout d'abord que l'acte de nomination est un acte, non pas « unilatéral », mais « administratif » (¹). Cet acte reste

---

(1) C'est d'ailleurs sur cette idée qu'elle est basée pour attirer à elle le contentieux de la fonction publique au détriment des tribunaux judiciaires.

administratif, qu'il soit ou non précédé d'une convention entre les parties, à l'effet de s'entendre sur les obligations réciproques. « L'arrêté de nomination est un acte administratif tout comme l'arrêté de révocation. Ils ont en vue, l'un et l'autre, « la bonne marche des services publics » (¹). Cet arrêté de nomination est accepté par l'aspirant fonctionnaire : « Le contrat en lui-même résulte « d'un arrêté de nomination et de l'acceptation de « l'emploi par le titulaire désigné. C'est une con- « vention *sui generis* » (²). Ce contrat, dit M. Caza- les dans l'affaire Guidet, existe toujours : « Il y a « contrat synallagmatique, la nomination, soit des « fonctionnaires, soit des employés, impliquant « toujours et nécessairement l'existence d'un tel « contrat. »

Cette convention est d'une nature toute spéciale et obéit rarement aux règles du Code civil. Elle a ses principes et ses caractères propres ; cela tient à la situation des parties en présence : D'une part un individu qui, dans la fonction, ne recherche généralement que son intérêt particulier, et d'autre part l'administration qui pourvoit à la satisfaction des besoins collectifs.

« Le contrat intervenu n'est pas un contrat de « droit commun, prévu par le Code civil. Il n'y a « pas d'assimilation possible entre la convention « dont il s'agit et le contrat de louage de services

______

(1) T. des confl., 27 déc. 1879. Guidet, S. 81-3-36, conclusions de M. Cazalens, commissaire du gouvernement. Dans le même sens : C. d'E., 7 août 1880. Le Goff. S. 82-3-11. C. d'E., 7 août 1889. Colombat.

(2) Observations du ministre C. d'E., 12 janv. 1883. Cadot. Rec., 29.

« qui serait conclu entre deux particuliers. Il suffit
« de considérer que l'une des parties contractantes
« est ici le maire de la commune, stipulant pour
« assurer l'exécution de deux services publics
« communaux. C'est à tort qu'on prétendrait assi-
« miler cette convention à un contrat mixte, admi-
« nistratif d'un côté, civil de l'autre, analogue aux
« baux d'immeubles passés par l'Etat ; la conven-
« tion discutée est une convention « administrative
« des deux côtés » (1).

C'est le pouvoir exécutif qui « fixe les règles du
contrat entre l'administration et ses agents ». Mais
parce que la fonction publique est une chose trop
grave pour en laisser le libre débat aux parties en
présence, le législateur a cru devoir enfermer la
liberté contractuelle, y compris celle du pouvoir
exécutif, entre des limites plus étroites que pour
toute autre convention. Ce n'est pas cela qui doit
rejeter la situation hors du droit contractuel : la
législation ouvrière a fixé bien d'autres limites —
quoique moins strictes — au libre débat des conventions de travail dans l'industrie privée ; ce n'est
pas la loi, pourtant, qui arrête le contenu du louage
de services... ni du contrat de fonction publique ;

______

(1) T. des confl., 27 déc. 1879. GUIDET. On peut à ce sujet,
faire la remarque suivante : Il n'y a pas lieu de distinguer
entre l'Etat et ses démembrements : départements, communes,
établissements publics. Ce qui se dit de l'un, doit se dire des
autres.

On peut rapprocher de ce texte les observations du ministre
dans l'affaire CADOT de 1883. « S'Il y a similitude au point de
« vue de l'objet entre le contrat de louage de services ou
« d'industrie, et la convention résultant de l'accord de volonté
« qui se forme entre l'employé et l'administration municipale
« cette dernière convention diffère essentiellement de l'autre,
« non seulement par la forme de l'acte qui la constate, mais
« encore par le caractère des parties contractantes et par la
« nature des intérêts en jeu ».

c'est la volonté des parties. C'est bien de l'échange des consentements, non de la volonté impérative de la loi, que l'une ou l'autre convention tire sa vertu d'engendrer des obligations réciproques.

En définitive, le législateur n'intervient dans la réglementation de la fonction publique que pour arrêter tout ce qui n'est pas susceptible d'un « lien contractuel ». Mais « la circonstance que le légis-
« lateur a statué dans certains cas, à l'égard du
« personnel, n'implique pas qu'il doive statuer
« nécessairement dans tous les cas ; bien au con-
« traire, les conditions de ses interventions an-
« ciennes et récentes montrent, par leur caractère
« nettement délimité, qu'il a entendu régler et par
« conséquent se réserver tels ou tels points parti-
« culiers; mais qu'en dehors d'eux, l'administration
« reste entièrement libre et a un véritable pouvoir
« propre, sans qu'il soit nécessaire d'une délégation
« du pouvoir législatif.. C'est donc le pouvoir exé-
« cutif qui posera les règles du contrat qui lie
« l'Etat à ses agents... Ces règles constitueront dans
« tous les cas, cet état particulier du fonctionnaire,
« qui peut toujours être modifié par les pouvoirs
« publics pour l'avenir, mais qui fait la loi des
« parties, et subsiste tel qu'il a été fixé par les textes
« organiques (lois, décrets, règlements ou arrêtés)
« tant que ces textes n'auront pas été modifiés » (1).

---

(1) C. d'E., 4 mai 1906. Babin. S. 1908-3-10. Conclusions de M. Romieu, com. du Gouv. Dans le même sens, voir les conclusions de M. Teissier. C. d'E., 17 mai 1907. Le Bigot. S. 1909-3-125. « C'est le pouvoir exécutif qui par des décrets... pose les
« conditions du contrat administratif qui lie la puissance publi-
« que et les agents en déterminant les conditions de nomina-
« tions, d'avancement, de révocation et de licenciement ». De même C. d'E., 7 août 1909. Winkell. Rec., p. 1302 : Conclusions

L'état du fonctionnaire, pourrions-nous dire, par comparaison, en tant qu'il procède, non de la loi, mais du règlement de service, n'est point essentiellement différent de l'état du salarié, en tant que celui-ci est fixé par le règlement d'atelier, lequel est censé incorporé au contrat de louage de services, et inscrit dans les stipulations échangées entre employeur et employé.

*
* *

Le contrat qui intervient lors de la nomination est tacite ou exprès. Il est tacite la plupart du temps : l'agent accepte sans réserve les règles posées par le pouvoir exécutif.

Mais une convention expresse, passée préalablement à l'acte de nomination, peut-elle modifier les obligations mutuelles dérivant du règlement de service ? Peut-on déroger par une stipulation formelle aux dispositions d'ordre général qui, à défaut de cette dérogation, seraient réputées inscrites au contrat ? En pratique, l'administration peut-elle, par contrat, renoncer à telle ou telle des prérogatives qu'elle tient du règlement de service ?.

A première vue, il semble que le Conseil d'Etat doive admettre la solution affirmative, et qu'il l'ait même implicitement admise. Une argumentation *a contrario* suggère de la déduire d'un certain nombre d'arrêts. Par exemple, à propos d'une révocation :

« Considérant... que le sieur N... *ne justifie d'au-* « *cune convention* qui serait intervenue entre lui

de M. TARDIEU. « L'Etat fixe à son gré et en vue du meilleur « fonctionnement possible du service les diverses clauses du « contrat... ».

« et la ville..., que, dans ces conditions, le maire en
« révoquant a fait un acte rentrant dans ses attri-
« butions... » (1).

Et encore « considérant que le sieur B..., qui *ne*
« *justifie d'aucune convention spéciale* intervenue
« entre lui et la ville... » (2).

Et encore « La révocation d'un fonctionnaire ne
« peut faire naître à son profit un droit à indem-
« nité en *l'absence d'une convention spéciale* lui
« garantissant une durée déterminée de fonc-
« tion... » (3).

A la vérité, l'argument *a contrario* ne porte pas.
Une stipulation restrictive des pouvoirs que l'administration tient de la loi ne pourrait avoir d'effet
que dans les cas où un texte législatif viendrait à
la permettre. A défaut de cette permission, il faut
admettre que le législateur n'autorise pas l'administration à se départir contractuellement des pouvoirs qu'il lui confère sur ses agents, dans l'intérêt
de la bonne marche des services publics ; toute
clause de renonciation serait inopérante et entachée
de nullité, en tant que consentie par une autorité
administrative légalement incompétente à l'effet
d'y souscrire.

« reste entièrement libre et a un véritable pouvoir
Mais, — et voici la portée des arrêts précités —
*les prérogatives inaliénables de l'administration
étant hors de cause, rien ne s'oppose plus à des stipulations particulières au profit de l'agent dans le
contrat de fonction publique.*

---

(1) C. d'E., 11 juil. 1894. NIL, Rec. p. 478.
(2) C. d'E., 9 juin 1899. BERGEON. Rec., p. 416.
(3) C. d'E., 3 févr. 1899. LECOQ. Rec., p. 86.

Donc, si l'agent excipe d'un contrat passé avec l'administration, en vue de le dédommager en cas de révocation « il faut rechercher si la convention « intervenue entre la ville et le requérant, lorsque « celui-ci est entré en fonction, n'obligeait pas la « ville à l'indemniser dans le cas où elle viendrait « à se priver de ses services. On reconnaît que la « révocation d'un fonctionnaire municipal ou la « suppression de son emploi, ne peut faire naître « à son profit — si la mesure est régulière — un « droit à indemnité en l'absence de conventions « spéciales lui garantissant une durée déterminée « de fonction » (¹).

Quant au pouvoir de révocation lui-même, il est indisponible, il ne peut faire l'objet d'aucune stipulation contractuelle. Même pendant longtemps, le Conseil d'Etat s'est interdit, comme juge de l'excès de pouvoir, d'examiner les motifs qui avaient pu déterminer l'administration à se défaire d'un de ses agents, quand même un contrat aurait été passé préalablement à l'acte de nomination (²) C'était ouvrir une large porte au favoritisme et aux représailles politiques. Sous la feinte d'un motif plausible, il était facile de renvoyer un fonctionnaire ayant cessé de plaire. La cour a dû modifier

______

(1) C. d'E., 11 déc. 1903. VILLENAVE. Rec. p. 767. Conclusions de M. TEISSIER, com. du Gouv. Il s'agissait d'un ingénieur ayant passé avec une commune une convention lui conférant le poste d'ingénieur en chef du service des travaux communaux, et lui promettant certains avantages pécuniaires et une certaine permanence d'emploi.

(2) C. d'E., 29 juin 1906. CARTERON. Rec., p. 588. « Considérant « que la convention ne pouvait avoir pour effet de priver le « maire du droit de révoquer un employé municipal, et qu'il « n'appartient pas au Conseil d'Etat de rechercher les motifs « des décisions prises par le maire dans l'exercice de leur auto- « rité... ».

sa manière de voir. D'autre part, la loi du 22 avril 1905, sur la communication du dossier, a empêché bien des abus. Elle en a aussi facilité la répression en fournissant à l'agent congédié des armes pour appuyer un recours contentieux ; effectivement, chaque fois qu'une révocation ou une mise à la retraite d'office est portée devant elle, la juridiction administrative ne manque pas d'étudier les motifs qui ont porté à cette détermination, et d'annuler l'arrêté ou le décret s'il est pris de mauvaise foi, entaché de détournement de pouvoir, et par exemple, destiné à cacher une manœuvre politique ou à servir un intérêt financier.

Ainsi, de toute façon, qu'une convention écrite ou non précède la nomination, la *situation de l'agent se trouve être « à la fois de nature contractuelle et de nature réglementaire »* (1). *Suivant la fonction, c'est tantôt le contrat, tantôt les règlements qui dominent. Il y a ainsi toute une gamme allant depuis la position légale et réglementaire d'où l'acceptation même est bannie, tel le service militaire obligatoire, jusqu'au contrat de droit privé des employés et auxiliaires.*

C'est cet amalgame que M. LAFERRIÈRE appelait contrat de droit public, et M. TEISSIER, contrat de fonction publique.

Quelle que soit la dénomination, il est organisé pour la marche normale et continue des services publics : « Le fonctionnaire qui accepte sa nomi- « nation, accepte, par là même, toutes les obliga- « tions que le contrat comporte pour lui, et notam-

---

(1) C. d'E., 26 janv. 1923. LAFRÉGEYRE. Conclusions de M. RIVET, com. du gouv. *Rev. du droit pub.* 1923, p. 236.

« ment celle d'assurer, sans interruption, la conti-
« nuité du service public, continuité qui est essen-
« tielle à la vie nationale » (¹).

C'est condamner le droit de grève ; et en effet, le
Conseil d'Etat ne reconnaît pas aux fonctionnaires
le droit d'interrompre le service par une entente
concertée. Tout agent qui agit ainsi rompt la convention qui le liait à l'Etat. Il est considéré comme
« s'étant révoqué lui-même en ayant donné sa
« démission » (²). On sait que la rupture du contrat de travail par la grève est admise en droit privé
au profit de l'employeur ; à plus forte raison en
droit public au profit de l'Etat, qui a des droits
beaucoup plus étendus que ceux d'un patron de
l'industrie privée !

Concluons donc que si, pour le Conseil d'Etat, le
lien du fonctionnaire et de l'administration est de
caractère contractuel, il ne s'en suit pas que ce
contrat soit abandonné à toutes sortes de tractations susceptibles d'intervenir entre le gouvernement et l'agent. Cette convention est dominée par
une réglementation légale et par des principes
d'ordre général. Les règles posées par le pouvoir
exécutif, et qui forment la matière du contrat de
fonction publique, ne sont pas laissées au caprice
du gouvernement, pas plus qu'à celui de l'agent.

Tout comme dans les conventions du droit privé,
mais bien davantage dans le contrat du fonctionnaire, quelques grands principes dominent : celui
de la moralité administrative (³), posé par le Con-

(1) e. (2) C. d'E., 7 août 1919. WINKELL déjà cité.
(3) Nous n'ignorons pas les objections que soulève la conception du contrôle juridictionnel de la « moralité administrative ».

seil d'Etat, fidèlement suivi par sa jurisprudence et
qui se traduit par l'annulation pour détournement
de pouvoir ; celui du fonctionnement ininterrompu
des services publics avec sa conséquence : la pro-
hibition de la grève ; et puis outre ces principes
propres au droit administratif, des principes com-
muns à toutes sortes de disciplines juridiques :
principe de la justice commutative ou distributive
(1) ; principe de la nullité des actes accomplis au
mépris d'une condition de fond ou d'une formalité
essentielle : « Du moment que nous sommes ici en
« matière de contrat de service public, les prin-
« cipes généraux sur la théorie des nullités doivent
« s'appliquer ; car ce sont des principes généraux
« que le Code civil, par exemple, n'a fait qu'adapter
« dans divers de ses articles, à des cas particu-
« liers ; et les principes généraux des contrats ne
« doivent pas rester étrangers au contrat de ser-
« vice public en tant qu'ils ne sont point contraires
« au caractère propre de ces contrats » (2).

Autant de déclarations qui tranchent avec l'iso-

Elle nous paraît nécessaire pour éviter d'étendre ce contrôle
jusqu'à la discussion de « l'opportunité » de la mesure incri-
minée : la moralité nous apparaît comme un chef d'ouverture
du recours contentieux à mi-chemin, entre la légalité et l'opportunité (Cf. G. RENARD, *Le Droit, la Logique, le Bon Sens*, p. 357
et suiv.). Nous y voyons donc une garantie contre le risque
(pas très gros chez nous) du « Gouvernement des juges ». Nous
reviendrons sur ce point au chapitre III.

(1) C. d'E., 11 déc. 1903. VILLENAVE. Rec., p. 767 : conclusions
de M. TEISSIER. « Les principes généraux du droit, les regles
« les plus élémentaires de l'équité exigent en pareil cas (renvoi
« injustifié d'un fonctionnaire), l'allocation d'une indemnité
« pour permettre à ces agents ainsi sacrifiés de chercher une
« situation nouvelle ».

(2) C. d'E., 29 mars 1917, PÉCHIN, conclusions de M. CORNEILLE,
com. du gouvernement. *Rev. du droit pub.*, 1917, p. 269. Rappr.
les observations faites ci-dessus, p. 54 et suiv. à la fin de la discuss.
de l'interprétation de M. HAURIOU.

lement où la doctrine moderne tient la théorie de
la fonction publique par rapport au droit contractuel, tout en respectant les exigences autoritaires
propres de l'administration publique.

*
* *

Ainsi, malgré les critiques des auteurs, le Conseil
d'Etat tient ferme, au point de vue contractuel.
Des deux partis en présence, doctrine ou jurisprudence, qui a raison ? Peut-être aucun, peut-être
tous les deux !

*Si l'on admet que, seul, peut porter le nom de
contrat, l'accord de volontés que définissent et
réglementent les articles* 1101, 1128, 1134 *et suivants
du Code civil,* la doctrine triomphe : les fonctionnaires sont dans une position statutaire, légale et
réglementaire ; et peut-être non pas seulement les
fonctionnaires publics ! car pareille conception
restrictive du contrat élargit d'autant le cercle de
la « réquisition consentie ». En tout cas, l'idée du
statut s'applique à *tous* les fonctionnaires sans
exception, pas le moindre élément contractuel
entre l'agent et l'Etat ! En admettre un seul, ce
serait ouvrir la porte à d'autres, et par suite, à toute
la théorie du contrat lui-même. Point d'exception
en faveur de tel ou tel compartiment de la fonction
publique. Il n'y a de convention nulle part, où tout
risque de tourner au contrat dans la théorie de la
fonction publique. En droit, — comme en bien
d'autres matières, d'ailleurs — l'exception, c'est souvent la « tache d'huile » : petit à petit elle s'étend ;
elle gagne les cas semblables ; d'analogie en ana-

logic, elle peut tout atteindre et tout englober, à moins d'une réaction vigoureuse (¹).

Mais *la convention civiliste est-elle la seule conception juridique du contrat ?* N'est-il pas permis d'en établir une autre beaucoup plus souple qui permettrait d'y faire rentrer le cas de la fonction publique ? Nous l'avons déjà suggéré. Là pourrait être la justification de la terminologie jurisprudentielle.

Voyons donc si, à ce point de vue, la doctrine occupe une position inexpugnable, si elle est capable d'expliquer la situation des agents de l'administration sans faire appel au contrat ou s'il ne s'est pas glissé dans l'économie de la fonction publique quelques éléments conventionnels de fond et de forme, qui deviendraient la pierre d'achoppement de tout le système... et la pierre angulaire de quelqu'autre théorie plus conforme à la réalité des choses.

Ce sera l'objet du second chapitre.

---

(1) Nous avons montré au § 2 comment la distinction des actes d'autorité et les actes de gestion a fait « tache d'huile » et envahi tout le système du droit administratif.

CHAPITRE II

INSUFFISANCE DE LA POSITION ACTUELLE DE LA DOCTRINE

Section 1

Domaine restreint de son application : Le service militaire obligatoire

La thèse de la doctrine s'adapte très exactement à la situation du soldat qui répond à l'appel sous les drapeaux, soit en temps de paix, soit à la mobilisation. Il y a là véritablement réquisition : forcée quelquefois, consentie le plus souvent « Le service « militaire est obligatoire pour tous les Français « reconnus aptes au point de vue physique, et rigou- « reusement égal pour tous, sans aucune dispense « à l'exception des hommes qui s'en sont rendus « indignes en encourant certaines condamnations « et qui accomplissent leur service dans des con- « ditions particulières » (¹).

Le soldat est bien un fonctionnaire (²), car

(¹) Loi du 11 avr. 1910 modifiant la loi du 12 mars 1905.
(²) Cf. ci-dessous, § 2.

assurer la défense extérieure fut de tout temps le premier et le plus important devoir de l'Etat.

Certains l'ont nié, en alléguant la gratuité du service, son caractère obligatoire et sa durée restreinte.

Mais il est des fonctions peu ou point rétribuées ; ainsi les auditeurs de seconde classe au Conseil d'Etat, jusqu'à la loi du 6 octobre 1919, ne recevaient aucun traitement pendant la première année.

D'autre part si, de nos jours, on admet difficilement la réquisition, s'il déplaît de recourir à la force et de contraindre un citoyen à devenir fonctionnaire, à d'autres époques on ne s'est pas embarrassé de ces scrupules. Le droit du Bas-Empire romain, nous l'avons vu, attachait les *curiales* à leur poste, et il usait du même procédé pour le recrutement de l'armée : les fils des vétérans légionnaires et des auxiliaires [1] étaient soldats bon gré mal gré, parce que leurs pères l'avaient été avant eux.

Enfin il existe, même aujourd'hui, des fonctionnaires civils à temps : dans l'Université notamment (agrégés, chargés de cours).

Point de difficulté par conséquent à voir un agent de l'Etat dans le jeune homme appelé sous les drapeaux [2] ; sa condition répond très exactement à la théorie de la fonction publique présentée par les auteurs.

---

(1) Le pérégrin auxiliaire s'oppose au légionnaire citoyen romain par la durée plus longue de son service : (25 ans au lieu de 20. A la fin de son engagement le premier jouit de tous les droits du citoyen romain. Cf. DECLAREUIL, *Histoire générale du droit français des origines à 1789*, 1925, 1er fascicule, p. 33.

(2) D'ailleurs nous y reviendrons au § 2 .

Or il est curieux de remarquer que, même **sur** ce terrain privilégié, ce n'est pas sans peine qu'a pénétré et triomphé la théorie que les publicistes voudraient étendre à l'ensemble des fonctionnaires civils.

§ I. **Persistance prolongée du caractère contractuel de la condition juridique du soldat**

Longtemps en effet, le contrat a été l'unique ou le principal procédé du recrutement militaire.

L'armée romaine, sauf au Bas-Empire, ne comprenait que des engagés. Le métier des armes était alors en honneur, et le service obligatoire n'intervenait qu'au cas de danger pressant ; c'était la levée en masse.

L'histoire de France confirme sur ce point les leçons de la Rome antique.

En période féodale, la convocation du ban et de l'arrière-ban par le roi, du vassal et de ses hommes d'armes par le suzerain, s'appuyait au *contrat d'inféodation*. Le seigneur qui partait en guerre, faisait appel à tous ceux qui lui avaient rendu hommage et s'étaient mis sous sa protection. Ceux-ci devaient le service militaire chaque fois que la paix risquait d'être troublée ; pendant les premiers quarante jours, ce service était gratuit ; ce laps de temps écoulé, le vassal reprenait sa liberté et pouvait, soit rentrer chez lui, soit continuer la lutte, mais à ses frais. Il y avait à la fois limitation *contractuelle* du service dans le temps et dans l'espace.

Malgré les réformes apportées par l'institution de l'hommage-lige, un tel système ne suffisait pas.

à cette époque de luttes continuelles. Ceux qui étaient riches appelaient à leur aide des bandes de mercenaires, ramassis d'individus de toutes les nationalités, sans discipline, recrutés par un chef de troupe qui louait leurs services au plus offrant. Mais ce recrutement était lui-même à base *contractuelle* : *contrat* entre le seigneur et le « capitaine » ; *contrat* entre ce dernier et ses hommes.

Licenciées après chaque expédition, ces troupes vivaient de pillages, de rapines, et terrorisaient les régions qu'elles traversaient. Ces soudards causèrent de tels maux, que l'Eglise intervint et que le troisième Concile de Latran prêcha contre eux une nouvelle croisade. Des confréries s'organisèrent, ayant pour but l'extermination de ces hors-la-loi. Ceux-ci pourchassés, traqués, disparaissaient momentanément pour réapparaître lorsque la poursuite se lassait.

La création d'une armée permanente, disciplinée et hiérarchisée, mit fin à leurs exactions. Mais ce fut encore au procédé *contractuel* qu'on recourut pour la constituer. Ces nouvelles troupes — les Compagnies d'ordonnance — étaient des corps de volontaires, engagés pour une période très longue. Néanmoins leur insuffisance en temps de guerre obligeait le roi à traiter avec un chef — premier *contrat* — qui recrutait ses hommes dans tous les pays, les équipait et les rémunérait — deuxième *contrat*. — La paix une fois signée, les mercenaires passaient *convention* avec d'autres princes et, sans être licenciés comme autrefois, allaient de provinces en provinces, de pays en pays, car l'Europe était déchirée par des luttes constantes : résultat des rivalités et des jalousies entre petits Etats et petits royaumes.

Dans le courant du xviiie siècle, l'intermédiaire, le condottière disparut ; le recrutement devint national et se fit au nom du roi. Les « mestres de camp », plus tard, les colonels et les capitaines, recevaient du roi, commission pour former leurs régiments en levant des effectifs dans telle région de France.

Le « sergent recruteur » parcourait les campagnes et promettait une paye élevée et une vie opulente à tous ceux qui s'engageaient au service du roi (¹). Comme on le voit, le *contrat* jouait encore le rôle principal dans l'organisation de l'armée royale.

Cependant, les guerres continuelles épuisaient les ressources de l'engagement. Dès le milieu du xviiie siècle, l'Administration française avait institué le système de la milice. « Lorsqu'il avait besoin « de soldats, l'intendant de la province convoquait « tous les garçons et tous les hommes veufs depuis « deux ans, qui n'avaient pas d'enfants. Il portait « sur la liste tous ceux qui avaient dix-huit ans et « moins de quarante ; puis il procédait seul à ce « qu'on appelait la révision, c'est-à-dire qu'il éli-« minait d'abord les privilégiés... On procédait en-« suite à une visite médicale qui, outre les malades « et les infirmes, exemptait encore tous ceux qui « n'avaient pas la taille réglementaire... »

La Révolution épura quelque peu le système. Elle supprima le poste de racoleur, mais l'enga-

(1) DECLAREUIL, *op. cit.*, 1925, 2e fascicule, p. 749 et suiv.

gement *contractuel* resta la base du recrutement.

Ce fut la Constitution de 1791 qui posa le principe général du service obligatoire. « La force « publique est instituée pour défendre l'Etat contre « les ennemis du dehors et assurer au dedans le « maintien de l'ordre et de l'exécution des lois (¹).

L'idée était lancée. Elle se traduisit dans une loi du 19 fructidor an VI, établissant la conscription, c'est-à-dire le service obligatoire et personnel pour tout homme valide de vingt à vingt-cinq ans. Mais, comme toute grande idée neuve, elle risquait de soulever des haines et d'amener des troubles.

Aussi un double tempérament lui fut apporté par l'institution du tirage au sort et par le remplacement dans lesquels subsiste encore une trace remarquable de la manière *contractuelle*. Seuls partaient pour rejoindre les armées en campagne les malchanceux ayant tiré un mauvais numéro et les pauvres diables incapables de payer un remplaçant. Ce système malencontreux resta longtemps en vigueur (²).

Une loi du 28 avril 1855 décida que l'Etat se chargerait désormais de trouver lui-même les remplaçants, moyennant un prix fixé par les règlements ; le trafic, d'officieux devint officiel. C'était une transaction explicite entre l'Etat et le particulier sur le mode d'exécution de ses obligations militaires : en nature ou en argent. Le dernier élément *contractuel* résidait dans cette pratique et semblait

---

(1) Constitution de 1791, titre IV, art. 1. — Une loi du 28 fév. 1790 avait posé les mêmes principes, mais moins complètement car elle ne s'occupait que de la défense extérieure.

(2) Sous la Restauration, la loi GOUVION ST-CYR du 10 mars 1818 et la loi du 21 mars 1834 maintiennent le tirage au sort et le remplacement.

tenir bon ; il ne disparut qu'avec la réduction de la durée du service accompli sous les drapeaux [1]. C'est cette réduction qui permit d'exiger le service personnel.

§ 2. **Le soldat est un fonctionnaire**

Ainsi, durant vingt siècles d'histoire, il s'est produit une sorte de renversement : autrefois, le contrat d'engagement était complété par le service obligatoire ; aujourd'hui, c'est le contraire : le service obligatoire se complète par l'engagement.

Ce coup d'œil en arrière étant donné, revenons à l'affirmation posée au début de cette section : le soldat est un fonctionnaire, le type parfait et peut-être unique du fonctionnaire en position légale et réglementaire.

Le simple soldat est si bien un agent public que la loi décide [2], s'il rentre dans une administration ou un établissement de l'Etat, après avoir satisfait à ses obligations militaires, que le temps passé sous les drapeaux lui est compté « pour le calcul « de l'ancienneté du service exigé pour la retraite « et pour l'avancement, pour une durée équiva- « lente de services civils ».

La loi du 9 juin 1853 sur les pensions civiles et la loi du 13 avril 1924 qui la modifie, sont toutes deux en ce sens. L'une et l'autre décident formel- lement que « les services dans les armées de terre « et de mer concourent avec les services civils pour « l'établissement du droit à la pension et sont « comptés pour leur durée effective à moins qu'ils

(1) Repertoire BÉQUET-LAFERRIÈRE, Armée, tome 1er, p. 496.
(2) Loi du 1er avril 1923 (art. 7).

« ne soient rémunérés par les pensions mili-
« taires ». (¹)

Son temps de service accompli, le soldat qui
rentre dans les cadres civils d'une administration
de l'Etat se trouve donc dans la même situation
qu'un collègue qui, exempté ou réformé, aurait
poursuivi sa carrière, tandis que le premier était
sous les drapeaux. Pourvu que ses services ne
soient pas interrompus et qu'il appartienne réellement aux cadres permanents d'une administration
publique, ce fonctionnaire « conserve son droit à
« la pension et peut faire compter tous ses ser-
« vices » pour la liquidation de ses droits.

On objectera peut-être que si le soldat est
un fonctionnaire, les lois sur les pensions doivent
s'appliquer automatiquement et qu'il est bien su-
perflu de décider expressément l'imputation des
services rendus dans les armées de terre et de mer
pour le calcul de l'avancement et de la pension.
Comme si les lois ne renferment jamais de men-
tions surabondantes !

Du reste, cette mention était nécessaire et l'est
encore, pour la raison suivante :

Autre est le régime des pensions civiles, autre
celui des pensions militaires. Elles étaient même
réglées par des lois indépendantes les unes des
autres jusqu'à la réforme de 1924. Or le temps du
service militaire obligatoire ne suffit pas pour
donner lieu à l'ouverture du droit à une *pension
militaire* ; l'appelé ne peut y aspirer qu'à la condition de s'engager au moment même de sa libération

____

(1) Loi de 1853 (art. 8) et loi de 1924 (art. 12).

et d'accomplir au total quinze années de service. Par ailleurs, à défaut de texte, il eut été impossible que, durant les dix-huit mois (ou jadis deux ou trois ans) de son « congé » il commençât ou conti nuât à acquérir des droits à une *pension civile*. La pension militaire s'acquiert par « tant » d'années passées au service de l'armée ; la pension civile s'obtient au bout de « tant » d'années de présence dans les cadres de l'administration publique. Pas moyen d'ajouter le temps de service effectué dans la première catégorie, au temps de service passé dans la seconde ; point de retraite si l'une ou l'autre des deux périodes ne suffit pas, par elle même, à l'acquisition du droit à l'une ou l'autre pension Seule, une loi pouvait autoriser l'addition. Encore fallait-il qu'elle indiquât formellement sous quelles conditions la totalisation serait permise ! Ce texte spécial, c'est l'article 8 de la loi de 1853, l'article 7 de la loi de 1923, l'article 12 de la loi de 1924 : trois articles conçus dans le même esprit et dans des termes identiques.

Si le soldat n'est pas un fonctionnaire, on ne comprend pas cette faveur ; parce qu'il est au service de l'Etat, le soldat libéré se trouve en situation privilégiée par rapport à ses camarades qui, une fois démobilisés, *doivent* se chercher une carrière, et, toutes choses égales d'ailleurs, y rester dix-huit mois de plus pour obtenir la même pension de retraite. — Une observation analogue peut être faite à propos du droit à l'avancement.

La différence est atténuée pour ceux qui entrent au service d'un département ou d'une commune qui assurent des retraites à leurs agents, lorsque, du moins, les règlements de ces retraites stipulent l'imputation des services militaires : ce qui est fréquent ; mais il est fréquent aussi que ces règlements exigent pour ladite imputation, des versements de cotisations afférents à la période de service dans l'armée, ou restreignent par toutes autres conditions — qui ne figurent pas dans la loi de 1924 - - le bénéfice de cette imputation ([1]).

§ 3. Caractère purement légal et réglementaire de la condition juridique du soldat à l'heure actuelle

La situation du soldat appelé est le type de la position statuaire, légale et réglementaire.

Pas le moindre élément contractuel. Aucun accord à la base du recrutement. Les opérations pré-liminaires à l'appel des classes (recensement, révision) sont réglées par la loi et déterminées dans leurs plus petits détails. L'homme ne peut s'y sous-traire. Une fois incorporé, il n'est plus qu'un immatriculé, une unité parmi les autres unités, soumis à une discipline contre laquelle il ne peut pas s'insurger sans commettre le crime d'insubordination ([2]). S'il tente d'échapper par la fuite ou la

(1) Ainsi l'art. 22 du règlement nancéien, approuvé par décret du 4 mai 1922, décide : « les services militaires sont admis « dans la liquidation des pensions de retraite à la triple con- « dition :

a) que ces services n'aient pas fait naître pour les intéressés « aucun droit éventuel ou acquis à une pension constituée « avec la participation de l'administration.

b) que les employés qui voudront s'en prévaloir compteront « dix ans de service dans les cadres de l'administration de la « Ville ou des établissements publics communaux.

c) qu'ils auront entièrement versé à la Caisse des retraites « de la Ville une somme égale au montant des retenues à 5 % « sur les années qu'ils voudront faire entrer en ligne de compte « en prenant pour base leur premier traitement dans l'admi- « nistration de la Ville ou des établissements communaux ».

(2) Art 218 Code de Justice militaire.

mutilation, il est un déserteur ou un insoumis, passible du Conseil de Guerre, exposé aux sanctions prévues par le Code de justice militaire. La durée de son service actif est fixée par la loi ; elle peut être augmentée par le législateur, sans que le soldat ait à réclamer et sans qu'aucune compensation lui soit accordée.

Lorsqu'une nouvelle loi ou un nouveau règlement ne lui convient pas, tout autre fonctionnaire peut démissionner et quitter l'administration : à la condition, toutefois, que son supérieur hiérarchique accepte ; mais la démission ne peut être refusée discrétionnairement. Le militaire n'a pas cette liberté ; si, pendant qu'il est sous les drapeaux, le temps du service actif est accru, il s'acquittera de ce supplément d'obligations sans pouvoir même envisager la moindre perspective de démission.

Il n'a ni le choix de son arme, ni le choix de son corps. C'est le ministre de la guerre qui, conformément à la loi, et suivant les aptitudes physiques ou intellectuelles des hommes, détermine et répartit les contingents annuels dans les différents corps de troupe. La loi fonctionnelle, telle que la comprend M. Duguit, se développe ici dans toute son ampleur : nous sommes à cent lieues du contrat.

Mais cette situation est-elle aussi celle des autres fonctionnaires ?

Avant de nous expliquer sur ce point, le lecteur nous permettra de dire un mot, d'une part du projet voté le 7 mars 1927 par la Chambre des députés sur la mobilisation civile en temps de guerre, d'autre part d'une proposition de loi sur la réorganisation de l'armée, qui établit en temps de paix la préparation militaire obligatoire. L'un et l'autre élargissent l'usage du procédé de réquisition dans l'intérêt de la défense nationale ; il est clair que, pendant la durée de cette réquisition, les personnes qu'elle touche, se trouvent dans la position purement légale et réglementaire du soldat qui répond à l'appel sous les drapeaux.

§ 4. Appendice
La mobilisation civile en temps de guerre

Dès 1925, le Gouvernement déposa un projet de loi tendant à organiser toutes les activités nationales en vue de la défense territoriale et à faire appel « à la totalité des forces et des ressources « nationales, pour porter à leur maximum de puis- « sance tous les moyens d'action envisagés. » (1)

Le problème était double. D'une part, après avoir réorganisé l'armée, et en prévision d'une guerre longue et épuisante, il fallait aviser à tous moyens d'action propres à pourvoir à l'entretien de la troupe ; d'autre part, il fallait assurer la vie matérielle et morale de la population civile pendant la guerre et la remise des choses en état, le plus rapidement possible, une fois la lutte terminée.

C'est pour ce double objectif que le projet a envisagé à la charge de toutes les collectivités et de toutes les personnes « sans distinction d'âge, ni de « sexe » (2) un nouveau « devoir civique », « l'im-

(1) Projet de loi sur l'organisation de la nation pour le temps de guerre du 7 juil. 1927. Doc. parl., Chambre des députés, 13ᵉ législature, n° 1879.

(2) Membre de phrase introduit par la Commission de l'armée chargée de l'étude du projet, sur les instigations de M. PAUL-BONCOUR, rapporteur. Voir à ce sujet le rapport du 23 fév. 1927,

pôt » du travail sous toutes ses formes, dans tous les domaines », et « des privations librement con-« senties pour le salut du pays »(¹).

En temps de guerre, militaires et civils doivent être mobilisés. La mobilisation civile prévue et organisée « doit répondre aux exigences de la « mobilisation de l'armée » (art. 4), qui constitue « l'instrument même de la guerre » et dont le plan et le journal seuls ont été arrêtés jusqu'à ce jour.

Il faut donc envisager (art. 4) l'adaptation à l'état de guerre, des voies de communication (transports et transmission), du ravitaillement national, de l'industrie, de l'agriculture, du commerce et des finances, tant au point de vue crédit interne que crédit extérieur. Enfin des mesures doivent être prises en vue d'orienter les ressources intellectuelles dans le sens des intérêts du pays, afin de soutenir son moral qui est un facteur considérable du succès.

Le principe étant posé, il reste à fixer à chacun son poste de service lors de la mobilisation générale.

Et d'abord, tout homme sain de corps et d'esprit, non libéré de ses obligations militaires, et n'occupant pas une fonction essentielle pour la défense de la patrie, doit être appelé à servir en qualité de combattant (art. 5 et 6).

Doc. parl., Chambre des députés, 13ᵉ législature, n° 4018. On sait les protestations que soulève l'idée de la mobilisation des femmes au point de vue de l'application des lois internationales de la guerre : ne légitimerait-elle pas des actes de violences que réprime aujourd'hui le droit des gens et n'entraînerait-elle pas une régression des règlements et coutumes qui constituent le droit de la guerre ? (Cf. R. JOHANNET, *La machine à détraquer la civilisation. Les lettres*, 1927, t. II, p. 1 et suiv.

(1) Projet du Gouvernement, *loc. cit.*, p. 20.

Quant aux autres personnes, elles doivent être
« employées au poste où elles peuvent rendre les
« plus utiles services » eu égard à leurs facultés intellectuelles ou physiques, et à leur situation de famille. Leur poste de mobilisation, dit le projet
(art. 5) doit leur être assigné dès le temps de paix.

La mobilisation des personnes doit se compléter
par la mobilisation ou plutôt la réquisition des
objets nécessaires à l'alimentation, l'habillement,
le chauffage et l'éclairage de la population civile
et militaire, ainsi que des matières et établissements industriels ou commerciaux servant à la
fabrication et à la répartition de ces objets (art. 11
et 12). Mais, de préférence à la contrainte, toutes
ces ressources doivent être obtenues par un accord
amiable avec les propriétaires : c'est seulement en
cas de mauvaise foi ou de mauvaise volonté que le
procédé de la réquisition sera employé (art. 10).

Pour que cette mobilisation puisse se faire sans
désordre à l'heure du danger, il est nécessaire d'organiser le recrutement des ressources nationales,
et d'exécuter, de temps en temps, des essais de mise
en œuvre ; c'est pourquoi l'article 15 du projet
édicte des sanctions contre ceux qui refuseraient
de s'y soumettre.

Quant aux inventions qui, d'une manière ou
d'une autre, intéressent la défense nationale, elles
doivent être soumises au Gouvernement qui peut
s'en assurer la propriété moyennant une indemnité
forfaitaire établie par un Tribunal d'exception.
L'inventeur sera remis en possession de son travail
lorsque celui-ci ne sera plus utile au pays (art. 16).

Le projet prévoit enfin des « noyaux mobilisateurs » destinés à faciliter la réquisition des personnes (art. 23) et une organisation économique, afin de satisfaire aux besoins de l'armée, de la population civile et du pays en général (art. 26 à 32). Tout cela comporte, non seulement des rouages centraux, mais des rouages régionaux et locaux (art. 39), aménagés dès le temps de paix en vue de leur fonctionnement pour la guerre (1).

Telles sont les grandes lignes du projet de loi sur la mobilisation civile en temps de guerre. Or, cette réquisition pourrait être entravée par les agissements et surtout par l'invasion de l'ennemi. C'est à l'armée proprement dite, mobilisée la première, que revient l'honneur de protéger la « mise en œuvre des ressources nationales ». Il est donc nécessaire de posséder des troupes bien organisées, bien encadrées et bien outillées. Or, l'armée actuelle — aux dires des membres du Parlement — « désorganisée, squelettique », ne remplit pas ces conditions.

La réorganisation s'imposant, les projets et propositions de lois, ont afflué sur les bureaux du Parlement.

(1) Les différentes commissions appelées à donner leur avis se sont montrées favorables à son élaboration : avis de la commission des finances présenté par M. BOUILLON-LAFONT, le 25 fév. 1927. Doc. parl., Chambre des députés, 13ᵉ législature, nᵒ 4042. — Avis de la Commission de la marine présenté par M. FLANDRIN, le 1ᵉʳ mars 1927. Doc. parl., Chambre des députés, 13ᵉ législature, nᵒ 4046. — Avis de la Commission des marchés et spéculations présenté par M. MOLINIE, le 1ᵉʳ mars 1927. Doc. parl., Chambre des députés, 13ᵉ législature, nᵒ 4048. — Avis de la Commission du commerce et de l'industrie présenté par M. MERLANT, le 3 mars 1927, Doc. parl., Chambre des députés, 13ᵉ législature, nᵒ 4058.

Le projet a été voté par la Chambre le 7 mars 1927, par 500 voix contre 31.

En 1925, une proposition fut déposée par le groupe socialiste (¹), proposition qui, outre l'idée d'une « mobilisation totale de la Nation » (art. 1), prévoyait une adaptation aux exigences actuelles, du service militaire proprement dit (soit « le service civique ») sur une double base ; « des *forces per-* « *manentes* réduites au minimum nécessaire et « suffisant » et une *organisation territoriale* ayant pour but « la mise sur pied de guerre de toutes les « forces défensives et de tous les services néces- « saires à celles-ci » (art. 3). Cette dernière n'offre pas d'intérêt pour notre dessein ; nous ne nous en occuperons pas.

Quant à la réorganisation des « forces perma-nentes » elle est fondée, comme auparavant, sur le service personnel, obligatoire (art. 7) « égal pour « tous et ne comportant pas de dispense » (art. 8). En cela la proposition n'apporte aucune autre inno-vation appréciable que la réduction du service actif à un an et le recul de l'appel des classes jusqu'à la majorité des conscrits. Mais ce qui en fait la carac-téristique, c'est l'obligation à la préparation mili-taire pour tout homme bien constitué, de 19 à 21 ans, avec examens et sanctions au cas d'assi-duité insuffisante ou d'échec aux épreuves pour l'obtention d'un brevet. Quant à l'instruction pro-prement dite donnée aux recrues et quant aux pé-riodes d'exercice pour les militaires rentrés dans leurs foyers, la proposition ne transforme que des détails. Le seul point à y relever, en ce qui nous

---

(1) Proposition de loi de MM. RENAUDEL, AURIOL, BLUM, etc... tendant à assurer la réorganisation des forces défensives de la Nation, du 11 juil. 1925, Doc. parl., Chambre des députés, 13ᵉ législature, n° 1930.

intéresse, a trait à l'engagement militaire ; nous y reviendrons un peu plus loin.

En somme, la plupart des projets et propositions déposés ou votés au cours de l'année 1926 et jusqu'à cette date (avril 1927) n'ont envisagé que des détails et des remaniements sans grand intérêt pour notre étude : l'idée de la mobilisation civile reste la grande innovation au milieu des ébauches actuelles de réorganisation de la défense du pays [1].

Nous avons épuisé la sphère d'application de la théorie suivant laquelle la condition des agents publics est purement légale et réglementaire. Elle ne s'adapte qu'aux moins.... fonctionnaires des fonctionnaires : les soldats appelés aujourd'hui, probablement les civils mobilisés demain.

Partout ailleurs il existe un élément contractuel dans la fonction publique.

Il est apparent d'abord dans certaines situations particulières que nous allons parcourir dans la section suivante.

SECTION II

Insuffisance de la Doctrine à l'effet de rendre compte de la situation juridique d'un certain nombre de fonctionnaires

Les éléments de fond du contrat — consentement bilatéral, capacité, objet licite — sont, pour la plu-

---

[1] Projet de loi sur l'organisation générale de l'armée du 28 juil. 1926, Doc. parl., Chambre des députés, 13e législature, n° 2.500. — Proposition de loi relative à l'organisation de l'armée présentée par M. FABRY, le 22 juin 1926, Doc parl., Chambre des députés, 13e législature, n° 3.040. — Projet de loi

part, des agents des services publics, enfouis sous l'appareil d'une réglementation qui les dissimule à un regard superficiel et donne l'illusion d'une position purement statutaire. Cette illusion, nous espérons réussir à la dissiper dans la section III.

Dans la section présente, nous nous proposons de relever, à titre de simples exemples, quelques situations particulières où le contrat de fonction publique s'exhibe au grand jour.

L'exemple le plus typique est l'engagement mili-taire.

§ 1. **L'engagement militaire**

1. *LA THÈSE CONTRACTUELLE*

Dans un arrêt fameux du 10 novembre 1878 (¹), la Chambre civile de la Cour de cassation, sur les conclusions conformes de l'avocat général M. DES-JARDINS, avait défini le contrat d'engagement militaire, non pas « un acte administratif, mais une « convention librement consentie de la part de « l'Etat, qui stipule comme simple partie contrac- « tante, sans statuer, sans disposer par voie de « commandement comme autorité publique ». En conséquence, le contrat pouvait être résilié et l'annulation demandée par l'Etat ou par l'engagé et ses représentants, en alléguant soit un vice de forme, soit l'absence d'une condition de fond. Pour obtenir cette résiliation, il y avait lieu — toujours

relatif à la constitution des cadres et effectifs de l'armée du 11 août 1926, Doc. parl., Chambre des députés, 13ᵉ législature, n° 3.384. Ce dernier projet faisant suite à celui présenté à la Chambre, le 28 janv. 1926 (n° 2.500).

(1) D. 1879-1-113.

d'après la même doctrine — de s'adresser au préfet en vue d'une résolution amiable de la situation. En cas de litige, les tribunaux judiciaires étaient compétents pour le trancher.

Cette interprétation souleva de nombreuses critiques parmi les auteurs. — La plupart voulaient bien voir un contrat dans l'engagement, mais non pas un contrat de droit commun, régi par le Code civil et soumis à la juridiction de droit privé.

Les débats soulevés par l'arrêt, quoique apaisés en grande partie, n'en continuent pas moins sur le point de savoir quelle est au juste la nature juridique de l'engagement. Contrat ? Situation légale ?

Si les termes employés par le législateur pouvaient suffire pour nous éclairer, l'hésitation ne serait pas longue. La loi fondamentale, actuellement en vigueur sur cette matière, date du 1ᵉʳ avril 1923 (1). D'après les articles 62 à 70, l'engagement est un contrat. Mais on ne peut se fier aveuglément à la terminologie légale, dont la portée juridique reste souvent imprécise et parfois mystérieuse.

Les discussions qui ont eu lieu au Parlement à différentes époques, principalement en 1915 et 1917 ne sont pas plus décisives : les députés et les sénateurs se sont placés sur un terrain purement politique : l'idée de la défense nationale a, comme de juste, primé à leurs yeux toute autre considération ; la doctrine de la fonction publique fut bien, alors et surtout, le moindre de leurs soucis.

(1) Elle a abrogé la loi du 21 mars 1905 mais n'a pas apporté de grands changements ; sauf quelques points de pure réglementation (durée des engagements, allocations, primes aux engagés), les lois sur le recrutement de l'armée se succèdent en reprenant les mêmes idées de fond sur ce sujet.

Cependant en 1915, lors de la discussion de la loi DALBIEZ ([1]), le ministre de la Guerre, M. MILLE-RAND, reconnaissait avec la commission chargée de l'étude du projet, que l'engagement est « un véri-« table contrat synallagmatique, établi entre celui « qui passe l'engagement et l'Etat, c'est-à-dire « qu'une fois que les hommes auront choisi le corps « dans lequel, ils ont l'intention de servir, ils ne « pourront plus être mutés sans leur consente-« ment ». Quelques semaines plus tard, il répétait qu'il y a là « un véritable contrat dont les clauses « doivent être respectées par l'Etat ». A la même date, un autre ministre déclarait : « Le contrat est « ainsi fait ; la souveraineté de l'Etat se trouve « engagée ». Et la Chambre et le Sénat approu-vaient.

Enfin, une loi du 13 avril 1916 (art. 2) exemptait des visites de récupération du Conseil de révision, tous ceux qui avaient contracté, soit l'engagement pour la durée de la guerre, soit l'engagement spé-cial de la loi DALBIEZ : « Les jeunes gens, lit-on « dans le rapport de la commission, qui, au mo-« ment où ils ont contracté leur engagement « n'avaient aucune obligation militaire, ont le droit « de conserver une situation qu'ils ont librement « choisie » ([2]).

Voilà des arguments impressionnants en faveur

([1]) Loi du 17 août 1915 dont l'art. 4 est ainsi conçu : « Les « exemptés ou réformés, ainsi que les hommes dégagés par leur « âge de toute obligation militaire sont autorisés à *contracter* « dans un service de l'armée et dans la mesure des besoins « pour la durée de la guerre et après vérification d'aptitude, « un engagement spécial pour un emploi à leur choix ».

([2]) Cf. JEZE. *Nature juridique de l'engagement militaire, Rev. du droit publ.*, p. 111.

de la thèse contractuelle. Et pourtant, il faut bien avouer qu'ils ne sont pas péremptoires. L'opportunité politique l'emportait, à coup sûr, dans l'esprit des auteurs des déclarations que nous venons de reproduire, sur le scrupule de la rectitude juridique ; c'est ce que faisait remarquer M. IGNACE, en 1917 : « L'engagement, dit-il, est bien un accord de « volontés, mais qui ne fait qu'appliquer un statut « légal à l'individu. Ce statut peut être modifié à « tout instant. La portée véritable du *contrat,* s'il « existe, est de conférer des avantages spéciaux. « Si ces avantages sont respectés, tout le reste peut « être modifié par la loi ».

Nous étions en pleine guerre. Jamais les rapports de l'Etat, avec les particuliers, n'avaient affecté un caractère plus autoritaire ; jamais les circonstances ne répugnaient davantage à la thèse contractuelle. La grande loi de l'époque, c'était la nécessité de la défense nationale, les exigences du salut public. Aussi, on ne manque pas de la mettre en avant au Sénat, et de l'opposer à l'idée d'une stipulation contractuelle : « Voit-on un pays qui, ayant besoin « de secouer l'invasion, et de repousser l'ennemi, « serait empêché de remporter la victoire, parce « que des citoyens exhiberaient des contrats ou des « lois antérieurs... Il n'y a pas de contrat qui puisse « être, en temps de guerre, opposé à la souveraineté « de la nation... Il n'y a pas de contrat valable « contre la nation » (1).

Certes, cette argumentation n'est pas plus concluante contre l'idée contractuelle que l'autre en sa faveur. De part et d'autre, la discussion était située

____

(1) M. CHÉRON, au Sénat, le 16 fév. 1917.

au-delà du plan juridique. On touchait à l'heure la plus angoissante et la plus critique de la guerre ; celle où nos réserves d'hommes valides et forts s'épuisaient dans des combats meurtriers [1]. Il fallait tenir, tenir jusqu'à l'intervention américaine tant escomptée ; et une fois celle-ci entrée en lutte, tenir jusqu'à l'arrivée de ses premiers renforts [2]. Les vieilles classes démobilisées étaient rappelées ; on enrôlait par anticipation les contingents futurs. Il était naturel qu'on songeât à résilier les engagements conclus un peu rapidement peut-être, et qu'on fît litière de toute théorie opposée au salut de la Patrie.

De là, même chez les adversaires de la thèse contractuelle l'aveu implicite qu'ils soutiennent une pure opinion de guerre et qu'en droit commun — c'est-à-dire en temps de paix — l'engagement militaire est bien un contrat : « Il n'y a pas de contrat « qui puisse être, *en temps de guerre*, opposé à la « souveraineté de la nation... » [3].

Et la loi du 20 février 1917 votée après ces séances orageuses, adopta une sorte de compromis, en décidant de soumettre tous les engagés à une nouvelle

---

(1) MADELIN. *La bataille de France*, 15ᵉ édition, p. 13 : « L'armée française supportait depuis trois ans et demi le poids « principal de la guerre ; ses pertes avaient été immenses ; il « devenait difficile de les réparer ; et la crise des cadres aggra- « vait celle des effectifs ».

(2) MADELIN. *op. cit.*, p. 13 et 14 « Les Etats-Unis, après tant « d'hésitations s'étaient, le 3 février 1917, décidés à entrer dans « la lice à nos côtés. Le 12 juin 1917 le Général PERSING avait « débarqué en France avec quelques régiments et depuis cette « date, chaque semaine, les bateaux de l'Union déversaient sur « notre sol, personnel et matériel... L'on pouvait prévoir que « les transports s'accélérant, une armée américaine forte « d'un million d'hommes serait, avant l'hiver de 1918-1919 « engagée dans les combats. *Mais en serait-on encore à se battre* « *dans l'hiver de 1918-19 ?... ».

(3) M. CHÉRON, au Sénat, cf. note (1) page précédente.

visite médicale ; après quoi s'ils étaient reconnus bons pour le service armé ou auxiliaire, ils ne pourraient plus invoquer leur contrat ; s'ils étaient exemptés ils restaient dans la situation d'un homme dégagé de toute obligation militaire, et libres, soit de maintenir leur engagement, soit d'en réclamer la résiliation.

Toutes ces lois de circonstance devaient tomber d'elles-mêmes à la fin des hostilités. La loi du 1er avril 1923, qui les remplaça, fut votée dans une atmosphère plus calme. Or, dans ses nombreux articles qui règlent la matière de l'engagement, les expressions *contrat* et *contracter* reviennent constamment. Nous savons qu'il faut se méfier de la terminologie législative ; mais, une telle insistance, et l'absence de toute protestation contre l'affirmation répétée de la thèse contractuelle, sont tout de même impressionnantes. Pour le législateur, l'engagement est bien un contrat.

Mais il reste néanmoins, un écart entre ces affirmations et la position qu'avait prise la Cour de cassation en 1878.

Le contrat formé entre l'engagé et l'Etat est complètement différent de ceux du Code civil. Il n'est plus déclaré — comme l'avait fait la Cour suprême — que « l'Etat stipule comme une simple partie « contractante ». L'échange des consentements ne produit point un contrat de louage de services, solennisé dans les formes prescrites par les articles 34 à 44 du Code civil. Ces formes mêmes tendent à éloigner l'assimilation au contrat civil. Ce sont les formes — non des contrats mais des actes d'état civil (naissance ou décès) — savoir : une simple déclaration avec pièces à l'appui.

La différence est encore plus caractéristique au fond. Dans le louage de services, l'employé ne baille que son travail, son activité physique ou intellectuelle. L'engagé militaire, lui, s'astreint à une discipline rigoureuse ; il se lie à des sujétions qui pèsent sur toute sa vie publique et privée ; le cas échéant, il s'oblige à donner le meilleur de lui-même, sa vie, pour son pays. Et il suffit d'analyser ce contrat de plus près, pour apprécier la distance qui sépare cet engagement des conventions de droit commun.

Comment expliquer, par exemple, qu'en ce contrat, rien ou presque rien ne soit abandonné à la libre discussion des parties ? que la loi règle autoritairement : et les pièces justificatives à fournir pour s'engager valablement (art. 62), et la durée de l'engagement, et son point de départ (art. 62, 63, 67, 72) et la forme requise (66, 67) et les avantages accordés : prime, haute-paye, supplément de solde, emploi réservé, commission (art. 68, 74 à 76, 78 à 80) ?

Comment expliquer que l'engagé n'ait que le choix de l'arme et du corps, réserve faite encore de ses aptitudes physiques et de l'appréciation ministérielle ? que l'engagé qui rompt son contrat avant son expiration légale, au lieu d'être condamné à une indemnité, soit passible du Conseil de guerre pour désertion ? Comment expliquer qu'en dehors des avantages à lui accordés, il se trouve dans la même situation que le militaire appelé du même grade ?

Pourquoi les contestations relatives à ce contrat ressortissent-elles du Conseil d'Etat aux lieux et places des tribunaux judiciaires, lesquels n'auront à intervenir que pour régler les incidents de filiation ou d'autres questions d'état? Pourquoi l'élimination de cette règle fondamentale du droit contractuel : « les conventions légalement formées « tiennent lieu de loi à ceux qui les ont faites ». (Code civil, art.. 1134, § 1) ? car la loi peut, à tout moment, modifier le régime des engagements, et les modifications qu'elle introduit s'appliquent même à ceux qui ont contracté sous l'empire de la législation antérieure (art. 75 de la loi de 1923)

II. *THÈSE ANTICONTRACTUELLE*

C'est pour répondre à toutes ces questions restées sans solution dans la doctrine de la Cour de cassation que certains auteurs ([1]) ont nié l'existence de tout contrat dans l'engagement militaire.

La situation de l'engagé, disent-ils, est la suivante : « Ou bien il n'est pas encore quitte des obli-« gations militaires qui pèsent sur tous les ci-« toyens, ou bien il l'est déjà, et ce qu'il demande, « c'est de faire un supplément de service. Dans le « premier cas, il ne fait en somme, que se soumettre « de lui-même et par avance à une incorporation « qu'il eût été obligé de subir. A la base du service « militaire, il y a une réquisition de personne faite « par les gouvernants pour le bien commun. L'en-

---

([1]) JÈZE. *Nature juridique de l'engagement militaire*, *Rev. du droit pub.* 1917, p. 269. — ROLLAND : *La situation juridique des engagés dans la Légion étrangère*. *Rev. du Droit pub.* 1908, p. 695.

« gagé qui devance l'appel, ne fait que devancer
« la réquisition et transformer en collaboration
« volontaire une collaboration forcée... Lorsqu'il
« s'agit d'un engagement pur et simple ou d'un ren-
« gagement, le raisonnement est autre : engagé et
« rengagé sont des fonctionnaires... Ils sont dans
« une situation légale comme tous les fonction-
« naires. Il n'y a pas de contrat car il n'y a ni
« échange de consentement ni convention libre-
« ment débattue » (¹).

Cette assimilation de l'engagé au fonctionnaire,
les auteurs, dont nous exposons l'opinion, l'acceptent même pour les étrangers admis à servir dans la
Légion : celui qui s'engage dans ce corps jouit
également d'un statut légal ; il est aussi un fonctionnaire. Le fait d'être étranger ne modifie en rien
cette qualité, car la Légion figure dans la loi des
cadres du 13 mars 1875 ; et d'autre part, il y a des
individus reconnus fonctionnaires français sans
être citoyens ou nationaux français ; et M. Jeze
ajoute (2) : « Il y a là une simple opération de
« recrutement, une opération de service public ».

... Eh bien, non ! Un particulier qui, dégagé de
toutes obligations militaires ou exempté de tout
service, s'engage néanmoins pour défendre son
pays ou même pour des motifs personnels ; l'étranger qui entre à la Légion, ne se soumettent pas au
recrutement. Celui-ci s'effectue en vue de remplir
les cadres de l'armée. De nouvelles nécessités sur-
venant, l'Etat peut toujours augmenter la durée du
service ou aggraver de toute autre manière la

(1) Rolland, op. cit., Rev. du droit pub., 1908, p. 695.
(2) Jeze, op cit., Rev. du droit pub., 1917., p. 269.

charge des obligations. Or, il s'abstient d'user de ce procédé ; il fait appel à des concours bénévoles et les provoque par des promesses propres à susciter des adhésions : hautes payes et pensions, primes, situations civiles, avantages pécuniaires. Le recrutement et l'engagement sont, en vérité, deux procédés alternatifs : réquisition et soumission forcée d'une part, proposition et libre acceptation d'autre part. Disons mieux : il y a deux procédés de recrutement : le contrat et la réquisition : opération commutative et charge civique.

Sans doute, l'engagé ou le rengagé se place dans une situation dont tous les détails sont réglés par la loi ; mais il s'y place volontairement, alors que rien ne l'y contraint. Il n'y a pas « convention libre-« ment débattue » ; mais la concession de service public, qui est le contrat administratif par excellence, ne l'est guère plus que l'engagement. Les conditions sont établies par l'administration dans le cahier des charges : il faut accepter ou refuser en bloc.

Certes, entre la thèse du contrat administratif et la thèse anticontractuelle, la nuance semble assez mince. Les avantages réservés à l'engagé sont fixés par la loi et susceptibles de modifications. Une fois l'engagement souscrit, le volontaire est assimilé à un appelé ; la seule différence, c'est l'acte initial de libre volonté qui caractérise l'engagement et qui fait défaut dans l'appel sous les drapeaux.

Oui ; mais cette différence est capitale. L'engagé consent, demande même à assumer un joug que rien, absolument rien — nous ne nous lassons pas d'y insister — l'oblige à porter. S'il le fait, c'est de son plein gré. Il propose librement ses services quand rien, ni personne ne peut l'y contraindre ; et cette proposition, l'Etat l'accepte : voilà ce qui forme entre eux le lien de droit d'où dépend tout le reste, y compris la discipline, la subordination au Code et à la justice militaires, la sujétion aux révisions législatives de la condition juridique des engagés. L'échange de consentement que cherchait vainement M. ROLLAND : le voilà !

Reste un seul point obscur, mais d'une obscurité purement relative à la technique de M. JÈZE et à la terminologie dont il use pour l'exprimer : dans l'engagement il n'y a point création d'une « situa- « tion juridique individuelle ».

Mais, la rénovation qui s'opère actuellement dans la notion civiliste même du contrat, ne tend-elle pas — sans pouvoir, du reste, y parvenir définitive- ment — à substituer les situations générales aux situations individuelles ? Combien de contrats, aujourd'hui, ne sont autre chose qu'une adhésion du créancier à une *lex* immuablement fixée par le débiteur !

Celui qui achète, dans un magasin à prix fixe, conclut bien un contrat synallagmatique, quoi qu'il accepte sans discuter le prix marqué. Déniera-t-on à l'opération le caractère de contrat, parce qu'il n'y a pas eu discussion préalable, mais adhésion à une loi pré-établie : la loi du vendeur ? Ici, non plus, il n'y a point création d'une situation individuelle · tous ceux qui achèteront la même marchandise feront comme le premier ; leur situation sera identique. Le contrat d'adhésion tend de plus en plus à supplanter la convention débattue, différenciée à la convenance des parties individuellement considérées ; il se fait de moins en moins de contrats « sur mesure ».

Ainsi, tous les éléments de fond du contrat sont bien réunis dans l'engagement militaire : échange des consentements, détermination de l'objet, capacité même ! car l'engagé ou le rengagé est généralement majeur, puisque libéré de ses obligations militaires ; et l'engagé par devancement d'appel, mineur, doit produire le consentement écrit de ses parents ou tuteurs.

Quant à la forme employée, elle est, malgré l'apparence, tout autre chose qu'une déclaration analogue à celle d'une naissance ou d'un décès. Elle fait naître des obligations à la charge de l'Etat et de l'engagé ; elle est un « acte juridique » générateur d'effets de droits actifs et passifs ; derrière « l'écrit probatoire » il y a un *négotium juris*. Cette forme se rapproche plutôt, quant à sa signification réelle et même quant au cérémonial : présence de deux témoins, lecture de l'acte, mention de cette lecture au bas du contrat... ; de celle des contrats solennels ; seulement au lieu du notaire, c'est un maire ou un intendant de l'armée qui instrumente.

III. *LA JURISPRUDENCE DU CONSEIL D'ETAT*

Aussi la thèse la plus juste nous paraît bien être celle du Conseil d'Etat, thèse suivie par quelques auteurs ([1]) : l'engagement est un contrat de service public.

LAFERRIÈRE écrivait en 1896 : « L'Etat fait une « opération de recrutement, qui est au premier « chef une opération de puissance publique ; mais « il y a des éléments contractuels qui s'y joignent, « et l'engagement est un contrat administratif » ([2]).

On objecte que cette union d'un acte de puissance publique et d'un contrat est contradictoire ; que cette alliance est impossible, qu'il faut choisir...

Oui, si on prend l'expression « puissance publique » dans le sens admis par MM. BERTHÉLEMY et NÉZARD : celui d'après lequel l'acte d'autorité serait dans un état d'antinomie avec l'acte de gestion : « L'Etat, disent-ils, se présente sous une « double forme, puissance publique et personne « morale » ([3]) bien distincte l'une de l'autre. Que l'Etat, en tant que personne morale, soit capable d'entrer dans une opération contractuelle, cela se conçoit sans difficulté ; mais la puissance publique, qui n'est ni personnifiée, ni personnifiable, qui n'est qu'un ensemble de pouvoirs affectés à un but social, comment s'engagerait-elle de la sorte ? S'il n'y a pas de personnalité juridique dans l'Etat considéré sous la face de la puissance publique, mais seulement un ensemble de fonctionnaires — fonctionnaires d'autorité s'entend — il ne peut y avoir de contrat où l'Etat se trouve engagé en cette qualité.

Plutôt que d'en venir à cette théorie compliquée

([1]) En particulier LAFERRIERE, PERRIQUET, HAURIOU : *op. cit.*, p. 577.

([2]) LAFERRIÈRE, cité par JEZE : *Nature juridique de l'engagement militaire*. Rev. du droit pub. 1917 p. 269.

([3]) NEZARD, *op. cit.*, p. 500.

(et combien irréelle) d'un Etat polyforme, ne vaut-il pas mieux adopter la conception simple d'une personne morale privilégiée par rapport à toutes les autres, c'est-à-dire dotée de certains pouvoirs exorbitants en considération du but supérieur où elle tend ? Cette prérogative, c'est la puissance publique, que M. Hauriou définit à juste titre : « un « pouvoir administratif chargé d'assurer le main- « tien de l'ordre public et la gestion des services publics »[1]

C'est là une définition exacte de la puissance, celle qui fut adoptée, autrefois, et que semble regretter M. Romieu, lorsqu'il écrit : « On a essayé « de donner un caractère exceptionnel à la compé- « tence administrative dans les litiges entre l'Etat « et ses fonctionnaires, en alléguant que le contrat « des fonctionnaires de toute catégorie est un con- « trat qui comporte un élément de puissance pu- « blique. Cela serait exact, si l'on employait le mot « puissance publique dans le sens où on le prenait « autrefois et où l'autorité judiciaire le prend « encore souvent ; c'est-à-dire *dans tous les cas où* « *l'administration intervient autrement que comme* « *personne privée.* Mais on a pris l'habitude de « réserver les mots de puissance publique pour les « actes d'autorité, de commandement » [2]

Ainsi, l'élément de puissance publique qui est inclus dans le contrat d'engagement et dont parle Laferrière, n'est que le pouvoir par lequel l'admi-nistration « intervient autrement que comme per- « sonne privée ». Et Laferrière a raison. Tous les

---

(1) Hauriou. *op. cit.*, 10ᵉ édit., p. 17.
(2) C. d'E., 6 fév. 1903, Terrier, Rec., p. 95.

contrats administratifs — c'est-à-dire tous ceux qui échappent à l'application du droit privé — sont des actes de puissance publique mitigés d'éléments conventionnels. Voilà pourquoi l'administration offre ses conditions, recueille les adhésions, mais refuse toute discussion, tout amendement. Les choses ainsi entendues, l'engagement apparaît même comme le type le plus pur du « contrat administratif ».

Vingt ans plus tard, la thèse est reprise par M. Corneille, commissaire du gouvernement, en 1917 (¹) et en 1920 :

« L'engagement, reprend-il avec plus de préci-
« sion, a une nature spéciale, un caractère particu-
« lier qui en fait tout autre chose qu'un contrat
« synallagmatique entre un homme et l'Etat. Sans
« doute, tout au début des rapports entre l'homme
« et l'Etat, il existe un accord de volontés réci-
« proque, mais une fois le consentement donné de
« part et d'autre, une fois l'accord de volonté de-
« venu effectif, la situation juridique va se diffé-
« rencier de la notion contractuelle. Ensuite c'est
« le statut légal des appelés qui va s'appliquer à
« l'engagé ; la situation juridique va se trouver
« désormais réglementaire et non contractuelle.
« Pourquoi ? parce que l'engagement, pour la
« durée de la guerre (et il est de même pour

---

(1) C. d'E., 29 mars 1917, Pechin, p. 269. : « il y a contrat
« de service public auquel on doit appliquer les principes géné-
« raux du Code civil et en particulier la théorie des nullités...
« D'autre part, en droit public comme en droit privé, une des
« parties ne peut alléguer sa négligence pour faire annuler le
« contrat, car celui-ci serait conclu sous condition purement
« protestative de la part d'un des contractants : condition
« défendue par les lois ».

« tous les engagements) c'est le consentement de
« l'individu à ce que le statut légal du service mili-
« taire lui soit désormais appliqué » (¹).

En conséquence, un engagé « pour la durée de la
guerre » ne peut réclamer parce qu'il a été ren-
voyé dans son foyer avant la loi du 23 octobre 1919
qui fixait la cessation légale des hostilités au 24 du
même mois ; effectivement le Conseil d'Etat a
décidé que l'engagé se mettait lui-même dans la
situation des hommes appelés à la mobilisation
générale et se trouvait démobilisable en même
temps qu'eux, sans pouvoir reprocher à l'Etat de
violer ses promesses.

Il y a donc bien dans la position de l'engagé, association d'un élément de puissance publique et d'un
élément contractuel. L'élément de puissance publique, c'est l'établissement de règles légales qui
s'appliquent à tout individu et qui peuvent être
changées chaque fois que le besoin s'en fait sentir.
L'élément contractuel, c'est celui qui intervient lors
de la conclusion de l'engagement, au moment où
deux volontés libres se trouvent en présence, en
vue, l'une de proposer, l'autre d'accepter l'assujettissement au service militaire d'un homme qui n'y
est pas légalement tenu.

Nous avons noté que M. HAURIOU s'accordait avec
la jurisprudence sur le principe d'un contrat, en
matière d'engagement (²). On y retrouve, dit-il, tous
les éléments formels du contrat : échange des consentements, détermination de l'objet ; et tous les

(1) C. d'E., 16 juil. 1920, CHIRAC., *Rev. du droit pub.*, 1920,
p 537.
(2) HAURIOU, *op. cit.*, 10ᵉ édit., p. 577.

éléments de fond : la « loi contractuelle ». Nous inclinons du reste à faire des réserves sur ce dernier mot : la « loi » des relations des parties est assurément ce qu'il y a de moins contractuel dans l'opération, puisque l'Etat peut toujours modifier et transformer, sans que l'engagé puisse exciper de règlements antérieurs sous l'empire desquels il a contracté. Mais il y a bien contrat : la position de l'engagé n'est pas assimilable à celle de l'appelé, encore que la convention tende à placer celui qui la contracte dans la même situation légale et réglementaire...

La proposition de loi du groupe socialiste [1] décide que l'engagement, dans les troupes métropolitaines, doit être souscrit au maximum pour trois ans, et dans l'armée coloniale, pour cinq (art. 74 à 79). Cet engagement peut être résilié dans les trois mois qui suivent sa formation, par l'une ou l'autre partie et ne devient définitif qu'au bout de ce délai.

Ce contrat présente une forme nouvelle (art. 80), en ce sens que le rengagement est supprimé ; l'engagement initial est prolongé d'office par des périodes de deux ans, « s'il n'est pas dénoncé par « l'une des deux parties dans le courant des trois « derniers mois qui précèdent l'expiration de la « période en cours ». Enfin, le contrat d'engagement ne concerne que l'homme de troupe ; il cesse lorsque ce dernier est nommé sous-officier ou officier.

Pour le reste (durée de l'engagement, emplois réservés, avantages accordés) la proposition s'inspire des lois actuellement en vigueur.

[1] Voir p. 97 de ce même chapitre.

Quant à l'armée coloniale, elle ne peut comprendre que des volontaires (art. 122) et doit être « autonome et sans sujétion » (art. 124).

En temps de paix, dans les colonies, sont seuls soumis à l'obligation militaire, les citoyens naturalisés français (art. 135). Les indigènes qui sont français et citoyens peuvent être incorporés mais en qualité d'engagés volontaires : la *conscription indigène est supprimée*. Les indigènes ressortissants ne sont pas astreints au service en temps de paix, mais seulement lorsque la guerre éclate.

§ 2. **L'Inscription maritime**

Tout proche de l'engagement militaire est l'inscription maritime. Elle permet aux hommes de la côte de se libérer du service militaire par un certain « engagement ».

Elle n'est pas un procédé de recrutement indépendant de celui de l'armée de terre, car la loi de 1923 concerne aussi bien l'armée de mer que l'armée métropolitaine. Il y a des conscrits incorporés dans la flotte de guerre et des marins non inscrits qui satisfont aux obligations militaires dans les villes de garnison : ceci est plus rare, il est vrai.

« L'inscription maritime, dit M. Hauriou n'est « qu'une *facultas solutionis* de la dette militaire, « offerte à une partie de la population » [1].

Le système, dans ses grandes lignes, remonte à Colbert. Il fallait d'un côté que les unités de combat fussent montées de préférence par des hommes connaissant bien la mer, et d'un autre côté, que la

---

[1] Hauriou., *Précis de droit administratif*, 10ᵉ édit., p. 571.

marine marchande n'eût pas trop à souffrir, pendant que ces hommes exécutaient leurs obligations. Ce problème fut résolu avec assez de bonheur pour que la méthode ait pu être employée jusqu'à nos jours. Il faut bien constater pourtant, que l'institution est de plus en plus abandonnée par nos marins, et, par ailleurs, constamment mise en péril par la grève des inscrits : grève et abandon qui nuisent surtout à la marine marchande, obligée de recruter son personnel parmi les inscrits.

Celui qui ne s'inscrit pas doit faire son service de dix-huit mois, s'il est reconnu apte par le Conseil de révision, comme tout autre appelé, avec sa classe. Il est assujetti aux mêmes obligations que le soldat de l'armée de terre. Aucun sort particulier ne lui est fait à raison de sa profession de marin, dès l'instant qu'il n'a pas cru devoir s'inscrire devant la Commission de l'inscription maritime.

L'inscrit est donc une sorte d'engagé militaire. Obligatoirement, il est versé dans la flotte de guerre où il accomplit une durée de service différente, et est astreint à des sujétions très strictes. Son temps de service actif est relativement plus court que celui des non-inscrits, mais il est mobilisable pendant une période plus longue que les appelés ordinaires (de 18 à 50 ans).

En revanche, les inscrits jouissent de quelques privilèges : monopole de la pêche côtière, exemption de la patente pour la vente du poisson qu'ils ont pêché. Des concessions gratuites leur sont accordées sur certaines plages, pour l'établissement de diverses pêcheries. Des pensions de secours leur sont allouées sur les fonds de la caisse

des invalides de la marine. « D'ailleurs, observe
« justement M. Hauriou, si elle n'était pas avanta-
« geuse, l'inscription ne fonctionnerait pas, puis-
« qu'elle suppose une sorte d'engagement volon-
« taire » (1).

Malgré ces avantages les inscrits, avons-nous
dit, se font de moins en moins nombreux. Les marins préfèrent accomplir leurs dix-huit mois de
service et se soumettre aux mêmes obligations que
les « terriens », plutôt que d'être assujettis beaucoup plus longtemps à la mobilisation ; ils trouvent
que c'est payer un peu cher les avantages qui leur
sont faits en retour.

Des réformes seraient nécessaires et urgentes
afin de rendre à notre flotte de guerre et nos navires
marchands la force qui les rendait redoutables
même à la marine anglaise au cours du xviie siècle.
Mais peut-être est-il déjà trop tard...

Cependant, la disparition de l'inscription aurait
des conséquences désastreuses. Tandis qu'aujour-
d'hui les marins inscrits sont incorporés par rou-
lement, tout le long de l'année, pour une brève
période, les marins non inscrits doivent être compris dans les deux incorporations annuelles de leur
classe et ce, pour une période de dix-huit mois. La
marine « aurait à envisager chaque année deux
« départs de marins instruits » et leur remplacement « par des recrues inutilisables pendant plu-
« sieurs mois » : situation beaucoup plus périlleuse

(1) Hauriou, *op. cit.*, p. 571.

pour l'armée de mer que pour l'armée de terre. D'autre part, les inscrits libérés continuent à naviguer sur les bâtiments de la marine marchande ; ils conservent donc un « entraînement nautique » fort précieux et que perdent les recrues ayant terminé leur service à bord des navires de guerre.

Pour remédier à l'insuffisance de l'inscription on essaye de favoriser les engagements volontaires dans la marine par des avantages importants (¹) Les conditions du contrat sont les mêmes, et les avantages accordés analogues à ceux dont bénéficient les volontaires dans les armées de terre.

§ 3. L'engagement des élèves-officiers, des membres de l'enseignement et des aspirants à certains concours

A la suite de l'étude de l'engagement militaire, il y a lieu de noter la manifestation, assez semblable, d'une idée voisine : l'engagement que l'Etat exige de tous les élèves qui entrent dans les Ecoles organisées en vue, soit de la formation des officiers des armées de terre et de mer (Saint-Cyr, Polytechnique, Ecole navale, Ecoles professionnelles de la marine), soit du recrutement des membres des trois ordres d'enseignement.

L'accès de ces diverses écoles est subordonné à un concours d'entrée. Or les candidats admis à ce

---

(1) Voir à ce sujet l'exposé des motifs d'un projet de loi du 4 février 1927 sur le recrutement de l'armée de mer et l'organisation de ses réserves : projet qui maintient l'inscription maritime et tend à favoriser l'engagement volontaire par de hautes payes ou des primes, afin d'enrayer la désorganisation des effectifs par le service trop court sur les bâtiments de l'Etat : Doc. parl., Chambre des députés, 13ᵉ législature, nᵒ 3.933. (art. 42 à 46).

concours sont tenus de prendre l'engagement de servir l'Etat pendant une période variable suivant les Ecoles, mais toujours déterminée par la loi : tantôt une durée égale à celle des études augmentée de six ans (Saint-Cyr, Ecole navale, Polytechnique), tantôt une durée préfixe de cinq ans (Ecoles professionnelles de la marine) ou dix ans (Ecoles préparatoires de professeurs et d'instituteurs) (1).

L'engagement est souscrit quelquefois avant le concours d'entrée (Ecole normale supérieure), mais le plus souvent, dans les premiers jours ou les premiers mois qui suivent la rentrée scolaire. Les candidats mineurs doivent produire le consentement de leurs parents ou de leur tuteur ; ou bien la loi impose d'attendre la majorité avant de leur faire signer le contrat.

Cet engagement se justifie aisément dans les Ecoles où les études et l'entretien sont gratuits : c'est la contre-partie des frais de pension, d'internat et d'écolage que l'Etat prend à sa charge. Il y a là une sorte de convention synallagmatique et l'on devine facilement la sanction : si le futur fonctionnaire refuse de s'engager ou ayant souscrit l'engagement, refuse de le remplir, il doit rembourser les frais occasionnés par son séjour à l'école, et le ministre est autorisé d'en poursuivre le recouvrement en s'adressant aux représentants légaux des candidats (2).

(1) Il n'est pas douteux que les élèves de ces Ecoles soient, dès à présent, assimilés à des fonctionnaires : le Conseil d'Etat vient de décider à propos d'un élève de l'Ecole de santé militaire, que le gouvernement avait le pouvoir d'accepter ou de refuser leur démission, et de rejeter en conséquence un recours pour excès de pouvoir élevé contre un refus de démission.

(2) C'est le cas des Ecoles suivantes : Ecoles professionnelles

Mais on explique plus difficilement l'engagement exigé de la part des élèves de certaines écoles spécialisées dans la formation des officiers (Saint-Cyr, Polytechnique, Ecole navale, etc...) où les frais d'internat et d'instruction restent à la charge des aspirants fonctionnaires ou de leurs familles ; la sanction est également plus difficile à réaliser.

Le contrat est toujours affecté d'une condition résolutoire : il est résilié de plein droit si l'élève échoue aux examens de sortie. Mais s'il réussit, l'engagement se consolide : officier, l'engagé doit servir comme tel pendant huit ans ; s'il est versé dans les services civils de l'Etat, en sortant de l'Ecole polytechnique, il y accomplit ses obligations ; et s'il démissionne avant l'expiration de son contrat, il doit finir son temps dans l'armée : la sanction se trouverait être ici dans une poursuite pour insoumission (²).

On a songé à étendre cet engagement aux candidats à l'agrégation, en particulier aux futurs agrégés des Facultés de droit, et à exiger d'eux la promesse écrite d'enseigner pendant dix ans. On ne ferait que développer une pratique existant déjà pour certaines fonctions, telle l'inspection des finances, pour laquelle un concours d'entrée est nécessaire : les candidats qui se présentent doivent

de la marine : Loi du 8 août 1913 modifiée par les lois des 24 déc. 1920 et 25 juillet 1923. — Ecole normale supérieure : Décret du 17 mars 1808 et règlements des 30 mars 1810, 5 et 14 déc. 1815. — Ecole normale supérieure de Sèvres : décrets des 21 nov. 1882 et 21 nov. 1885. — Ecole de Fontenay ; décrets du 30 déc. 1882 et 4 sept 1884. — Ecole de St-Cloud : décrets des 13 juil. et 13 oct. 1880. — Ecoles normales primaires : loi du 9 août 1879 et arrêté du 18 nov. 1887.

(2) Loi du 1ᵉʳ avril 1923, art. 30.

avant de participer au concours, s'engager à servir l'État pour une période de dix ans.

*
* *

Or, autant s'explique l'engagement des fonctionnaires ou futurs fonctionnaires qui ont été instruits et entretenus aux frais de l'État, autant on recherche ici quel peut en être le fondement juridique ; et c'est sans doute de là que vient la difficulté d'en découvrir la sanction, hormis le cas où peut jouer le délit militaire d'insoumission.

On se demande même à quoi bon cet engagement. Si l'État a absolument besoin du service de tels ou tels, il dispose de la réquisition. Rien n'empêchait de décider, par voie d'autorité, que tout candidat admis à recevoir l'enseignement donné dans une de ces Écoles nationales, est tenu d'accepter le poste pour lequel il sera désigné et d'y demeurer tant d'années ; la voie de la réquisition suffisait pour empêcher la désertion des emplois publics conférés par le procédé du concours : alors, encore une fois, à quoi bon l'engagement ?

« L'État, dit M. DEMARTIAL (¹) pourrait se pro-« curer des fonctionnaires par voie d'autorité. Il « pourrait créer des astreintes au service civil « comme il y en a au service militaire... mais il ne « le fait pas parce qu'il n'en ressent pas le besoin, « et qu'il serait plus mal servi ». C'est une explication...

On peut encore dire que ce contrat est une façon

---

(1) DEMARTIAL. *le statut des fonctionnaires*, dans la *Grande revue*, 1909, p. 12.

d'attirer l'attention du futur fonctionnaire sur les devoirs de la carrière où il s'engage ; que, l'ayant souscrit, il ne pourra plus se plaindre d'avoir été surpris. Mais alors, pareil engagement devrait être exigé de tous les agents des services publics. En outre, il ne dissipe une illusion.... éventuelle, que pour en engendrer une autre : celle de croire qu'à l'expiration du temps prescrit par le contrat, le fonctionnaire peut librement quitter son service sans attendre que sa démission soit acceptée par le supérieur hiérarchique.

En définitive, il n'y a que deux moyens de recruter le personnel des services publics : la réquisition et le contrat (contrat plus ou moins réglementé, eu égard au caractère propre de chacun des services). *L'engagement est l'indice de la volonté de l'État de se départir du procédé autoritaire de la réquisition, et de maintenir le principe contractuel à la base du recrutement,* au moins vis-à-vis de certains fonctionnaires. Il est impossible de l'interpréter autrement. Et voilà une nouvelle objection à la conception exclusivement statutaire de la doctrine moderne ; ce n'est ni la première ni la dernière.

Cette nature de l'engagement, MM. Berthelemy et Nezard l'avaient fort bien comprise, puisqu'ils faisaient rentrer les membres de l'enseignement dans la catégorie des fonctionnaires de gestion ; ils l'exagéraient seulement en essayant de plier la fonction aux règles du droit privé. Qui dit contrat, ne dit pas nécessairement contrat civil ; il y a des contrats marqués au coin de la puissance publique.

§ 4. **Les officiers ministériels**

Une autre situation difficilement explicable du point de vue actuellement reçu en doctrine est celle des officiers ministériels : greffiers près des différents, tribunaux, huissiers, avoués, agents de change, notaires, courtiers, etc. C'est pourquoi certains auteurs [1] dénient le titre de fonctionnaire aux titulaires d'offices, et que d'autres [2] en font une classe particulière d'agents publics, à raison de l'élément contractuel inclus dans le droit de présentation et dans la finance de la fonction.

I. *LES OFFICIERS MINISTÉRIELS SONT DES FONCTIONNAIRES*

Quelques publicistes se basent, pour refuser la qualité de fonctionnaire aux officiers ministériels, sur ce fait que l'Etat ne les rétribue pas, mais qu'ils sont rémunérés directement au moyen de taxes, par les administrés qui ont recours à leurs services.

L'argument est médiocre, puisque les offices de l'ancien régime, devenus pour la plupart les fonctions publiques d'aujourd'hui, n'étaient pas toujours rétribués par le roi ou bien l'étaient insuffisamment, et que leurs titulaires avaient le droit d'accepter des émoluments — les épices — des particuliers. Le législateur révolutionnaire pouvait maintenir cette coutume, sauf à la réglementer, afin d'éviter les abus : le Trésor public en aurait été soulagé d'autant : le procédé de rémunération

(1) En particulier CHANTE-GRELLET et PICHAT ; Répertoire BÉQUET-LAFERRIÈRE, V° Fonctionnaires publics, n° 33.

(2) JEZE, *Les principes généraux du droit administratif*, 2ᵉ édit., p. 422.

ne modifiant pas la nature de la fonction.

Or, ceci s'est produit pour les officiers ministériels : ils sont rétribués par les taxes qu'ils perçoivent, conformément aux tarifs officiels, suivant l'importance des affaires traitées ; ils n'en sont pas moins fonctionnaires pour cela.

D'autres auteurs ne veulent pas reconnaître leur caractère de fonctionnaire sous le prétexte qu'ils ne sont pas commissionnés par l'Etat et qu'ils ne sont que les mandataires des parties. Mais d'une part, l'acte de nomination qui leur est délivré, équivaut à cette commission ; et aux colonies, c'est justement une commission qui est donnée aux notaires et autres officiers ministériels, sans que leurs fonctions diffèrent essentiellement de celles de leurs confrères de la métropole. D'autre part, rien n'est plus douteux que leur prétendue qualité de mandataires des particuliers. Est-ce un mandat de ses clients que remplit un notaire, lorsqu'il appose la formule exécutoire au bas d'un contrat ? Ainsi l'avoué dans l'exercice du pouvoir propre que la loi confère à l'effet de conclure pour le compte des plaideurs ; le greffier dans la garde de ses minutes et la délivrance des expéditions....

M. JÈZE, de son côté, reconnaît bien que les officiers ministériels sont des fonctionnaires ; il tient leur situation pour un statut légal, comme celle de tout autre agent public, mais il ajoute que la collation de l'emploi dépend d'une présentation et c'est dans cette présentation préalable à l'exercice de la fonction, qu'il cantonne l'élément contractuel dont il ne peut nier l'existence ici.

En vérité, la situation se décompose en deux temps :

1) *Les officiers ministériels sont des fonctionnaires.* Leurs fonctions sont permanentes et leurs cadres bien définis ; leurs titulaires possèdent un état déterminé par les lois du 25 ventôse an XI et du 10 mars 1898 ; la loi du 28 avril 1816 leur donne le titre de fonctionnaire et la majorité des auteurs de droit public confirment cette dénomination.

Puisqu'il en est ainsi, la situation de l'officier ministériel devrait d'après la théorie de MM. HAURIOU, DUGUIT et JÈZE, être complètement statutaire, légale et réglementaire.

En effet, l'officier ministériel est nommé par le Gouvernement après vérification des conditions de nationalité, d'âge, de capacité et de stage requis par la loi. Il doit prêter serment dans les deux mois qui suivent son installation et fournir un cautionnement. La « provision », c'est-à-dire les droits de police afférents à la charge, est réduite au minimum puisque l'Etat n'a gardé à peu près intact que le droit de destitution et le droit de modifier les règlements sur l'intervention des divers officiers dans la vie privée de leurs clients. Le nombre des charges est limité et il est difficile, pour le Gouvernement, de l'augmenter ou de le restreindre, par suite du droit de présentation et des conséquences pécuniaires qui s'en suivent.

Par le prestige de la fonction publique — dont la collation équivaut, pour la plupart des gens, à tort ou à raison, à un brevet de haute moralité, —

et surtout par leur situation et leurs attributions, les officiers ministériels jouissent d'un ascendant sur les particuliers ; nombre d'entre eux exercent une grande influence sur les familles dont ils dirigent les intérêts et dont ils connaissent les secrets.

La loi a voulu éviter les abus qui pourraient être la conséquence de cette position prépondérante. Elle a réglé minutieusement les cas où l'intervention de l'officier est possible, ceux où elle est obligatoire, les formes nécessaires pour sa validité, le tarif des taxes à percevoir ([1]). Elle n'a rien abandonné au hasard, elle a édicté des sanctions sévères contre les manquements au devoir et au secret professionnels ; elle a tout fait pour empêcher ou réprimer les « tripotages » de la part d'un agent public qui a en mains tous les atouts pour s'enrichir aux dépens de ses clients et du public, s'il n'est retenu par un sentiment délicat de l'honneur.

Si la loi n'avait pas interdit aux agents de change de spéculer sur les valeurs de bourse, n'eût-ce point été pour eux une forte tentation ? « La position « qu'ils prendraient sur une valeur leur enlève- « rait toute impartialité. Ils exerceraient une « pression sur la cote et se prêteraient aux ma- « nœuvres des boursiers » ([2]). La conséquence en serait fort probablement la fortune pour eux, mais aussi la ruine de l'épargne et des petits propriétaires de titres ; le crédit de l'Etat pourrait en pâtir.

---

(1) Ou elle s'en est remise pour cela à des règlements administratifs.

(2) THALLER et PERCEROU, *Traité de droit commercial.* 6e édit., § 859.

De même, si la loi n'avait pris des précautions, un notaire peu scrupuleux parviendrait facilement et sans risques appréciables, à circonvenir ses clients, souvent à exploiter les dissentiments des familles pour s'enrichir à bon compte.

Tous ces dangers appelaient une réglementation stricte des fonctions d'officier ministériel : telle la réglementation de la compétence des autres fonctionnaires et des prérogatives qui s'y rattachent.

2) *Les officiers ministériels sont des fonctionnaires : mais ce n'est que l'une des faces de leur condition : il y en a une autre :* l'article 91 de la loi du 28 avril 1816 décide : « Les avocats à la Cour « de cassation, les notaires, greffiers, courtiers, « commissaires-priseurs, pourront présenter leurs « successeurs pourvu qu'ils réunissent les qualités « exigées par les lois. Cette faculté n'existe pas « pour les destitués. Les héritiers et ayant-causes « ont le même droit... Cette faculté ne déroge pas « au droit de l'Etat de réduire le nombre desdits « *fonctionnaires* et notamment les notaires ». Le *droit de présentation* entraîne de graves conséquences : il n'est même pas certain que le législateur de l'époque les ait exactement mesurées : c'est le rétablissement, pour certaines charges, du régime de la vénalité des offices que la Constitution de 1791 avait abolie et dont la liquidation était terminée pour 1792.

Avant la loi de 1816, les officiers ministériels nommés par le Gouvernement avaient dû, avant de prêter serment et de s'installer, fournir un cautionnement variable suivant l'importance de la charge. La Restauration, pour remédier aux embarras financiers de l'époque, éleva le montant des cautionnements ; en compensation, elle reconnut aux titulaires des offices le droit de présenter leurs successeurs à l'agrément du gouvernement chargé de la nomination. C'était en réalité, leur reconnaître la faculté de financer l'exercice et la cession de ce droit. Aujourd'hui encore, c'est lui qui fait l'objet d'une convention entre les titulaires successifs de la charge. La fonction elle-même, est hors du commerce et son occupation essentiellement viagère ; mais le titulaire — ou ses héritiers — peut, moyennant une certaine somme déterminée par contrat, sous contrôle de la chancellerie, et pourvu qu'il ne soit pas destitué, présenter au ministre le candidat de son choix.

C'est là que réside l'anomalie dont parlait M. Jèze : l'élément contractuel ; d'après cet auteur, ledit élément contractuel serait étranger à toute autre fonction.

Il convient d'en préciser le caractère et les conséquences pratiques : ce sera l'objet des développements qui vont suivre ; et nous terminerons le présent paragraphe par l'examen du cas particulier des agents de change : doublement particulier, à raison de leur qualité de fonctionnaires-commerçants et du droit qui leur est reconnu de former une société pour l'acquisition et l'exploitation de leurs offices.

II. *L'ÉLÉMENT CONTRACTUEL DANS LE RECRUTEMENT DES OFFICIERS MINISTÉRIELS*

L'officier ministériel est nommé par le Gouvernement, mais à la vérité, le décret de nomination est précédé par deux contrats. Le premier entre l'officier ou ses héritiers et le candidat à la fonction ; le second entre le titulaire démissionnaire ou ses ayant-causes et l'Etat, en vue de provoquer la nomination.

Un contrat synallagmatique se forme d'abord entre le fonctionnaire en exercice et le candidat à sa succession. Ce contrat engendre des obligations réciproques : l'officier s'engage à présenter son successeur au gouvernement ; le successeur s'engage à payer le prix convenu au titulaire ou à ses héritiers (1), mais seulement sous la condition que sa candidature sera agréée par le gouvernement.

Ainsi, le premier contrat est subordonné à la conclusion du second : le contrat à intervenir entre le titulaire qui abandonne sa charge et le gouvernement qui reste maître de la nomination. Contrat conditionnel lui aussi: l'officier ministériel offre sa démission, sous la réserve que l'Etat acceptera le candidat qu'il présente et jugera convenable le prix débattu entre cédant et cessionnaire.

Alors intervient l'acte de nomination ; c'est une décision unilatérale, identique à tout autre décret de nomination de fonctionnaire.

Le successeur une fois nommé doit remplir ses obligations et payer le prix convenu au démissionnaire ; celui-ci pourrait, le cas échéant, en poursuivre le recouvrement devant la juridiction civile.

*
* *

(1) Quand ce sont les héritiers qui présentent, la jurisprudence exige qu'ils soient tous présents et d'accord sur ce premier contrat, à peine de nullité.

Si le ministre trouvait le prix de cession trop élevé et le réduisait, qu'arriverait-il ? D'après la jurisprudence, il faut distinguer suivant que la présentation est faite par le titulaire ou par ses héritiers.

L'officier ministériel présente lui-même son successeur et offre sa démission. Mais celle-ci est conditionnée à l'agrément du candidat et surtout à l'homologation du prix. Si le gouvernement réduit ce prix, le titulaire peut : ou accepter la réduction et le nouveau prix, ou refuser. Dans ce dernier cas, il reste en fonction. « Le gouvernement a droit, « comme collateur de titres d'empêcher les cessions « faites à des prix exagérés et de réduire d'office les « prix trop élevés... Si la présentation n'est agréée « que moyennant une réduction du prix que le « notaire titulaire ne veut pas admettre, il n'est pas « exact de dire, dans ce cas, que la présentation « est caduque... Mais la démission du titulaire, qui « n'est donnée qu'à titre conditionnel, n'est pas « affectée et le service public n'en éprouve aucun « préjudice : le titulaire restant en place » (¹).

Les héritiers qui font la présentation n'ont pas comme leur auteur, le droit d'opter. Ils doivent accepter la réduction et ils ne peuvent s'opposer à ce qu'elle profite au successeur présenté, en offrant, par exemple, d'en faire bénéficier un autre candidat (²). L'intérêt public exige que la fonction ne reste pas vacante trop longtemps. Si les héritiers n'exerçaient pas ce droit de présentation, le gouver-

---

(1) C. d'E. 23 juin 1893, DESPRETZ, Rec. p. 522, conclusions du commissaire du gouvernement LE VAVASSEUR DE PRÉCOURT.
(2) cf C. d'E. 23 juin 1893. Note précédente.

nement n'excèderait point ses pouvoirs en nommant un successeur du titulaire décédé.

Inversement, l'Etat ne peut refuser arbitrairement le candidat présenté s'il accepte le prix de cession et si l'aspirant remplit toutes les conditions légales d'aptitude pour occuper la charge. Sans doute, si le ministre juge le candidat indigne, il peut refuser de faire signer le décret de nomination ; mais un refus systématique, ayant pour but la démission pure et simple du titulaire et la suppression de l'office, serait un excès de pouvoir et donnerait ouverture à un pourvoi devant le Conseil d'Etat (1).

*
* *

En somme, il y a lien juridique intime entre la cession et la présentation d'une part, la présentation et la nomination d'autre part. C'est une opération complexe dont toutes les parties se tiennent ; une opération en trois actes liés deux à deux par deux contrats. Leur solidarité n'est pourtant pas parfaite.

Si le premier contrat est vicié, et si néanmoins, la présentation est faite régulièrement et le candidat nommé, le vice initial n'entraîne pas la nullité de la présentation et, par suite, de la nomination ; le nouveau titulaire reste en charge (2).. S'il est honnête homme, le nouvel officier payera spontanément le prix convenu, lequel doit être réputé la

(1) C. d'E., 22 mars 1901, Roz, S. 1902. 3. I., note HAURIOU.
(2) Ceci est une conséquence de la théorie administrative des nullités. Cf JÈZE ; *Essai d'une théorie générale sur la sanction des irrégularités qui entachent les actes juridiques ; Rev. du droit pub.* 1913, p. 294 et suiv. et ALCINDOR ; *Essai d'une théorie des nullités en droit administratif.* Paris, 1912.

« juste rétribution » puisqu'il a été accepté par le gouvernement. S'il refuse, le principe de l'enrichissement sans cause suffirait, à défaut du principe contractuel, pour l'obliger au payement d'une indemnité que, selon toute vraisemblance, les tribunaux arbitreront à une somme voisine du prix convenu lors du contrat.

En admettant une convention valable, mais une présentation irrégulière, tant que la nomination n'est pas intervenue, la révélation de cette irrégularité entraîne caducité du contrat. Le candidat n'est pas nommé, il ne doit pas la somme fixée ; le titulaire ou ses héritiers chercheront un autre successeur.

Que si le vice de la présentation n'est connu qu'après la nomination, celle-ci ne vaut rien. Si la nomination n'est annulée qu'après le payement du prix, l'aliénateur ou ses ayant-causes doivent rembourser ; mais ils ont droit, le cas échéant, à des dommages-intérêts. Le démissionnaire reprend sa charge ; ses héritiers cherchent un nouveau candidat.

Mais voici qu'à la suite d'une première cession et à l'insu du cessionnaire, l'officier ministériel ou ses hériters font une deuxième convention et présentent le second acquéreur ; le gouvernement nomme ce dernier. Le premier peut-il obtenir l'annulation de la nomination de son concurrent ? La jurisprudence décide que non (¹). Si la présentation et la nomination sont l'une et l'autre régulières, le candidat évincé n'a pas le droit de réclamer leur annu-

---

(1) C. d'E., 25 fév. 1910, MOUILLOT, *Rev. du droit pub.* 1910, p. 265 avec une étude de M. JÈZE.

lation ; il lui faudra se contenter d'une indemnité pour inexécution d'obligation (art. 1.143 Code civil).

C'est qu'entre la cession et la présentation, l'interdépendance juridique est moins étroite qu'entre la nomination et la présentation.

Ces deux dernières se conditionnent absolument. Sans présentation régulière, pas de nomination régulière. Sans doute l'une et l'autre sont liées au contrat de cession : en ce sens que, s'il n'y a pas présentation ou s'il y a présentation sans nomination, la convention devient caduque. Mais la réciproque n'est pas exacte ; la validité du contrat ne conditionne ni celle de la présentation, ni celle de la nomination. C'est la conclusion des termes mêmes de l'article 91 de la loi de 1816 qui subordonne bien la nomination à une présentation, mais non pas la présentation à un contrat.

Dans l'ensemble, la situation est donc assez étrange et assez embrouillée.

Les trois éléments de l'opération — contrat, présentation, nomination — sont à la fois interdépendants et indépendants entre eux.

Il y a *interdépendance*, car le contrat valablement formé donne naissance à une « obligation de faire » : la présentation, laquelle à défaut d'exécution se résout en dommages-intérêts. Interdépendance, encore, en ce que la présentation est une condition de validité de la nomination [1]. Interdépendance, enfin, en ce que la survenance de la nomination réalise la condition qui tenait

______

[1] Hormis le cas de destitution (voir ci-dessus p. 128, le texte de l'art. 91.

en suspens l'obligation de payer le prix de cession.

Mais il y a, par ailleurs, *indépendance* puisque la violation du contrat ne réagit pas sur la validité de la présentation et de la nomination et puisque le défaut même de convention préalable est sans conséquence sur la nomination.

Cette demi-dépendance est assez caractéristique pour ne pas permettre de voir dans le contrat et l'acte de nomination une simple juxtaposition. L'édément contractuel pénètre en quelque mesure l'élément autoritaire de la situation. Le principe contractuel n'est point entièrement en dehors et à côte du principe exprimé par la forme du décret de nomination. Il y a compénétration jusqu'à un certain point... C'est ce que nous permet d'affirmer l'analyse du procédé de recrutement : c'est ce que va nous permettre de confirmer l'étude des rapports entre l'Etat et l'officier ministériel pendant l'exercice de ses fonctions.

La caractéristique de ces relations, c'est que l'Etat a moins de liberté à l'endroit de ces agents que vis-à-vis des autres catégories de fonctionnaires. Le régime de la vénalité entraîne une atteinte aux droits de police de l'Etat (la provision au sens où nous avons déjà rencontré ce mot) ; cette atteinte est particulièrement sensible quant au pouvoir de création ou de suppression d'office.

Entre cédant et cessionnaire, le contrat intervenu relève purement et simplement, quant à son exécution, des règles posées par le Code civil.

Du côté de l'Etat, la situation comporte une dérogation aux règles générales du droit administratif : en particulier à cette règle que le gouvernement a toujours la faculté de supprimer les emplois qu'il juge inutiles.

La *suppression d'un office* cause à son titulaire un préjudice dont réparation lui est due ; l'Etat ne peut donc que racheter les emplois menacés. Sans doute, s'il procède par voie de suppression *individuelle,* les titulaires d'offices maintenus supportent l'indemnité puisqu'ils recueillent la clientèle de la charge supprimée. Au contraire, pour procéder à la suppression d'une *catégorie* d'offices et ramener les emplois de notaires, greffiers... au droit commun de la fonction publique, c'est sur les fonds du Trésor qu'il faudra payer. Procédé ruineux, grave atteinte aux droits de police de l'Etat : voilà le poids du principe *contractuel* inclus, non seulement dans les opérations de recrutement des corps d'officiers ministériels, mais dans l'ensemble des règles qui gouvernent leur condition et déterminent leurs prérogatives.

L'observation est symétrique pour le cas de *création de nouveaux offices.* Le décret qui institue une nouvelle charge dans une région déterminée, porte atteinte à la situation des officiers ministériels en fonction dans ce même endroit : une situation qu'ils ont achetée pour en tirer des revenus pendant un certain temps et puis la revendre (1). Ceux-ci doivent être dédommagés. On devine que l'indemnité

---

(1) Le cas de l'office ministériel est évidemment le plus favorable à la théorie, ci-dessus exposée, p. 54 et suiv., de M. HAURIOU, touchant l'appropriation de l'emploi public par l'agent.

est mise à la charge du premier titulaire — nommé sans présentation — du nouvel office ; pour rentrer dans ses débours, plus tard, celui-ci présentera son successeur moyennant fiinance. Du reste, l'hypothèse d'une création est moins intéressante que celle d'une suppression de charge ; car devant l'hostilité des différentes corporations d'officiers ministériels, l'Etat, depuis longtemps, a cessé de créer de nouveaux emplois.

*
* *

Une illustration de toute cette théorie à été récemment fournie par le décret du 3 septembre 1926 portant réorganisation des tribunaux judiciaires et en particulier suppression des tribunaux civils d'arrondissement (art. 1).

La suppression d'un tribunal entraîne celle de son greffe (art. 12). Le greffier est officier ministériel. Sa situation est protégée par l'article 91 de la loi de 1816. Le préjudice qui lui est causé par la disparition de son emploi doit être réparé [1]. La valeur de sa charge, telle qu'elle sera déterminée par les organes désignés lui doit être payée par le greffier du tribunal de première instance

___

[1] On ne saurait soutenir la nullité du *décret* de 1926, en tant qu'il porte atteinte à des situations garanties par une *loi*. D'autre part l'article 91 de la loi du 28 avril 1816 contient luimême cette mention : « Cette faculté (de présenter son sucesseur) ne déroge point au droit de l'Etat de réduire le nombre desdits fonctionnaires ». D'autre part, le décret, de 1926 est pris en application de la loi du 3 août 1926, dont l'article unique est ainsi conçu : « Le gouvernement est autorisé à pro-« céder par décrets, jusqu'au 31 décembre 1926, à *toutes sup-*« *pressions* ou fusions d'emplois, d'établissements ou de ser-« vices ; lorsque ces mesures nécessiteront, soit des modifica-« tions à des organisations, formalités ou procédures fixées « par la loi, soit des annulations ou transferts de crédit, elles « devront être soumises à la ratification des Chambres dans « un délai de trois mois ».

« dont la compétence est substituée à celle du tribunal d'arrondissement » (art. 13 combiné à l'article 2).

Il en est de même des huissiers audienciers près
les tribunaux supprimés (art. 18). Ceux-ci sont choisis par les Cours parmi les huissiers du ressort de
la juridiction (¹) Aucune de leur charge n'est supprimée par le décret, mais une indemnité est due
cependant à ceux qui sont privés du service d'audience et des profits y afférents ; elle est mise à la
charge des « huissiers audienciers du tribunal de
« rattachement pour les actes du Palais qu'ils au-
« raient perçus si leur tribunal n'avait pas été supprimé » (art. 18).

De cette façon, le préjudice causé aux huissiers
et greffiers semble réparé.

Et pourtant, ces derniers ne sont pas complètement indemnisés, car « la valeur des greffes sup-
« primés est supérieure à la plus-value acquise par
« les greffes de rattachement. En effet, les titulaires
« de ces derniers offices sont obligés, en raison de
« la réduction du nombre des commis greffiers
« rémunérés par l'Etat, d'augmenter l'importance
« du personnel auxiliaire dont le traitement est à
« leur charge » (²) d'où accroissement de leurs
frais généraux et donc de la plus-value de leur
office. En outre, les recettes diminuent par suite
de la réduction des instances judiciaires, consécu-
tive à la réorganisation judiciaire. Pour ces derniers
motifs, l'enrichissement des greffiers maintenus

---

(1) Décret du 14 juin 1813, art. 2.
(2) Exposé des motifs du projet de loi du 1ᵉʳ av. 1927. (Voir
ci-dessous p. 139, note (1).

n'est pas égal à l'appauvrissement des greffiers dont le poste disparaît. En vue de parfaire la différence, le gouvernement a déposé un projet « ten-
« dant à l'ouverture d'un crédit supplémentaire
« destiné à payer aux titulaires des greffes suppri-
« més la fraction du prix de leurs charges dépas-
« sant la plus-value acquise par les offices de ratta-
« chement » (1) : témoignage remarquable de son souci d'assurer, au profit des officiers ministériels, dont l'emploi disparaît, le respect de cette *justice commutative* qui est *l'âme, la raison d'être des contrats.*

III. *CAS PARTICULIER DES AGENTS DE CHANGE LES OFFICIERS MINISTÉRIELS EN ALSACE ET LORRAINE*

L'étude qui précède concerne indistinctement tous les officiers ministériels ; l'un d'entre eux, l'agent de change, mérite une observation spéciale. C'est un fonctionnaire, mais un fonctionnaire-commerçant car il fait habituellement des actes de commerce : C'est sa profession. Il achète pour revendre. et négocie pour autrui les effets publics et cotés, les lettres de change, les billets de commerce et les matières métalliques.

Sa condition juridique présente un caractère qui lui est propre. Le prix de cession des offices des agents de change atteint, au moins pour certaines de ces charges, un chiffre tellement élevé (2) que la

---

(1) Projet de loi du 1ᵉʳ avr. 1927, Doc. parl., Chambre des députés, 13ᵉ législature n° 4264.
(2) A Paris, certaines études ont dépassé un million.

vente en devient extrêmement difficile ; l'achat
en est impossible à tout candidat qui ne dispose pas
d'une très grosse fortune. C'est pourquoi on a permis la formation d'une société pour l'exploitation
de l'office (¹).

Cette société présente beaucoup d'analogies avec
la commandite. Il y a en effet un commandité,
l'agent de change, dont la responsabilité est indé-
finie à l'égard des tiers ; il doit posséder en propre
le quart au moins du capital engagé dans l'étude ;
il doit exercer lui-même à peine de destitution. Les
autres associés ne sont que des bailleurs de fonds :
des commanditaires ; ils ne sont tenus que jusqu'à
concurrence de leurs apports.

La société en question diffère pourtant en un
point de la commandite. Sans doute, comme dans
celle-ci, les bailleurs de fonds ne peuvent s'immis-
cer dans les actes de la charge, puisque la loi prescrit formellement à l'agent en titre, de remplir personnellement sa fonction.

Mais l'un ou l'autre des bailleurs de fonds peut
être commis principal ou fondé de pouvoir de
l'agent de change. Or le rôle de ces commis principaux est de seconder le titulaire et même de le remplacer au besoin ; il suffit pour cela qu'ils soient
agréés par la Chambre syndicale : ils sont alors
soumis à son pouvoir disciplinaire. L'associé-com-
mis principal ou fondé de pouvoir n'est jamais responsable sur ses biens personnels, comme le serait
un commanditaire qui s'ingèrerait dans l'administration de la société ; il n'est jamais responsable

_____

(1) Loi du 2 juil. 1862 incorporée dans l'art. 75 du Code de
commerce.

au-delà de son apport. C'est là une dérogation aux règles de la commandite (¹). Les sociétés pour l'exploitation des charges d'agents de change représentent donc un type très particulier ; elles sont, du reste, d'un usage courant dans les villes où les Bourses sont pourvues d'un Parquet (²).

*
* *

Dans les départements reconquis d'Alsace et de Lorraine, les offices ministériels se réduisent aux charges de notaire, d'agent de change, de greffier et d'huissier, car la loi du 1ᵉʳ juin 1924, qui introduisit dans ces départements les lois commerciales françaises, a écarté l'application des articles 79 et 80 du Code de commerce, de sorte que l'institution des courtiers d'assurances maritimes et des courtiers maritimes reste inconnue ; quant aux offices de courtier de transports. par terre et par eau, et courtier-gourmet-piqueur de vin, aucun candidat ne s'est présenté pour les occuper (³).

D'autre part, même pour les offices qui subsistent, le droit de présentation a été supprimé par les lois allemandes, et la législation française ne l'a pas rétabli ; de sorte qu'en ce petit coin de France la vénalité des offices a disparu. Les titulaires sont nommés par le gouvernement parmi les candidats qui réalisent certaines conditions de stage, de capacité et d'âge.

---

(1) Code de commerce, art. 27 et 28.
(2) THALLER et PERCEROU, *op. cit.* § 855.
(3) NIBOYET, *Répertoire de droit et de jurisprudence d'Alsace et de Lorraine*, 1925, p. 2 pour les agents de change, p. 133 pour les commissaires-priseurs, p. 365 et suiv. pour les notaires.
A remarquer que les charges des commissaires-priseurs en Alsace et Lorraine sont confiés aux huissiers et notaires des départements.

Les offices sont classés par ordre d'importance ; il existe un tableau d'avancement. Les officiers ministériels peuvent être destitués ou révoqués dans les cas déterminés par la loi : les mêmes, d'ailleurs, que dans le reste de la France, pour les officiers propriétaires de leur charge (¹).

§ 5. Les Principaux de Collège et les Fonctionnaires rétribuant leur Personnel subalterne sur des fonds d'abonnement

Le cas des officiers ministériels révèle la possibilité juridique de contrats entre particuliers à l'occasion de fonctions publiques et nous avons remarqué l'empreinte persistante de ce facteur contractuel, jusque dans les rapports de l'Etat avec les agents investis de leur emploi par ce procédé. Sous le présent paragraphe, nous abordons l'examen d'hypothèses où c'est l'Etat lui-même ou tout autre administration publique qui passe convention en vue de l'exécution d'une branche de service public, avec des particuliers auxquels il n'est pas possible de contester par ailleurs la qualité de fonctionnaires. Il s'agit, d'une part, des principaux de collège, qui ont obtenu la gestion de l'internat, et, dans une toute autre sphère, des comptables des deniers publics : trésoriers payeurs généraux, receveurs d'enregistrement, percepteurs... ainsi que les préfets et sous-préfets, qui reçoivent des fonds d'abonne-

---

(1) Ajoutons à propos de tous les notaires de France, y compris la Lorraine et l'Alsace qu'un projet de loi du 1er décembre 1925, adopté par le Sénat, leur permet de cumuler les fonctions de greffiers de justice de paix dans les cantons où il n'existe qu'un office : Doc. parl., Chambre des députés, 13e législature, n° 3632.

ment pour rétribuer le personnel subalterne qu'ils choisissent eux-mêmes, et dont ils sont responsables.

a) *PRINCIPAUX DE COLLÈGE*

Toute municipalité peut créer un collège, pourvu qu'elle possède un bâtiment approprié et le mobilier correspondant ; et rien ne s'oppose à ce qu'elle lui annexe un internat, afin de permettre aux enfants des localités éloignées de bénéficier de l'instruction donnée à l'externat. Le principal et les différents professeurs appartiennent aux cadres du personnel enseignant. Ils sont donc fonctionnaires de l'Etat ; mais ils sont rétribués par la ville qui les emploie : celle-ci doit assurer la charge de leurs traitements pour une période de dix ans (¹).

La gestion de l'externat ne donne lieu, en ce qui nous intéresse, à aucune observation particulière. Elle appartient à la municipalité ; en dehors de là, elle ressemble en tous points, à celle de l'externat d'un lycée. Le principal joue le rôle du proviseur. Les frais d'écolage reviennent à la ville et sont payés par les parents des élèves à la recette municipale ou à l'économat de l'établissement, mais pour le compte de la commune.

Au contraire, la gestion de l'internat peut être, soit gardée par la Ville qui exploite en régie directe, soit mise au compte du principal qui joue alors un double rôle : celui de proviseur quant à l'externat, celui d'entrepreneur quant au pensionnat. C'est la municipalité, propriétaire du collège,

____

(1) Loi du 10 mars 1850, art. 72.

qui choisit. Cette liberté lui a été reconnue par un décret du 5 novembre 1811, qui régularisa une pratique en usage depuis la réorganisation de l'enseignement, en 1803 ; de 1803 à 1811, le pensionnat, tenu distinct de l'école elle-même, avait été géré, le plus souvent, par le principal qui était même propriétaire du mobilier d'internat ; cependant, le système de la régie directe subsistait dans quelques communes ; d'où le décret de 1811, qui consolidait la faculté d'option entre les deux procédés.

Au cours du XIXe siècle, une confusion s'établit. Le principal, gérant d'internat et directeur d'externat, obtint insensiblement la gestion de toute l'entreprise. Le collège tendait à devenir son bien, sa chose. Il fallut que le gouvernement intervînt. Un décret du 7 janvier 1899 rétablit la séparation et délimita les domaines respectifs de la direction scolaire et de la gestion financière au cas d'exploitation du pensionnat par le principal. A cette époque d'ailleurs, la loi du 15 mars 1850, qui avait prescrit aux municipalités le rachat du mobilier d'internat, n'était pas encore entièrement observée; plusieurs principaux en restaient encore propriétaires : une circulaire ministérielle du 30 septembre 1900 le constate et exhorte les municipalités à faire le nécessaire pour que pareil état de choses disparaisse (¹).

Les deux systèmes de gestion sont restés en vi-

______

(1) « **Dans quelques** collèges, heureusement fort rares, le « mobilier de l'internat n'appartient pas encore à la commune. « Il est la propriété du principal qui l'emporte, ou le vend à « **son successeur** lorsqu'il quitte le collège... J'estime qu'il est « **indispensable de mettre** ces villes en demeure de racheter « dans un délai de cinq ans ». Répertoire BÉQUET-LAFERRIÈRE. Instruction publique, tome I, n° 87, p. 342.

gueur. La loi du 13 juillet 1900, qui règle les sub-
ventions accordées par l'Etat au cas de déficit, n'a
rien innové dans le principe.

Si l'internat est au compte du principal, celui-ci
doit négocier une convention avec la municipalité
à l'effet de déterminer les conditions de gestion. On
avait songé, en haut lieu, à établir une sorte de
contrat-type, obligatoire pour tous les principaux.
On y a renoncé parce qu'une telle convention n'aurait pas été suffisamment souple pour s'adapter aux
besoins des différents établissements ; toute latitude est donc laissée aux intéressés, sous réserve
de l'approbation du ministre de l'Instruction publique.

A la suite de cette convention, le proviseur choisit le personnel du service de l'internat. Il surveille
les approvisionnements et la préparation des repas;
il veille à la propreté et à la santé des élèves ; il
peut établir un règlement d'internat, dans les
limites fixées par les statuts universitaires, afin de
maintenir la discipline. Il perçoit les frais d'internat et de pension dont le montant a été déterminé
par la municipalité, dans la convention. En tout
cela il agit sous sa propre responsabilité.

Le plus souvent, la Ville place à ses côtés un
agent spécial, dont les attributions se réduisent à
un rôle de surveillance (en cas de régie municipale,
c'est à lui que reviendrait la direction).

Il faut croire que les résultats obtenus par ce
procédé sont satisfaisants puisqu'il tient depuis
plus d'un siècle et qu'il a été adopté par la plupart
des villes possédant un collège. Il présente en effet
le double avantage de débarrasser les municipalités

du lourd fardeau de l'organisation et de la direction d'un pensionnat, et d'éviter les abus qui se produisent chaque fois qu'une administration est confiée à un agent désintéressé personnellement, des résultats de l'entreprise. On pourrait craindre l'inconvénient inverse : que le principal intéressé ne cherche à accroître ses bénéfices en essayant de **comprimer** à l'excès les dépenses occasionnées par l'entretien des élèves : cependant, l'institution d'un agent spécial et une surveillance active, mais discrète, de la municipalité, paraissent suffisantes pour y obvier, d'autant plus que l'intérêt bien compris du principal est de se recommander à la confiance des familles par la bonne tenue matérielle et morale de son établissement.

b) *SYSTÈME DES FONDS D'ABONNEMENT*

Plus complexe et plus difficile à caractériser juridiquement, surtout à raison du mouvement de la législation qui la concerne, est la situation d'un certain nombre de *fonctionnaires qui reçoivent de l'Etat, en plus de traitement, des fonds d'abonnement, pour la rémunération du personnel qu'ils choisissent eux-mêmes sous leur propre responsabilité* [1].

Cette situation a été établie surtout en vue des comptables des deniers publics et à raison de la

____

(1) En visant expressément, le système de l'abonnement, nous envisageons le cas le plus fréquent. Quelquefois, le forfait est représenté par un supplément de traitement ou tout autre procédé. Ainsi les receveurs municipaux sont tenus d'employer le quart de leur traitement au payement des salaires de leur commis : les employés de la recette sont rétribués par le receveur au titre de frais de bureau jusqu'à concurrence du quart de son traitement et pour surplus par la ville : décrets du 27 juin 1876, 1ᵉʳ août 1891, et 5 déc. 1908.

responsabilité personnelle qui leur incombe, touchant toutes sortes de maniements de fonds opérés dans leurs bureaux (trésoriers payeurs généraux, receveurs particuliers des finances, percepteurs, receveurs d'enregistrement, conservateurs d'hypothèques). **Elle a été appliquée également aux personnels des préfectures et sous-préfectures, qu'il a paru expédient de placer, vis-à-vis du préfet ou du sous-préfet, dans un état d'absolue subordination en les privant des garanties de stabilité du « fonctionnariat ».**

Pareil régime fait peser sur les fonctionnaires supérieurs auxquels il s'applique, deux responsabilités différentes : celle qui se rapporte aux actes de leurs subordonnés, également fonctionnaires et rétribués directement par l'Etat, et celle qui se rapporte aux agissements du personnel choisi par eux, et salarié par eux sur fonds d'abonnement. Il est clair que ces deux responsabilités ne sont pas gouvernées par les mêmes règles. La première est régie par les conceptions propres du droit administratif, et notamment, pour un grand nombre, par les règles très strictes de la comptabilité publique. La seconde est plus rigoureuse encore : c'est la responsabilité illimitée du commettant à raison des agissements du préposé dans l'exécution de son service (art. 1384 du Code civil).

Pendant longtemps, l'Etat a ignoré officiellement ce personnel salarié : et telle demeure la situation *en théorie*, sous réserve des dérogations de plus en plus nombreuses qui ont été apportées à ce principe.

Les commis salariés sur fonds d'abonnement

étaient tenus autrefois, pour de simples bailleurs de services. Ils n'avaient de lien qu'avec l'agent public qui les embauchait ; celui-ci pouvait les congédier, les changer de service à son gré, puisqu'il demeurait responsable sans restriction, de leurs faits et gestes. Cette responsabilité n'était qu'une conséquence logique de son libre choix, de sa libre faculté de renvoi. En 1909, le ministre des Finances écrivait au rapporteur du budget, à propos des conservateurs des hypothèques : « De même que « l'administration s'abstient, en principe, de se pro- « noncer sur les questions de droit relatives à la res- « ponsabilité des conservateurs des hypothèques « envers les ters, de même elle doit éviter de les « substituer au conservateur dans les questions de « personnel et d'organisation intérieure qui pour- « raient engager cette responsabilité d'une manière « encore plus grave » (1).

*
* *

Mais déjà vers la même époque, un décret avait été pris le 6 novembre 1907 en vue de « stabiliser » le personnel des trésoriers payeurs généraux, de lui donner un statut, de l'incorporer dans la hiérarchie, bref de le soustraire, au moins dans une certaine mesure, à sa dépendance vis-à-vis de son chef, et aux liens contractuels du louage de services conclu avec celui-ci.

Ce décret réglait le choix des commis, leur traitement et les conditions de travail à leur appliquer. C'étaient autant de restrictions à la liberté du tré-

(1) Voir au sujet de cette lettre la note de M. DELPECH. Cass. req. 20 fév. 1918., S. 1921. 1. 361.

sorier ([1]). Une loi du 8 avril 1910 étendit le bénéfice du statut aux employés des préfectures.

Par arrêté du 27 juillet 1912, un ministre crut même pouvoir modifier pareillement la situation des commis et employés d'enregistrement et des hypothèques ; mais cette initiative provoqua un pourvoi devant le Conseil d'Etat, et l'arrêté fut annulé le 24 novembre 1916 ([2]), pour la raison « qu'il « privait ces fonctionnaires (receveurs d'enregistre- « ment et conservateurs d'hypothèques) de la liberté « reconnue à tout employeur par la loi civile ». La jurisprudence reconnaît bien à l'administration le droit d'intervenir chaque fois qu'il s'agit d'assurer la marche normale et le bon fonctionnement des services publics ; pour autoriser cette intervention, « il suffit que la mesure tende à organiser, sauve- « garder, ou améliorer le fonctionnement d'un ser- « vice » ([3]). Mais il y a une limite : est illégale la mesure qui aboutit « à porter atteinte à l'autorité « et à la liberté d'action qui appartiennent à des « fonctionnaires responsables de leur gestion » ([4]).

Observons en passant que la distinction est un peu subtile. Il est difficile de concevoir en pareille matière, une intervention administrative qui ne restreigne pas « l'autorité et la liberté d'action » du chef de service ; qu'on l'oblige à soumettre les auxi-

---

(1) Même mouvement pour le personnel des recettes municipales. Voir pour Nancy, l'art. 6 du règlement des retraites en date du 14 fév. 1922 approuvé par décret du 4 mai 1922 modifié le 14 fév. 1924 ; et le statut du personnel communal en date du 4 juin 1920. (Séances du Conseil Municipal, 1920, 1ᵉʳ volume, p. 436). Dans cette Ville le personnel de la recette est complètement « fonctionnarisé ».

(2) C. d'E., 24 nov. 1916, Vuillaume, Rec. p. 491.

(3) Req., 20 fév. 1918. S. 1921-1-361 note Delpech.

(4) C. d'E., 24 nov. 1916, Vuillaume, Rec. p. 491.

liaires qu'il choisit à l'agrément du ministre, ou qu'on l'oblige à les choisir sur des listes de présentation établies, par exemple à la suite d'un concours, il y a toujours atteinte à la liberté du recrutement. On l'a très justement observé à propos du personnel des trésoriers-payeurs-généraux : « pa-« reils règlements apportent une limitation cer-« taine à la faculté du choix, et leur effet voulu ou « non, est d'aggraver les risques déjà trop lourds « de ce fonctionnaire. Dès lors la question est de « savoir s'ils ne détruisent pas, en réalité, la faculté « de choix que le droit civil unit ou compare à « l'obligation de surveillance » (¹). On peut en dire autant, *mutatis mutandis,* des dispositions réglementaires touchant le traitement, l'avancement, etc...

En tous cas, législatives ou ministérielles, les interventions de cette nature ont grandement embrouillé la situation, par elle-même déjà complexe, des employés rétribués sur des fonds spéciaux. Ou le système est bon : il fallait le maintenir et par conséquent, respecter les principes du louage de services ; au profit du chef : la liberté du choix de ses commis, la libre fixation des appointements, la liberté de renvoi sous réserve des délais à convenir ou des délais d'usage ; au profit des commis, la liberté du congé, la participation au régime des retraites des employés du commerce et de l'industrie ; pour trancher leurs différends : la compétence des tribunaux judiciaires. Ou bien le système

(1) **Voir** la note de M. Delpech sous Req., 20 fév. 1918. S. 1921. 1. 361.

est mauvais : qu'on l'abolisse et qu'on transforme les salariés des comptables et des préfets, en fonc·tionnaires ; qu'on leur donne des cadres ; qu'on les soustraie au pouvoir personnel du chef de service et qu'on y substitue la hiérarchie et la discipline administratives.

On n'a pas opté entre ces deux partis. On a préféré les demi-mesures. Or les demi-mesures ne satisfont jamais personne : ni ceux qu'elles visent à favoriser et à qui elles n'accordent qu'une demi-satisfaction, ni ceux qui en pâtissent et chez qui elles provoquent un complet mécontentement. Les lois et mesures administratives auxquelles nous venons de faire allusion, ont fait l'objet de griefs légitimes de la part des fonctionnaires atteints : on leur a retiré le libre choix et le libre renvoi de leurs commis tout en laissant à leur charge la même responsabilité que si cette liberté leur avait été maintenue (¹). Quant aux commis, fondés de pouvoir, etc... ils se plaignent à juste titre de la situation équivoque qui leur est faite : fonctionnaire *pro parte* et comme tels, soumis sous conditions au régime des pensions civiles ; mais, pour le surplus simples salariés régis par les règles du droit privé, officiellement inconnus de l'Etat : situation tellement trouble, en définitive, qu'il nous faut renoncer à en découvrir une formule assz compréhensive pour embrasser à la fois la condition du personnel des comptables des deniers publics (²) et

____

(1) Cass. Req., 20 fév. 1918. S. 1921-1-361.

(2) D'ailleurs, cete catégorie est homogène. Ce que nous dirons à propos d'une classe de ces employés doit être généralisé et étendu aux autres classes : par exemple, ce qui sera dit des employés des receveurs d'enregistrement s'entend aussi des

celle des personnels des bureaux des préfectures et sous-préfectures : ceux-ci, nous l'allons constater, sont privilégiés par rapport aux premiers.

I. *Personnels des comptables de deniers publics.* — Jadis, nous l'avons vu, les membres de ce personnel baillaient leurs services aux comptables qui les rémunéraient sur des fonds à eux alloués à titre forfaitaire. La situation s'analysait donc en un double contrat : louage de services entre le comptable et ses employés, régi par l'article 1780 du Code civil ; forfait entre le comptable et l'Etat, en vue de pourvoir aux appointements d'un personnel que celui-ci ne connaissait pas (1) De cette combinaison résultait logiquement la responsabilité pleine et entière des comptables à raison du fait de leurs employés (2).

Le système était bien équilibré : à choix libre, responsabilité totale suivant les articles 1382 et 1384 du Code civil.

Actuellement, la situation est désaxée par suite de l'intervention de l'Etat. Le contrat qui lie le personnel au fonctionnaire n'est plus le louage de ser-

employés des comptables, des deniers publics ou des conservateurs d'hypothèques ; ils bénéficient des mêmes dérogations au droit commun du « salariat » privé.

(1) C. d'E., 21 nov. 1916, Vuillaume, Bec. p. 491. « Les commis « d'enregistrement et des hypothèques sont des auxiliaires « employés au service personnel des directeurs et receveurs de « l'enregistrement et des conservateurs des hypothèques qui se « font assister par eux dans leurs travaux. Ils sont choisis et « nommés par ces fonctionnaires. Ils sont rémunérés par eux « sur leurs traitements, remise ou salaires et ils sont respon- « sables vis-à-vis d'eux seuls de leurs fautes ou erreurs. Aucun « texte de loi ou de règlement ne fait mention de ces commis. « Ces commis ne font pas partie de la hiérarchie même du « cadre de l'enregistrement, et ils peuvent être considérés « comme fonctionnaires ».

(2) C. d'E., 17 mai 1889, Bertin, S. 91 3,62. C. d'E., 9 mars 1883, Banque de France et Lepic, Rec. p. 250. C. d'E., 20 mars 1889 et 9 mars 1894, Humann, S. 91. 3. 43. et S. 96. 3. 39. C. d'E., 14 nov. 1890 Levylier, S. 1892. 3. 141.

vices du droit privé ; par l'institution d'un statut, d'un concours d'entrée et d'une hiérarchie. la liberté de choix des commis a été restreinte ([1]). On avait même songé à réduire la liberté de congédiement ([2]) car la restriction du choix n'avait pas entraîné restriction de renvoi... : l'employé n'aurait pas pu être remercié sans formalités (autorisation du supérieur ou d'une commission, etc..). Par contre il aurait pu quitter son patron comme bon lui semblait ou tout au moins suivant les conditions ordinaires du louage de services. Mais cette innovation a été censurée, comme nous l'avons vu, d'une part par le Conseil d'Etat, d'autre part, par le législateur lui-même ; toutefois, la liberté de renvoi reste moralement amoindrie par l'assujettissement des commis et fondés de pouvoirs au régime de la-loi du 9 juin 1853 sur les pensions civiles (3) : les agents de cette catégorie ont une garantie de fait contre le renvoi dans les versements auxquels ils ont été astreints en vue de la constitution de leur retraite.

Mais l'ancien système de rétribution reste en vigueur : le commis ou fondé de pouvoirs est salarié par le comptable. Quant à la responsabilité de celui-ci, il semble qu'elle aurait dû être réduite par

[1] Décret du 6 nov. 1907. Arrêté du 27 juil. 1912 (Annulé en 1916) cf. ci-dessus p. 148 et 149. Décret du 24 janvier 1921.

[2] Loi du 27 fév. 1912 (primitivement art. 39 et 41): le premier relatif aux commis des contributions directes ; le second relatif aux commis de l'enregistrement et des hypothèques. L'un et l'autre établissaient une retenue sur les salaires supérieurs à un taux fixé par cette même loi. Certains Parlementaires ont demandé la disjonction de ces articles pour la raison indiquée au texte (Voir lois annotées 1913 S. 1913. p. 404) mais ne l'ont pas obtenu. Actuellement un seul art. (art. 30).

[3] Loi de finances du 31 déc. 1921, art. 83 à 85, pour les employés des trésoriers payeurs généraux, des receveurs particuliers et des percepteurs. Loi de finances du 12 avr. 1922 (art. II), pour le personnel de l'enregistrement, des domaines, et des conservateurs d'hypothèques et (art. 12) pour le personnel des directions départementales des contributions directes.

l'atteinte à la faculté de choix. Il n'en est rien. En l'absence de tout texte sur ce sujet, il faut bien admettre qu'elle est maintenue comme par le passé. Or ce maintien est, en réalité, une aggravation, puisque le comptable supporte plus de risques du fait qu'il ne choisit plus ses collaborateurs en toute liberté. Cette situation injuste a été conservée, dit-on, afin de stimuler la surveillance de l'agent et pour accroître d'autant les garanties données au public : « La thèse de l'irresponsabilité... conduirait « infailliblement à ce résultat, de toute évidence « inadmissible, dans la pratique, que ne devant pas « rencontrer dans ses relations avec les employés, « la sécurité à laquelle il peut et doit légitimement « prétendre, le public serait fondé à exiger la pré- « sence du trésorier pour toutes les négociations « qu'il a la faculté de faire par son entremise... Le « décret (de 1907) n'a pas conféré aux fondés de « pouvoir et aux caissiers une personnalité admi- « nistrative distincte de celle des trésoriers. Il s'en- « suit, en droit, que comme ci-devant, ils restent « ses subordonnés, et, en fait, que rattachés à sa « gestion personnelle, ils engagent par leurs agis- « sements, sa responsabilité » (1).

Ce qu'il faut retenir, pour ce qui concerne le présent travail, c'est la *persistance d'un principe contractuel* à la base des rapports de l'Etat avec son fonctionnaire, en dépit d'une réglementation de plus en plus stricte des rapports de celui-ci avec son personnel. L'équilibre qui préside à l'agencement de ces deux rapports est aujourd'hui brisé, du fait des remaniements que nous avons indiqués.

(1) Cassat. Req., 20 fév. 1918. S. 21. 1. 361.

Cet équilibre, en bonne justice, devra être rétabli. L'équité l'exige, peut-être d'une façon plus instante pour les trésoriers payeurs généraux, sur la tête desquels se cumulent : 1° la responsabilité personnelle qu'ils supportent, en vertu de leur autorité hiérarchique, du fait de leurs receveurs particuliers et de leurs percepteurs — (celle-ci purement subsidiaire) — et 2° celle à laquelle ils sont exposés — cette fois à titre principal — à raison des agissements de leur personnel salarié. Cette dernière se comprenait autrefois ; maintenant, elle ne s'explique plus que par des considérants utilitaires, insuffisants pour tenir lieu de justification juridique.

II. *Personnel des préfectures et des sous-préfectures.* — Les employés des préfectures et sous-préfectures se trouvent dans une position peut-être plus nette actuellement. Leur situation ne fut jamais identique à celle des employés des comptables des deniers publics. Déjà la loi de 1853 sur les pensions civiles décidait, dans son article 9, que les années de service par eux accomplies en cette qualité, entraient en ligne de compte, sous certaines conditions, pour le calcul de leur retraite, dans le cas où ils deviendraient ensuite fonctionnaires d'Etat. Mais tant qu'ils demeuraient dans les bureaux d'une préfecture ou d'une sous-préfecture. étaient-ils fonctionnaire ou ne l'étaient-ils pas ?

La Cour de Cassation a rendu à ce sujet des arrêts contradictoires. Les uns décident, à propos de l'application de l'article 177 du Code pénal que la qualité d'agent administratif ne doit pas leur être refusée, mais qu'ils ne rentrent pas dans le groupe des agents du gouvernement, protégés par la garantie administrative. (1). Les autres ne leur reconnaissent même pas cette qualité, et les tiennent pour de simples préposés que le préfet nomme et révoque à son gré et qui n'ont aucune parcelle de la fonction publique : ce sont des auxiliaires ; leur rôle se borne à un travail purement préparatoire [2].

La doctrine ancienne n'était pas plus ferme. Tantôt les auteurs n'en parlaient pas ; tantôt ils tiraient un argument plus sentimental que juridique, de leur instruction et de leur mérite, pour les assimiler aux agents publics proprement dits [3]. Cependant, ils étaient rémunérés comme les employés des trésoriers-payeurs généraux, sur des fonds d'abonnement ; alors comment pouvait-on leur reconnaître la qualité de fonctionnaire que l'on refusait à ceux-ci, la qualité de fonctionnaire de l'Etat surtout ?

Devait-on, du moins les classer parmi les fonctionnaires départementaux ? L'article 9 de la loi de 1893 pouvait être interprété en ce sens : n'était-ce point à titre de fonctionnaires du département , que cet article autorisait ceux d'entre eux qui viendraient à être admis dans les cadres de l'Etat, à faire entrer en ligne de compte, pour le calcul de

(1) Cass. Crim., 6 déc. 1842. HOURDEQUIN, S. 1849. 1. 79.

(2) Cass. Crim., 25 nov. 1873, LAVECH, S. 1875. 1. 42.

(3) AUCOC, *Conférences de droit administratif*, 3ᵉ édit., tome I, p. 214.

Répertoire BÉQUET-LAFERRIÈRE, voir fonctionnaires, n° 57. Pour une étude plus substancielle de la situation juridique des employés susmentionnés nous ne pouvons que renvoyer le lecteur à la thèse de M. BOVIER-LAPIERRE. *Les employés des préfectures et sous-préfectures ;* thèse, Nancy, 1912.

leur pension de retraite, les servicees rendus dans les bureaux des préfets et sous-préfets ?

A la vérité, tout autre était le but de cet article. Il visait tout simplement à engager les candidats aux fonctions d'Etat à faire une sorte de stage dans les bureaux préfectoraux ; et c'est pour calmer leur impatience d'obtenir leur incorporation dans les cadres des emplois publics, que l'article 9 leur faisait entrevoir la perspective de compter comme services rendus à l'Etat, au point de vue de la retraite future, les services rendus aux sous préfets et préfets.

On ne peut donc en tirer un argument décisif ; Il ne s'en suit pas que l'employé de préfecture ou de sous-préfecture, doive être considéré comme fonctionnaire, même départemental, plutôt que l'employé du trésorier général. Sans doute, la loi du 8 avril 1910 lui avait promis un statut ; mais cette promesse n'avait jamais été tenue (¹). Bref ; à notre avis, l'employé choisi par le préfet, rétribué par lui. sur les fonds d'abonnement, ne pouvait être assimilé à un fonctionnaire, ni de l'Etat, ni du département. Il se trouvait dans la situation hybride que nous avons signalée tout à l'heure à propos des commis et fondés de pouvoir des comptables.

Les lois des 1ᵉʳ avril et 20 avril 1920 ont tout remis en question. Il semble en résulter que désormais, le personnel subalterne des préfectures et des sous-préfectures forme un corps de fonctionnaires départementaux (²) rétribués pour partie

(1) Loi du 1ᵉʳ avril 1920, art. 1 et 2.
(2) Loi du 10 août 1871, art. 46, § 21, et loi du 20 avr. 1920, art. 3.

par le Conseil général et pour partie par l'Etat ; Le premier continue à participer aux caisses de retraites des fonctionnaires départementaux, mais l'Etat verse une quote-part pour la Constitution des pensions à leur servir

bres du cabinet, ils sont assimilés aux fonctionnaires de l'Etat, et rétribués par lui ; ils participent au régime des retraites établies par la loi de 1853 (actuellement modifiée par la loi du 12 mars 1924) (1).

Cette « fonctionnarisation » dans les cadres nationaux ou départementaux est l'épilogue d'une lutte longue et sans éclat. Celle que mènent les autres employés aboutira-t-elle à un résultat identique ? Conduira-t-elle les commis et fondés de pouvoir des comptables à devenir eux aussi fonctionnaires ? (2)

Ce qui paraît certain, c'est qu'on ne fera pas machine-arrière.

Il est invraisemblable au plus haut point, qu'on reprenne jamais aux employés des comptables et à ceux des préfectures ou des sous-préfectures les avantages qu'on leur a concédés. S'il se produit entre eux un alignement, ce sera au niveau des plus favorisés.

c) *SYSTÈME DU FORFAIT EN MATIÈRE DE FRAIS DE REPRÉSENTATION ET FRAIS DE BUREAU*

L'élément contractuel n'est pas moins net ici que dans le système des fonds d'abonnement.

---

(1) Loi du 20 avr. 1920. Décret du 2 mai 1923.

(2) On a constaté ci-dessus, p. 149, note (1), que c'est chose faite pour le personnel de certaines recettes municipales.

Certains fonctionnaires civils et militaires reçoivent des allocations forfaitaires, soit pour leur
permettre de régler les dépenses afférentes au train
de vie, voyages réception..., que comportent leur
situation et les devoirs de leur état (tels les préfets,
sous-préfets, ambassadeurs (¹) etc...), soit afin de
parer aux frais de bureau (papeterie, etc...) à engager pour les besoins des services qu'ils dirigent ;
quelquefois c'est également sur ses frais de bureau
que le fonctionnaire doit faire face aux dépenses
d'éclairage et de chauffage : l'indemnité de frais
de bureau correspond pour les dépenses en matériel, aux fonds d'abonnement pour les dépenses en
personnel. Une différence quelquefois : C'est que
le surplus des fonds d'abonnement doit être — du
moins pour le trésorier payeur général — réservé à
l'administration des finances (2). Pour en revenir
aux frais de bureau, il y a forfait, en ce sens que la
somme globale étant fixée suivant l'importance de
la fonction, le titulaire « doit limiter ses dépenses
« au montant de son indemnité ou, à défaut de sup-
« porter personnellement les dépenses engagées
« en excédent de l'indemnité, sans possibilité de
« remboursement ». (³) de cet excédent.

Les fonctionnaires civils ou les officiers qui re-

---

(1) Nombre de conseils municipaux usent de la faculté que
leur accorde la loi du 5 avr. 1884, d'allouer une indemnité au
maire, au lieu de lui rembourser au fur et à mesure ses frais
de représentation. Les conseils municipaux ne peuvent en faire
autant pour les adjoints ; en fait le maire partage avec ceux-ci.
Cf. art. 188 du budget de Nancy pour 1927 (18.000 francs). Ce
crédit ne doit pas être confondu avec celui qui est ouvert au
maire pour secours immédiats (Budget de Nancy pour 1927,
art. 189 : 4.500 francs) ; le maire doit justifier de l'emploi de
ce dernier, l'excédent étant retenu au profit de la commune.

(2) BÉQUET-LAFERRIÈRE : Impôts directs tome II, n° 826

(3) Instruction du ministre de la guerre du 5 mars 1926 sur
les indemnités pour frais de service et de bureau (art. 1).

çoivent ces sommes n'ont pas à rendre compte de leur emploi, aux supérieurs hiérarchiques. Au cas d'excédent de dépenses, ils doivent pourvoir personnellement au déficit. Lorsque la dépense engagée est inférieure à l'allocation, le surplus leur reste acquis. Le chiffre de l'indemnité est, fixé par les règlements.

A titre d'exemplification, un coup d'œil sur le décret du 5 mars 1926, complété par une instruction du même jour, du ministre de la guerre, nous permettra de mieux comprendre le mécanisme du système.

Le décret s'applique aux officiers généraux et fonctionnaires de l'intendance. Il distingue les frais de service et les frais de bureau, dont les totaux respectifs sont distincts et peuvent être cumulés (art. 1).

Les premiers comprennet les dépenses de représentation, les dépenses personnelles de bureau de l'officier, s'il y a lieu les dépenses de chauffage et d'éclairage des appartements de réception.

Les frais de bureau proprement dits sont destinés à faire face aux dépenses de bureau du personnel placé sous ses ordres : « les dépenses d'achat, « d'entretien, de renouvellement des objets mobi- « liers, des fournitures de bureau, les dépenses d'af- « franchissement de la correspondance de service, « les dépenses de reliure et d'entretien de regis- « tres et imprimés, les achats de timbre et cachets,... « et d'une façon générale toutes les autres dépenses « qu'entraîne la gestion du service » (1).

____

(1) Instruction du 5 mars 1926 (art. 13).

Lorsqu'un officier dirige plusieurs bureaux ou exerce simultanément plusieurs fonctions, il cumule les indemnités afférentes aux différents emplois (¹).

Les mêmes principes s'appliquent aux frais de bureau ou de représentation de toutes sortes de fonctionnaires civils et militaires ; les différences ne portent que sur des points de pure réglementation (²).

§ 6. Les Agents des Chemins de Fer de l'Etat

Nous espérons avoir démontré que toutes les situations dont nous avons parlé jusqu'ici comportent un élément contractuel plus ou moins enchevêtré avec des éléments statutaires. La condition des employés de l'administration des chemins de fer de l'Etat, c'est franchement le contrat de travail du droit privé.

Aujourd'hui du moins : car, lors des premiers rachats de concession, les employés du réseau étaient devenus fonctionnaires en passant au service de l'Etat.

Ce changement avait été malencontreux. Qu'il fût avantageux ou désavantageux pour le personnel, il brisait l'égalité entre les cheminots de l'Etat et ceux des Compagnies, alors que les uns et les autres remplissaient les mêmes fonctions, et que les

______

(1) Instruction du 5 mars 1926 (art. 3).

(2) L'art. 1 de l'instruction spécifie que les officiers n'ont pas à s'inquiéter du chauffage et de l'éclairage. Le combustible est fourni en nature. Chaque officier a droit à une certaine quantité de charbon ou de pétrole ; s'il dépasse les quantités fournies, il doit acheter le surplus de ses deniers. Rien de semblable pour les fonctionnaires civils.

exigences de la discipline étaient identiques de part et d'autre, comme était identique l'intérêt public attaché à l'exécution régulière de leurs services.

C'est pourquoi à la veille du rachat de la Compagnie de l'Ouest — (il survint en 1908) — une loi du 12 mars 1905, dite loi Lhopiteau, décida de soumettre les employés du réseau de l'Etat aux règles habituelles du louage de services.

En conséquence, les employés dépendent du régime des retraites ouvrières ; ils bénéficient de la loi de 1898 sur les accidents du travail ; les contestations qui peuvent naître entre eux et l'administration relèvent du contentieux judiciaire : le recours pour excès de pouvoir ne leur est pas accordé contre les mesures qui les frappent : « La violation d'un contrat n'est pas un moyen d'excès de pouvoir » (¹).

Notons au passage que M. Hauriou se base sur ce dernier membre de phrase pour démontrer que la situation du fonctionnaire n'est pas contractuelle, puisque le recours pour excès de pouvoir est recevable contre les décisions administratives prises à leur détriment. Et répondons aussitôt que le régime du contrat administratif explique cette différence : le droit public maintient, à côté de l'idée contractuelle, un principe autoritaire et hiérarchique. C'est en vertu de ce principe que sont

____

(1) C. d'E., 2 juillet 1915, Répère, Rec., p. 226, conclusions de M. Corneille. Remarquer que, malgré la loi Lhopiteau, le contentieux est le plus souvent administratif. Cette loi de 1905 fut votée pour des raisons de pure réclame électorale. Les faits l'ont prouvé en 1910, lors de la grève des cheminots : le gouvernement n'a pas appliqué les règles du droit privé, qui ne lui auraient pas permis d'intervenir. Il a procédé par décrets. Le recours contre ces actes ont été portés devant le Conseil d'Etat et non devant les tribunaux judiciaires. Jeze : *contrats administratifs à contentieux judiciaire*. Rev. du droit pub., 1926, n° 274.

prononcées les sanctions disciplinaires ; elles ne sont pas déférées au Conseil d'Etat en tant qu'infractions prétendues aux conventions conclues entre l'administration et l'agent, mais du chef de violation de la loi ou du détournement de pouvoir dans l'exercice d'une prérogative nettement « extra-contractuelle ». C'est justement le propre des contrats administratifs que les règles civiles ne s'y appliquent que moyennant combinaison avec des facteurs « extra contractuels ». On songe tout de suite à un rapprochement avec la théorie de la concession et avec la théorie de l'imprévision. C'est ce que nous vérifierons dans notre troisième chapitre.

§ 7. **Tractations diverses entre Administrations et Fonctionnaires ·**

Et maintenant, que penser des allocations que des départements, des Chambres de commerce ou des municipalités accordent à des fonctionnaires d'Etat pour les remercier, pour se les concilier, pour provoquer la candidature de ceux dont elles souhaitent la nomination, ou pour conserver ceux dont elles craignent le départ ? On pourrait discuter le mérite de ces pratiques administratives au double point de vue juridique et déontologique : correctes ou incorrectes, elles sont d'usage courant.

Il y a les Conseils généraux qui votent des suppléments de traitements aux préfets et sous-préfets ([1]) ; des Villes qui arrondissent les appointements des contrôleurs des Contributions directes ([2]). Il se passe à ce sujet de véritables négociations qui ne se manifestent que par dés inscriptions budgétaires. Elles ressemblent fort, quant au fond, aux contrats que les communes passent, en certaines circonstances, avec des médecins ([3]) ou avec des sages-femmes dans le but de les engager à s'installer sur leur territoire ([4]).

Parfois ces marchés n'ont pas trait seulement à des dépenses facultatives pour les administrations locales. Ils règlent les modalités de l'exécution de dépenses obligatoires. Nous pourrions citer une ville de l'Est qui accorde aux juges de paix une indemnité pour leur logement personnel, au lieu de fournir le local qu'elle est légalement tenue de donner pour les greffes et les salles d'audience de ces mêmes juges de paix ([5]). Ces contrats entre les administrations décentralisées et les fonctionnaires d'Etat, le gouvernement les connaît ; il les approuve indirectement en approuvant le budget local et les

(1) Budget du département des Vosges, exercice 1925. Dépenses ordinaires, chap. IV, art. 1 : l'allocation au préfet est comprise dans un crédit de 431.200 francs, placé sous la rubrique « traitement du personnel de la préfecture et des sous-préfectures ».

(2) Budget de Nancy, exercice 1927. Dépenses ordinaires, art. 205 : 22.400 francs.

(3) G. RENARD, *Le droit de la profession pharmaceutique*, p. 32, n° 1.

(4) C. d'E., 6 fév. 1903. TERRIER. Rec., p. 95. M. ROMIEU, dans ses conclusions,cite l'exemple d'une sage-femme, à laquelle une municipalité promettait une rétribution annuelle pour qu'elle vienne s'installer. Il y a ainsi des centaines de sages-femmes subventionnées.

(5) Rapport devant le Conseil municipal de Nancy sur la demande formée par les greffiers des justices de paix à l'effet d'obtenir les locaux nécessaires pour assurer le service des greffes et des audiences. (Séance du 10 fév. 1926 aux comptes rendus, 1926, 1e vol. p. 46 et suiv.). L'indemnité de logement accordée aux juges de paix de Nancy figure au budget : exercice 1927. Dépenses ordinaires : art. 196.

inscriptions qui y sont portées. Non content de les accepter, parfois il les provoque : On a vu des lois de finances supprimer des indemnités complémentaires à des catégories de fonctionnaires, et le ministre suggérer aux intéressés de demander aux Conseils municipaux de les rétablir... bénévolement... aux frais de la commune (¹).

La pratique de la vie administrative révèle beaucoup plus de facteurs contractuels dans l'organisation de la fonction publique que ne le laisserait prévoir la contemplation hautaine des « principes ».

§ 8. Les Agents de la Force publique au service des Particuliers

Il est tout une série d'agents qui, bien qu'engagés et salariés par les particuliers, doivent, croyons-nous, être, *à certains égards*, tenus pour des fonctionnaires, parce qu'ils sont qualifiés, moyennant agrément par l'administration et prestation de serment, pour accomplir de véritables actes de puissance publique : garde-chasse, garde-pêche, garde-bois, agents assermentés des Compagnies de chemins de fer (ces derniers assimilés aux gardes champêtres d'après le cahier des charges des Compagnies, approuvé par le Parlement).

Certes, il est difficile de déterminer le caractère juridique de la situation de ces agents. Les arguments pour ou contre l'idée d'une fonction publique se valent. Nous croyons, avec M. JÈZE, « qu'il y a

---

(1) Demande d'indemnité des professeurs des Ecoles primaires supérieures, à la suite de la loi du 30 avr. 1921 supprimant leur indemnité communale de résidence (Séance du Conseil Municipal de Nancy du 28 juil. 1924, aux comptes rendus, 1924, 2ᵉ vol., p. 238 et suiv.

« en eux une double qualité : celle d'agent public
« et celle d'employé d'un particulier » (¹). D'une
part, en effet, ils collaborent à un service public,
celui de la police rurale : police des bois, des cours
d'eaux, des champs, etc...

Ils dressent, au cas de flagrant délit, des procès-
verbaux qui font foi jusqu'à preuve contraire. Des
textes législatifs les concernent (²) et de la jurisprudence, on peut induire que leur emploi est permanent ; il est vrai qu'il dépend d'un propriétaire ;
mais celui-ci est trop intéressé à la garde de ses
biens pour supprimer un poste auquel il attache
assez d'importance pour faire agréer par l'administration, l'employé auquel il le confère. L'agrément préfectoral équivaut à une nomination : ces
gardes prêtent serment comme les gardes-fores-
tiers et gardes champêtres, de l'administration ; en
définitive ce sont des agents de la force publique.

Mais, d'autre part, ils ont loué leurs services à un
individu qui les rémunère et duquel ils dépendent
étroitement.

Contrat de louage et agrément du préfet, ces
deux actes constitutifs de leur état sont intimement
conjugués ; ils se supportent mutuellement : car le
contrat entre l'agent et le propriétaire est subordonné à la condition résolutoire de l'agrément par
le préfet ; l'agrément n'est valable que s'il y a eu
un contrat préalable. N'aperçoit-on pas une
analogie avec la combinaison du contrat de cession
d'office, la présentation et la nomination ? (³)

(1) Jèze. *Les Principes généraux du droit administratif*, 2ᵉ édit.,
p. 425.
(2) Code forestier, art. 117. Lois du 8 mai 1844 et du 15 juil.
1845 (art. 23 et 24).
(3) Cf. ci-dessus, p. 129 et suiv.

L'interdépendance des deux éléments de la situation se poursuit durant toute la carrière du garde-particulier assermenté.

Le retrait d'agrément prononcé par l'administration à la suite d'une faute, équivaut à une révocation. Le garde n'est plus fonctionnaire : il reste simple préposé du propriétaire. Et encore : si ce dernier le veut bien, car n'oublions pas que le contrat était subordonné à l'agrément ; il est conforme à l'intention des parties de l'entendre, non seulement d'un agrément initial, mais du maintien de cet acte ; le retrait met le garde hors d'état de remplir intégralement les fonctions en vue desquelles' il a été embauché : il ouvre donc au maître la faculté de résiliation.

Réciproquement, le garde congédié par le propriétaire perd *ipso-facto* l'investiture qu'il tenait du préfet, encore que cet agrément ne lui soit pas expressément retiré : le préfet n'avait accepté le garde qu'à la condition pour ce dernier de tenir le poste d'où il vient d'être chassé.

Dans l'exercice de ses fonctions, les pouvoirs du garde ou agent particulier, en tant que fonctionnaire, sont établis par les lois et règlements, et seule l'administration compétente ou le législateur peuvent les modifier. Si les ordres donnés par le propriétaire vont à l'encontre de ces textes, le garde doit désobéir à son maître : « En tant qu'agent « public il n'a d'ordres à recevoir de son patron ; « il n'en reçoit que de l'administration. En cas de « conflit d'ordres émanant les uns du patron, les « autres de l'administration, il doit sacrifier les

« premiers et obéir aux derniers, sans quoi il y
« aurait faute de service, pouvant entraîner révo-
« cation » (1).

Si le propriétaire le congédiait pour avoir obéi
à l'administration plutôt qu'à lui-même, ce serait
un abus du droit de renvoi, donnant ouverture a
dommages-intérêts.

Il va sans dire qu'au cas de litige entre le propriétaire et le garde, les tribunaux judiciaires sont
seuls compétents. S'il survient au contraire un
litige entre l'administration et l'agent, c'est à la
juridiction administrative à en connaître.

Bref, la condition juridique des gardes et agents
particuliers assermentés, occupe une place intermédiaire entre le salariat et la fonction publique.
Les auteurs mêmes qui tiennent avec le plus d'in-
transigeance pour le caractère exclusivement statutaire de la situation de l'agent, sont ainsi obligés
à certaines concessions aux partisans de la thèse
contractuelle. Le cas des gardes-particuliers assermentés représente, nous semble-t-il, la concession
minima (2).

----

(1) Jèze, *Les Principes généraux de droit administratif*, 2ᵉ édit.,
p. 425.

(2) De ces agents à la fois salariés et fonctionnaires, on peut
rapprocher ceux qui sont institués par l'art. 65 de la loi du
27 fév. 1912 ainsi conçu : « A la demande des syndicats agrico-
« les et commerciaux des agents devant concourir à la recherche
« ou à la constatation des infractions à la loi du 1ᵉʳ août 1905,
« sur la répression des fraudes, peuvent être agréés par le minis-
« tre de l'agriculture.
« Ils sont rémunérés sur les fonds de concours versés à cet
« effet par les syndicats intéressés. Ces agents sont commission-
« nés dans le département, par le préfet, ou, si leurs attributions
« s'étendent à plusieurs départements, par le ministre de l'agri-
« culture. Ils sont tenus aux mêmes obligations que les fonc-
« tionnaires chargés de l'application de la loi du 1ᵉʳ août 1905.
« La commission en vertu de laquelle ils agissent est donnée
« pour un an et renouvelable chaque année ; elle peut être
« retirée en cours d'année ». Cf. G. Renard. *Le droit de la profession pharmaceutique*, p. 186 et suiv.

Mais nous ne nous déclarons satisfaits ni de cette concession ni de tous les autres cas particuliers qui ont été passés en revue dans cette deuxième section. C'est pour l'ensemble des fonctionnaires —.le « droit commun du fonctionnariat » — que la thèse de la doctrine nous paraît insuffisante : c'est ce que nous allons essayer de démontrer dans la troisième section.

Section III

INSUFFISANCE DE LA DOCTRINE A L'EFFET DE RENDRE COMPTE DE LA SITUATION DE L'ENSEMBLE DES FONCTIONNAIRES

§ 1. Les facteurs contractuels dans l'acte de nomination à la fonction publique

I. DE L'EXISTENCE D'UN LIEN CONTRACTUEL ENTRE L'ADMINISTRATION ET LE FONCTIONNAIRE

Lorsque nous affirmons l'existence d'un principe contractuel à la base des relations juridiques qui attachent le fonctionnaire à l'administration, il est bien entendu que nous faisons abstraction du point de vue de la forme, au sens ordinaire du mot. La forme n'est jamais que pour la preuve ; et en règle générale, de nos jours aucune forme particulière n'est requise pour la preuve du contrat. Encore moins pour son existence. Il peut y avoir contrat sans forme contractuelle ; contrat en forme de manifestation unilatérale et officielle de volonté — tel l'acte de nomination — si, au fond, cette manifestation procède d'un accord entre les parties intéressées. Ainsi en droit international (1), ainsi en droit administratif, ainsi même en droit civil.

Ce que nous prétendons, c'est que l'engagement du fonctionnaire (service militaire mis à part) est un contrat parce que nous y trouvons les conditions de fond de tout contrat.

Toute convention, d'après le Code civil (art 1108), exige un certain nombre de conditions : la capacité des parties, l'échange des consentements, un objet licite et certain, une cause licite (2).

Or ces éléments, nous les retrouvons dans la nomination.

a) *La capacité :* les deux parties en présence, Etat et agent, sont capables l'une et l'autre de s'obliger ; l'Etat a la personnalité morale la plus étendue ; il a capacité pleine et entière ; il passe constamment des contrats tantôt soumis aux règles du droit privé, tantôt relevant des règles propres du droit administratif : marchés de travaux, concessions de services publics, etc... Rien ne s'oppose, de son côté, à ce qu'il traite avec un particulier, en vue de l'exécution de telle ou telle fonction.

D'autre part, tout individu majeur et sain d'esprit peut valablement s'obliger sans aucune auto-

---

(1) Despagnet et De Boeck. *Cours de droit international public,* n° 439.

(2) Nous n'insistons pas sur la cause. On sait les discussions que ce sujet soulève entre civilistes. M. Capitant lui a consacré naguère un ouvrage magistral : *De la cause dans les obligations,* 3ᵉ édit., 1927.
Nul doute quelqu'interprétation qu'on adopte, qu'il y ait une cause, et une cause licite aux engagements mutuels de l'administration et de ses fonctionnaires.

risation. S'il est mineur, ses représentants légaux doivent intervenir. Pas la moindre difficulté à ce que cette capacité ou ce pouvoir de représentation ou d'autorisation s'exerce en vue de la conclusion d'un engagement dans les services publics, même à titre de fonctionnaire... Passons !

b) Il y a *échange de consentement* ; et les consentements donnés ne sont entachés d'aucun vice : ni erreur, ni dol, ni violence. Liberté des deux côtés !

Hormis le cas réservé du service militaire, point d'obligation pour qui que ce soit d'assumer un poste dans les cadres de l'administration publique : qui s'y soumet le fait de son plein gré.

L'acceptation de la nomination n'est pas obligatoire pour le fonctionnaire. En se rendant à son poste, il exprime sa volonté de servir. D'ailleurs les actes de nomination portent souvent la mention : « Pour prendre son poste le... » Il suffit donc que le candidat se présente au jour et au lieu indiqués pour que le contrat soit formé ; sa défection, si elle se prolonge sans motifs valables ou sans excuse, équivaut à un refus : la nomination est rapportée.

Réciproquement, il n'existe aucune obligation pour l'administration, d'accepter le candidat qui se présente ; elle choisit qui lui convient le mieux, dans les limites qu'elle s'est fixées par ses propres règlements.

c) Enfin il y a *détermination de l'objet,* c'est-à-dire des droits et obligations réciproques de l'administration et du fonctionnaire. L'agent nommé s'oblige à remplir sa mission loyalement, avec zèle et à obéir aux ordres de ses supérieurs. L'Etat s'engage à lui fournir un traitement d'activité, une pension de retraite, et à le protéger contre les diffamations et les injures dont il serait atteint dans l'exercice de sa fonction.

On pourrait objecter que le gouvernement se réserve toujours la faculté d'augmenter les charges de l'emploi en modifiant les règles de fonctionnement du service, pour en conclure qu'il n'y a pas *objet déterminé*. A quoi il faut répondre :

1) Qu'il y a une limite à ce pouvoir de l'administration. Celle-ci s'engage au moins à ne pas imposer à ses agents des charges sortant du cadre de la fonction pour laquelle ils ont été engagés. Il en est de même pour une foule de contrats de travail du droit privé. Que l'on songe à l'indétermination (relative) des obligations assumées par les gens de service ; combien celles-ci peuvent être aggravées s'il plaît au maître de multiplier les réceptions ou de réduire le nombre de ses serviteurs.... ;

2) que la même indétermination règne dans le régime des concessions de service public. Sans doute, ici, il y a lieu à une compensation pécuniaire pour rétablir l'« équilibre financier » du marché. Le fonctionnaire dont le service est aggravé n'a pas droit à cette compensation. Mais il faut noter la facilité avec laquelle on la lui accorde en fait. Le barême des traitements ne porte pas en géné-

ral (¹) tarification des heures supplémentaires ;
mais l'administration alloue des indemnités, des
allocations ou des suppléments de traitements.
Ainsi l'Etat paye à différents professeurs les cours
complémentaires que ceux-ci *consentent* à faire,
en sus du service de leurs chaires et dont il ne les
oblige pas, du reste, à accepter la charge.

L'objection tendrait *au maximum* à prouver que,
dans la gamme des contrats administratifs, le contrat de fonction publique occupe une place extrême,
plus éloignée encore du contrat civil que la concession de service public ; comme celle-ci occupe
une place plus éloignée que l'entreprise de travaux
publics ou de fournitures, et celle-ci une place plus
éloignée encore qu'une foule de contrats « innom-
més ».

Si l'Etat indemnise au cas d'aggravation des
obligations du fonctionnaire, c'est qu'il sent bien
qu'au moment de la nomination, il y a une sorte de
détermination des charges de l'agent. Détermination un peu flottante sans doute, à l'avantage de
l'administration, et aux dépens de l'individu. Détermination insuffisante pour le contrat entendu à la
façon civiliste. c'est-à-dire pour la convention *dont
l'objet est construit de toutes pièces par la volonté
des parties.* Mais détermination suffisante néanmoins, puisque l'Etat ne peut outrepasser certaines
limites ; et — pour prendre un exemple célèbre —
que si l'administration académique oblige les insti-

---

(1) La tarification des heures supplémentaires est parfois prévue par les barèmes des traitements. Voir par exemple le barème
de la Ville de Nancy : délibérations du Conseil municipal du
4 juin 1920 (Comptes rendus 1920, 1ᵉ vol., p. 422 et suiv.) et du
21 déc. 1925 (Comptes rendus 1925, p. 379 et suiv.).

tutrices à la surveillance des cantines scolaires (¹)
elle ne peut leur imposer d'y remplir — ce dont
elles se plaignaient, du reste bien à tort — le rôle
de « cuisinières »», même en leur payant une
indemnité rémunératoire : la transgression de cette
limite donnerait ouverture à recours contentieux,
du chef d'illégalité.

*
* *

Le contrat de fonction publique pourrait être
comparé à la *commendatio* du droit franc et de la
féodalité (²). C'était un véritable contrat par lequel
les *vassi* du roi, au viiie siècle, les vassaux du seigneur du ixe au xve siècle, juraient fidélité au roi
ou au suzerain et s'assuraient en retour sa protection. Les premiers étaient les hommes de confiance
du roi : « La nature de leurs obligations ne peut
« être juridiquement déterminée d'une façon pré-
« cise, écrit M. Esmein (³)... ; ils devaient aider le
« roi de tout leur pouvoir par leurs conseils et leurs
actes ». Les obligations du vassal, quoique mieux
déterminées, issues de cette *commendatio* franque,
participaient au début de son indétermination,
mais au cours de l'organisation féodale elles sont
allées se précisant ; toujours elles impliquaient un
engagement réciproque et général de protection...
Le lecteur ne reconnaît-il pas cet équilibre de
l'ordre de la justice distributive que nous faisions
entrevoir dans l'introduction de cet ouvrage ? (⁴).

----

(1) C. d'E., 23 juil. 1913, Cambier et Courrèges et Fédération
des amicales d'instituteurs et d'institutrices. Rec., p. 920.
(2) Esmein. *Cours élémentaire d'histoire du droit français,*
14ᵉ édit., p. 114, 115 et 189.
(3) Esmein, *op. cit.*, p. 114, 115 et 189.
(4) Cf. ci-dessus, p. 16.

Par cette comparaison, du reste, nous avons voulu montrer tout simplement qu'une certaine indétermination de l'objet n'exclut pas toute notion contractuelle : en particulier la notion d'un contrat *dont l'objet n'est pas construit de toutes pièces par la volonté des parties,* mais leur est antérieur et supérieur et *se propose seulement à leur libre adhésion.* Or, c'est là l'idée que nous nous faisons du contrat de fonction publique tout entier.

Nous ne prêtons point à la collation d'emploi et à son acceptation, le caractère d'un contrat civil : *A notre avis,* par un renversement des facteurs, *l'objet devient l'élément primordial, et parce que les volontés qui s'y appliquent passent au second rang, celles-ci n'ont pas besoin de le préciser avec la même rigueur.* L'objet de l'obligation assumée par l'administration, c'est, d'une part, de mettre le fonctionnaire en mesure de vivre conformément à son rang, en échange de l'attachement complet qu'elle lui demande à ses devoirs d'Etat ; et c'est d'autre part, d'établir une équivalence raisonnable entre les appointements et les services rendus.

En faisant abstraction des préventions que l'habitude des classifications et des théories civiles a engendrées dans l'esprit de tout juriste, nous ne pensons pas qu'on se refuse à reconnaître que, *psychologiquement,* telle est bien la réalité de la situation ; et telle aussi la façon dont l'entendent, pratiquement et en parfait accord, l'administration et ses agents.

Voilà la vérité que révèle l'expérience de la vie administrative : entre l'agent qui sollicite ou accepte un poste et l'administration qui le lui

accorde, il y a échange de consentements portant
sur un objet licite et déterminé : accord libre et
émanant de personnes capables de s'engager : *con-*
trat. Cet accord de volontés c'est l'acte de nomina-
tion qui le constate : mais il lui est sous-jacent ; et
il en conditionne l'efficacité ; bref, nous aboutissons à approuver la jurisprudence administrative (¹). Pourquoi donc la doctrine résiste-t-elle ?

II. *DISCUSSION DE LA THÈSE DE*
M. HAURIOU

Il ne peut y avoir contrat, dit M. HAURIOU — qui
prend exactement le contre-pied de la démonstration à laquelle nous venons de nous livrer —, parce
qu'il n'y a ni détermination de l'objet, ni échange
de consentement. Et l'éminent jurisconsulte, pour
le prouver, part justement de la constatation de la
différence profonde qui sépare les contrats administratifs de ceux du droit civil. Le premier ne comporte pas de discussion. Il y a rédaction d'un cahier
des charges ; la partie privée en prend connaissance et accepte ; après quoi intervient un acte officiel qui met le sceau sur les engagements pris. Or,
dans le recrutement des fonctionnaires, rien de
semblable : « Les droits et obligations de chacune
« des parties ne sont pas ramassés en une sorte de
« cahier des clauses et conditions générales qui se-
« raient soumises par l'administration au fonc-
« tionnaire, au moment de sa nomination pour être
« l'objet de son consentement » (²).

(1) Voir chapitre I, section II. Exposé de la thèse jurisprudentielle, p. 68 et suiv.
(2) HAURIOU. *Précis de droit administratif*, 10ᵉ édit., p. 574,
note 3.

Sans doute, M. HAURIOU reconnaît bien que les droits et obligations de chacune des parties en présence, sont inscrits dans des lois et règlements en vue du service ; mais il n'y a pas là, à son avis, détermination contractuelle d'un objet parce que : « ces.lois et règlements ne sont pas réunis en un « cahier et *formellement soumis à l'aspirant fonc-* « *tionnaire* » (¹).

La conclusion nous semble bien grosse pour un argument bien mince. Il est vrai que l'ensemble des lois et règlements du service n'est pas soumis au candidat ; mais avant de se présenter à un concours d'entrée (ce qui équivaut à une demande d'emploi), de solliciter un poste ou de l'accepter, le futur fonctionnaire a le droit de demander toutes sortes de renseignements sur la fonction qu'il ambitionne. Et nous ne croyons pas que l'administration ait la possibilité de les lui refuser, car la « classe « des fonctionnaires... est ouverte à tous » (²). Chaque fois qu'une administration publie les dates du concours d'accès à telle ou telle fonction, elle indique, en même temps que les conditions des épreuves, les avantages et les obligations de service que les concurrents ont intérêt à connaître ; et il est rare qu'elle n'ajoute pas : « Pour toutes demandes de renseignements complémentaires, s'adresser à... ». Si l'aspirant à la fonction ne le fait pas, c'est qu'il juge suffisants ceux qui lui sont donnés.

Cette communication de renseignements n'équivaut-elle pas au cahier des charges ? Le candidat

---

(1) HAURIOU, *op. cit.*, p. 574, note, 3.
(2) HAURIOU, *op. cit.*, p. 581, note 1.

l'étudie comme le concessionnaire de service public ou l'adjudicataire de travaux publics prend connaissance des clauses et conditions générales qui lui sont soumises par l'administration. Sur la foi de ces renseignements il formule sa demande d'emploi, souvent sous la forme de la candidature au concours d'entrée.

Est-il bien nécessaire que les lois et règlements du service soient rassemblés en un « cahier » ? Dès l'instant que le candidat se présente pour occuper un poste, c'est qu'il connaît les droits et obligations qui s'y rattachent. Jamais, en droit privé, un particulier ne s'oblige sans s'éclairer au préalable sur les conséquences de son engagement ; pourquoi offrirait-il ses services à l'Etat ou à une administration locale sans prendre les mêmes précautions ? et s'il les néglige, serait-il moins répréhensible ?

Mais voici une autre difficulté. Celle-ci porte sur l'élément consensuel de la situation.

M. HAURIOU refuse d'y voir un échange de consentement ; il tient pour négligeable la demande d'emploi formulée par le candidat et réduit considérablement la portée de l'acceptation ; l'opération de recrutement, pour lui, commence, et se termine à la nomination ; la demande ne compte pas et l'acceptation n'est qu'une adhésion qui réalise la condition suspensive à laquelle est subordonnée la nomination, et dont l'évènement rétroagit juridiquement à la date de celui-ci : en définitive, il n'y a donc pas contrat mais « réquisition consentie ».

« Il n'y a pas échange de consentement, c'est-à-
« dire conclusion de l'opération reportée jusqu'à
« l'émission du second consentement ; suspension

« des effets juridiques de l'opération jusqu'au mo-
« ment de l'acceptation par le fonctionnaire de sa
« nomination... Sans doute, dans le cours ordinaire
« des choses, le fonctionnaire *accepte* sa nomina-
« tion, sans quoi il serait difficile de lui faire exé-
« cuter son service... Mais, même quand le fonc-
« tionnaire accepte sa nomination, cela s'analyse
« en un acte d'adhésion à une réquisition, et non
« pas en un échange de consentement contrac-
« tuel » (¹). Et M. HAURIOU de conclure que la
nomination de l'agent est, pour celui-ci : « un fait
« juridique indépendant de sa volonté, se ratta-
« chant à l'institution administrative et auquel il
« adhère ». (²).

Pareille déclaration nous paraît difficile à concilier avec ce fait d'expérience que, neuf fois sur dix,
cette nomination, c'est l'agent lui-même qui l'a pro-
voquée et qui a déclanché l'application des lois et
règlements qui vont le régir. Il n'adhère à la nomination qu'après l'avoir sollicitée : voilà l'ordre
normal des événements. Et, soit dit en passant, ceci
explique la rétroactivité de cette adhésion au jour
de la nomination ; elle n'est qu'une confirmation ;
c'est pourquoi, par exemple, le refus de la nomination par l'agent donne lieu à révocation : ce
refus est en réalité le retrait d'une demande sur la
foi de laquelle la nomination est intervenue... et le
contrat conclu.

L'administration ne fait pas une nomintaion sans
avoir acquis la certitude morale de l'acceptation.
Elle agit de même — dans les services civils du

---

(1) HAURIOU, *op. cit.*, p. 575.
(2) HAURIOU, *op. cit.*, p. 575.

moins — pour les avancements et les changements
de poste (ou alors ces derniers offrent le caractère
d'une mesure disciplinaire, laquelle est subordonnée à l'observation de la formalité prescrite par
l'art. 65 de la loi de finances du 22 avril 1905) (¹).
Si les choses se passent ainsi ne faut-il pas en tenir
compte pour caractériser le lien qui unit le fonctionnaire à l'Etat ? Et pourquoi parler de « réquisition consentie » ? Et que peut signifier une « réquisition consentie » qui, à défaut de « consente-
ment » ne peut s'exécuter par la coercition ? La
« réquisition consentie » a pour type la « cession
amiable » en cours d'expropriation ; mais cette cession amiable est un contrat; et si elle produit les effets, non d'une vente, mais d'une expropriation forcée, c'est parce qu'à défaut du consentement de
« l'exproprié », l'administration est armée pour le
faire céder. Ici rien de pareil ; rien à faire contre le
citoyen qui refuse la fonction publique à laquelle
il est nommé... Que reste-t-il alors, de la prétendue
« réquisition » ?

D'autre part, l'idée d'une « réquisition consentie » n'explique pas que des étrangers peuvent
être fonctionnaires français, non seulement dans
leur pays d'origine, tels certains consuls, mais en
France : tels certains professeurs de l'enseignement supérieur. La réquisition, même consentie
éveille une idée de contrainte susceptible d'être
exercée par la puissance publique. Or cette con-

---

(1) Nous devons pourtant faire observer que le Conseil d'Etat
a admis par arrêt du 6 juil. 1917. DRUHOT, que le déplacement
d'office opéré, non par mesure disciplinaire, mais dans l'intérêt
du service, ne donne pas lieu à l'application de l'art. 65. Rec.,
p. 552.

trainte, en droit, ne se conçoit bien qu'à l'égard des nationaux, et à l'intérieur des frontières de l'Etat ; sur les étrangers résidant en France, elle ne s'exerce plus que d'une façon restreinte (réquisition de choses, non réquisition de services personnels) et elle cesse complètement à l'égard des étrangers qui résident dans leur pays d'origine. S'ils sont nommés fonctionnaires français c'est qu'ils ont offert de servir l'Etat ou que l'administration leur a proposé de les engager à son service et qu'ils ont accepté librement : sur quoi la nomination est intervenue. Pour eux au moins, il faut en revenir à la thèse contractuelle.

Mais alors pourquoi l'écarter en ce qui concerne la condition des agents de nationalité française ?

Pourquoi le fonctionnaire est-il un contractant ou un « réquisitionné » suivant sa nationalité et passe-t-il de l'un des compartiments dans l'autre en changeant de nationalité, quand même il ne changerait pas de service ? Nous ne comprenons pas.

Pourquoi, s'il est « réquisitionné » le fonctionnaire qui a sollicité un emploi, ne peut-il être nommé à un autre sans son assentiment ?... Et nous pourrions multiplier les questions.

*
* *

L'idée de la réquisition consentie pourrait être commode, nous le voulons bien, pour expliquer certains des effets juridiques de la nomination : savoir la rétroactivité de la collation d'emploi, au jour de cette décision unilatérale ; mais comme nous l'avons vu, l'échange de consentement l'explique tout aussi bien : la nomination peut être considérée comme l'acceptation par l'Etat des offres de services faites par l'aspirant fonctionnaire ; ce serait donc à ce jour que le contrat devient parfait et qu'il produit ses effets juridiques.

Mais en réalité le titre seul est conféré par la nomination. Quoiqu'en dise M. HAURIOU, le traitement ne commence à courir que du jour de l'installation. Il y a contradiction entre ces deux idées émises par le doyen de Toulouse : « le traitement se réalise par « le service fait » (¹) et « le traitement court du jour de « la nomination » (²). Il y a nécessairement un intervalle de temps plus ou moins long, entre la nomination et l'installation. Le service n'est accompli qu'après cette dernière. Qu'on suppose un fonctionnaire français résidant en France et nommé aux colonies : son traitement court-il du jour de la nomination ? M. HAURIOU lui-même ne le voudrait pas !

Sans vouloir pousser trop loin l'assimilation avec le droit privé, on peut remarquer qu'il y a en droit civil, une situation analogue dans le cas de contrat par correspondance : un certain temps s'écoule fatalement entre l'offre et son acceptation par le destinataire ; le contrat ne se forme que par cette dernière ; on discute si la convention prend naissance dès que l'acceptation est manifestée ou seulement lorsqu'elle est parvenue à la connaissance de l'offrant ; on préfère généralement la seconde solution ; mais la première est tout aussi plausible ;

(1) HAURIOU, *op. cit.*, p. 579, note 2.
(2) HAURIOU. *Précis de droit administratif*, 10ᵉ édit., p. 575.

il faut bien dire que les principes du droit civil
militent en sa faveur ; car dès l'acceptation il y a
duorum in idem placitum consensus : contrat ; nous
estimons qu'elle est adoptée par le droit administratif touchant le contrat de fonction publique ; il n'en
faut pas d'avantage pour expliquer que certains de
ses effets prennent date dès l'acte de nomination.

Et les autres résultats dira-t-on ? Comment expliquer, par exemple que le traitement ne coure
que du jour de l'installation ? Ceci est la conséquence du principe de comptabilité publique rap-
pelé très justement par M. HAURIOU : pas de payement « sans service fait »; c'est aussi l'application
de la justice commutative la plus élémentaire : la
« cause » de l'obligation de l'Etat — sinon son objet et sa mesure — est le service rendu. La situation du fonctionnaire nommé, mais non installé,
ressemble à celle du particulier qui a sollicité un
poste dans une industrie privée et qui vient de l'obtenir : dès que le contrat est conclu, l'employé pos
sède le titre correspondant au poste confié ; mais
son traitement ne commence à courir qu'à partir
du jour où effectivement il remplit son emploi.

Seulement, dans le contrat de louage de services
tel que l'entend la doctrine civiliste, le service fait
est non seulement la cause de l'obligation de l'employeur, mais il en limite l'étendue : le salaire devient la contre-partie du travail fourni ; le contrat
puise sa force dans la *justice commutative.*

Le contrat de fonction publique, lui, est à base de
justice distributive : la cause de l'obligation de l'ad
ministration au payement du traitement se trouve
toujours dans le *service accompli* ; mais les appoin-

tements (d'activité et de retraite) sont la contre-partie du dévouement total de l'agent à sa fonction :
contre-partie qui ne peut avoir d'autre *étendue* que
les besoins vitaux du fonctionnaire eu égard à sa
condition et ses charges de famille.

III. *DISCUSSION DE LA THÈSE DE M. JÈZE*

D'autres auteurs entrent dans la voie des concessions. A la différence de M. HAURIOU, M. JEZE admet
bien qu'il y a échange de consentement ; mais il
estime que cela ne suffit pas pour caractériser un
lien contractuel (1). Il n'y a contrat qu'autant qu'il
résulte d'un accord de volontés, *création* d'une
situation juridique et d'une situation juridique
individuelle.

Or la situation du fonctionnaire n'est pas créée
par l'acte de nomination. Elle lui est préexistante ;
elle est déterminée, une fois pour toute, par les lois
et règlements qui forment « les lois organiques » de
la fonction publique. La position du fonctionnaire
est donc légale et réglementaire et la nomination
ne fait que l'appliquer au candidat. D'autre part,
cette situation réglementaire n'est pas *individuelle*,
et ne peut l'être, justement parce qu'elle s'applique
indistinctement à tous les occupants d'une même
catégorie d'emplois dans les services publics : « le
« décret de nomination ne peut rien y ajouter, rien
« y retrancher même avec le consentement de l'in-
« téressé ». Elle est essentiellement générale et impersonnelle.

(1) JÈZE, *Les contrats administratifs, cours de droit public,*
p. 125.

Toute cette argumentation est-elle bien convaincante ?

En fait, il est inexact de dire qu'il ne s'opère jamais, entre l'administration et tel ou tel citoyen dont elle a besoin, des tractations tendant, sinon à ajouter ou retrancher à la « loi organique de la fonction » du moins à lui faire une application particulière : il faut n'avoir jamais mis le doigt dans une administration locale pour garder des illusions à ce sujet. Et même dans les services nationaux... A la vérité, la « loi organique de la fonction » n'est qu'un gabarit ; et il y a des situations spéciales qui passent le gabarit (1).

Par ailleurs, même en droit privé où règne le contrat, il s'en faut bien qu'à toute convention répende un situation juridique au sens où l'entend M. Jeze.

Lorsqu'un passant entre dans un magasin à prix fixe, nous avons vu qu'il ne discute pas avec l'employé du comptoir ; le prix est fixé une fois pour toutes par la décision du vendeur ; il s'applique indistinctement à quiconque se porte amateur. Il n'y a pas *création* de situation juridique mais simple application, aux acheteurs successifs, d'une situation générale et essentiellement *impersonnelle*. Gageons pourtant qu'on étonnerait fort le client et le marchand, en leur apprenant qu'ils ne sont ni « acheteur » ni « vendeur », attendu qu'il n'existe entre eux ni vente, ni contrat.

Il existe cependant une différence entre cette situation du droit privé et celle du fonction-

(1) G. Renard. *Le Droit, la logique et le bon sens*, passim.

naire en droit public : c'est que la première ne peut être modifiée que du consentement des deux parties tandis que la seconde l'est, au moins dans une certaine mesure, par la volonté unilatérale de l'administration. Mais, une fois de plus, il n'y a là qu'une différence entre le contrat civil et le contrat administratif, non pas entre le droit contractuel et le droit extracontractuel : nous nous réservons d'approfondir cette différence dans la dernière partie de ce mémoire : disons tout de suite qu'en droit privé la situation des contractants peut-être modifiée par consentement mutuel, même si elle a été établie par la loi dictée par l'une des parties à l'autre (contrats d'adhésion) ; en droit administratif la position de l'administration est renforcée : le fonctionnaire se trouve doublement subalterne, en ce sens que, non seulement il subit *ab initio* les conditions de la première (tout comme l'acheteur subit la loi du vendeur dans le magasin à prix fixe), mais qu'en outre, il peut se voir imposer certaines modifications *après coup*, sans autre moyen d'y échapper que de donner et faire accepter sa démission.

Pour terminer, nous opposerons à M. Jèze un argument qu'il nous fournit lui-même dans un passage de ses *Principes généraux du droit administratif*. Il écrit : « Un contrat est, à certain point « de vue, un acte-condition bilatéral, car, outre les « situations juridiques individuelles, il crée des « situations juridiques impersonnelles et géné- « rales : application du statut légal de propriétaire « à l'acheteur, au vendeur du statut légal de

« créancier privilégié, de titulaire de l'action en
« résolution.

« Le contrat est donc, pour certains effets juri-
« diques, un acte créateur de situations indivi-
« duelles, et pour d'autres, un acte juridique-
« condition. La plupart des actes créateurs de
« situations juridiques individuelles sont en même
« temps, des actes-conditions. Cela tient à ce qu'un
« acte produit, le plus souvent, peut-être même
« toujours, plusieurs sortes d'effets juridiques ; il
« a plusieurs contenus ; suivant que l'on considère
« tel ou tel contenu, l'acte a telle ou telle nature
« juridique » (1).

§ 2. Les Facteurs contractuels dans l'exercice de la Fonction

1) Une fois nommé, le fonctionnaire garde toujours la possibilité de quitter l'administration de
son plein gré, pourvu que sa démission ne soit pas
intempestive ou donnée de mauvaise foi, et que
l'autorité hiérarchique l'accepte.

Lorsque les changements apportés par l'adminitration au fonctionnement du service ne lui conviennent pas, et quand l'aggravation de service qui
s'en suit pour les agents en exercice, n'excède pas
la mesure que nous avons marquée à la suite du
Conseil d'Etat (2) et n'ouvre pas à leur profit le
recours pour excès de pouvoir, il leur reste la res-
source de démissionner pour ce motif, comme pour
tout autre raison de convenance personnelle.

(1) JÉZE. *Les Principes généraux du droit administratif*, 2ᵉ édit.,
p. 31.
(2) Cf. ci-dessus p. 174 n. (1), affaire dite des cantines scolaires.

L'administration, en droit, peut refuser de recevoir la démission, si elle juge que les services du fonctionnaire lui sont encore nécessaires. Mais une telle situation ne peut durer longtemps ; l'administration a, la première, intérêt à la faire cesser au plus tôt ; car un agent attaché de force à une fonction, en remplit mal les obligations. L'Etat est appelé tôt ou tard à se séparer de son collaborateur ; ne vaut-il pas mieux accepter la démission dès l'instant qu'elle n'a pas été donnée dans l'intention de nuire à la marche du service ? Du reste, en général (car il y a des réserves à faire, notamment pour les militaires), la sanction du départ du fonctionnaire avant l'acceptation de la démission ne serait que la révocation ; et celle-ci est devenue une sanction très bénigne depuis que l'agent révoqué a droit, à défaut de la pension de retraite, à la restitution des retenues faites sur son traitement (loi du 14 avril 1924, art. 17).

2) D'ailleurs, en fait, comme nous l'avons déjà montré (¹), chaque fois que l'administration impose de nouvelles sujétions aux fonctionnaires, elle leur accorde une compensation sous forme d'augmentation de traitement ou de gratification.

M. HAURIOU le reconnaît bien, lorsqu'après avoir posé le principe de l'assujettissement du fonctionnaire à la modification de la loi, il poursuit : « La « rigueur de ce droit est, dans la pratique, singu- « lièrement atténuée par les traditions de l'admi- « nistration, qui s'attache à ménager les intérêts de

____

(1) Cf. ci-dessus, p. 172.

« ses fonctionnaires, et qui, notamment, ne leur
« impose guère de besognes supplémentaires sans
« leur allouer des suppléments de traitements ou
« des gratifications » (¹).

Observons qu'il en est de même dans les marchés
de travaux publics ou de fournitures : l'administration se réserve le droit d'apporter des changements et de les imposer à l'entrepreneur. Est-ce une
raison pour n'y pas voir de véritables contrats ? Pas
du tout ! répond M. HAURIOU. « Sans doute, il y a
« des contrats administratifs indiscutables, où le
« contractant est obligé de subir des changements
« imposés par l'administration, par exemple, les
« marchés de travaux publics ou de fournitures ;
« mais c'est dans de certaines limites fixées par le
« cahier des charges et, le plus souvent, moyennant
« indemnité. Dans le cas du fonctionnaire, il n'y
« a pas de limites aux changements et il n'y a au-
« cun droit contractuel à indemnité »   (²).

Retenons l'analogie.

Quant aux différences qui frappent M. HAURIOU,
la première — nous venons de le rappeler — est
exagérée : il est inexact de prétendre qu'il n'y a
« pas de limites aux changements » que l'administration impose à la loi du service : il existe tout au
contraire, pour chaque fonction publique, un
cadre — une compétence — dans l'intérieur duquel
l'administration peut se mouvoir sans risque de se
voir opposer des « droits acquis » ; mais il lui est
interdit de le franchir à peine d'encourir la censure
de l'excès de pouvoir (³). Reste donc la seconde

(1) HAURIOU, *op. cit.*, p. 576 en note.
(2) HAURIOU, *op. cit.*, p. 576 et suiv.
(3) Cf. ci-dessus, p. 172.

différence : le « droit contractuel à indemnité ». Elle s'explique très simplement parce que l'entrepreneur ou le concessionnaire est un commerçant et qu'il a engagé des capitaux au profit du service public auquel il coopère : la surcharge qu'il souffre du fait de la modification de la loi du service se pèse sur la balance d'une opération financière, dont elle dérange « l'équilibre » (on sait l'importance attachée par la jurisprudence à cette notion), avec une précision singulièrement favorable au calcul d'une indemnité par voie d'expertise. Il y a financièrement parlant, quelque chose de mathématique dans les rapports de l'administration avec ses entrepreneurs et concessionnaires : ils relèvent de la justice commutative entendue au sens le plus étroit du mot (¹). Il en est tout autrement des relations de l'autorité administrative et de ses fonctionnaires : nous les rapprochions tout à l'heure des rapports des *vassi* et du roi : de la *commendatio* ; c'est une sorte de « contrat de confiance » ; la confiance transcende les mathématiques. Trancende-t-elle le cercle du droit contractuel ?... Mais tout le commerce est crédit-confiance, et toute la vie commerciale n'est que contrats....

La plus grave des modifications que l'administration puisse apporter, sans excès de pouvoir, à l'état de choses existant lors de l'engagement, c'est la suppression d'emploi : le fonctionnaire perd son traitement et souvent l'espoir de sa pension (²).

La doctrine moderne reconnaît à l'administration

---

(1) RENARD, *le Droit, l'Ordre et la Raison*, 10ᵉ conférence.

(2) Mais il y a lieu à restitution des retenues avec bonification d'intérêts (art. 17 de la loi du 14 avr. 1924).

le pouvoir discrétionnaire de suppression d'emploi
sans indemnité ; elle en fait une conséquence du
principe qu'il n'y a pas contrat, que la « loi fonctionnelle » n'est pas établie dans l'intérêt de l'agent
mais pour la bonne marche du service, et qu'aucun
« droit acquis » ne peut s'opposer aux exigences
et aux convenances de celle-ci.

Or tel est en théorie peut-être, le droit de
l'administration ; cependant elle l'exerce de moins
en moins et, ce faisant, elle a bien conscience, non
pas de faire aux agents des postes supprimés une
libéralité gratuite aux frais des contribuables, non
pas de céder à la pression de l'opinion, mais d'accomplir son devoir [1].

De cette pratique, nous venons d'avoir une reten-
tissante illustration dans les décrets d'août et septembre 1926 ; notons qu'ils ont pour but de réaliser des économies, de remédier à une effroyable
crise financière, et qu'il n'est pas admissible de
prêter à l'Etat, dans de pareilles conjonctures, l'intention de se livrer à des générosités gratuites.

Dès auparavant, le Conseil d'Etat avait décidé
qu'une suppression d'emploi dans les services communaux donnait lieu à une indemnité ou à un droit
à pension au titulaire privé de sa fonction [2].

---

(1) Il est assez amusant de constater que l'administration et
les publicistes (la première s'appuyant sur les seconds) : 1° *affir-
ment* le droit pour l'Etat de congédier par suppression d'emploi
et *proclament* qu'il n'est dû aucune indemnité, et 2° *promettent*
indirectement de ne pas s'en servir, lorsque le moment sera venu.

Les départements et les communes affichent le même esprit
d'indépendance à l'égard de leurs agents, jusqu'au jour où
passant de la théorie à la pratique ils agissent... exactement
comme l'a fait le gouvernement en 1926, ou accordent pensions
et indemnités. Cf. les comptes rendus des délibérations municipales de Nancy du 4 juin 1920 et 21 déc. 1925 (Comptes rendus
1920, 1er volume p. 422 et suiv. et 1925 2e volume p. 379.

(2) C. d'E., 29 janv. 1904, MARCHAL. Rec. p. 73.

D'autre part, la loi de finances du 17 avril 1906 (art. 67) avait imposé aux communes, en cas de suppression de leur octroi, de prendre des mesures propres à sauvegarder la situation du personnel. Est-ce parce qu'il s'agissait seulement d'agents municipaux ? Toujours est-il que la doctrine n'avait pas protesté contre cette infraction aux conséquences logiques de la situation « purement légale et réglementaire ». Pourtant, à très juste titre, M. Hauriou reconnaissait qu'aucune différence ne devait être faite entre les fonctionnaires de l'Etat et ceux des départements et des communes, quant aux pouvoirs de l'administration touchant les modifications au fonctionnement du service et aux suites qui en découlent pour le personnel. N'était-ce pas implicitement réclamer l'indemnisation des fonctionnaires d'Etat au cas de suppression d'emploi ?

Les décrets dont nous avons parlé, pris en vertu de la loi du 3 août 1926 (¹) sont une mesure d'économie budgétaire, réalisée par suppression d'emploi. Ils touchent des fonctionnaires que M. Nezard, sans hésitation, classerait parmi les fonctionnaires d'autorité : secrétaires généraux de préfecture et sous-préfets (²), magistrats de l'ordre judiciaire, substituts et membres du Parquet près le tribunal supprimé (³), receveurs particuliers des finances (⁴), fonctionnaires des services de la marine et des arsenaux (⁵), conseillers de préfectures (⁶).

---

(1) Loi déjà citée ci-dessus, p. 137, note (1), (Loi du 3 août 1926).
(2) **Décret du 10 sept. 1926.**
(3) Décret du 3 sept. 1926.
(4) Décret du 21 sept. 1926.
(5) Décret du 10 sept. 1926.
(6) Décret du 6 sept. 1926.

Puisque l'Etat est maître de la fonction, qu'il garde sur elle des droits de police, que ces droits comportent la faculté de comprimer le personnel et d'abolir des postes ; logiquement, chaque suppression d'emploi devrait entraîner mise à pied du titulaire, sans indemnité. Tout au plus pourrait-on prévoir une faute de service dans un renvoi brusque ; en tout cas le maximum des prétentions légitimes des agents remerciés eût été un préavis de quelques mois, sous réserves bien entendu, de pension ou restitution des retenues conformément à la loi du 14 avril 1924.

Or, le gouvernement a pris une attitude contraire. Le titulaire d'un poste supprimé reste dans les cadres de l'administration correspondante. Il est rattaché soit à la préfecture, soit au tribunal le plus proche, à la Trésorerie générale ou aux établissements de la marine. S'il remplit les conditions d'âge ou de services, il peut être mis à la retraite ; **sinon son traitement** continue à lui être payé jusqu'à ce qu'il soit nommé dans un poste maintenu, équivalent à celui qu'il occupait. Des frais de déplacement lui sont alloués lorsqu'il doit quitter sa résidence pour se rendre à son nouvel emploi, à moins que ce dernier ne constitue pour lui un avancement ou qu'il n'ait fait l'objet d'une demande spéciale de l'intéressé.

L'économie résultant des suppressions d'emploi est ainsi renvoyée à lointaine échéance ; et en attendant, des fonctionnaires continuent à émarger mensuellement comme si leurs postes n'avaient pas été rayés des cadres ; on les utilise comme on peut « à la suite » du tableau du personnel titulaire des emplois conservés, soit pour hâter l'expédition des affaires, soit afin d'empêcher qu'ils « perdent la main », soit pour leur donner l'illusion de gagner leur vie ; et chaque fois qu'une vacance se produit dans un poste de leur grade, le gouvernement choisit parmi ces fonctionnaires *in partibus* celui qui sera pourvu du siège (¹) ; ainsi jusqu'à extinction.

De même, le personnel subalterne des services disparus (employés de sous-préfectures, des recettes particulières, commis-greffiers, secrétaires de Parquet) est réparti dans les bureaux des administrations correspondantes et non touchées par les décrets ; et encore, les ouvriers ex-immatriculés des arsenaux et établissements supprimés de la marine ont le choix entre le congédiement sur place ou le transfert dans les arsenaux ou établissements maintenus, à moins qu'ils ne soient en situation de bénéficier de la pension militaire. Les ouvriers auxiliaires des mêmes entreprises peuvent, sur leur demande, être transférés dans un autre établissement. Sinon ils sont congédiés dans les conditions prévues par la loi du 1ᵉʳ avril 1920 sur la caisse

Si l'État garde ces agents à son service, c'est qu'il nationale des retraites (²).

---

(1) Réserve faite toutefois du tableau d'avancement.

(2) La réorganisation du monopole des allumettes, actuellement pendante devant la Chambre, prévoit sa gestion par l'Office français des allumettes ; d'après la convention projetée, garantie est donnée au personnel titulaire existant, de la conservation de ses titres et privilèges ; le personnel titulaire dans l'avenir jouira des mêmes droits ; l'un et l'autre reçoivent les même avantages que les agents du service d'exploitation industrielle des tabacs. Ils conservent le caractère d'agents publics. Les ouvriers et personnel administratif obtiennent, d'après le projet, une participation régulière aux bénéfices, outre leurs salaires et traitements : projet de loi du 29 mars 1927 tendant à l'approbation d'une convention relative à la gestion du monopole des allumettes ; Doc. parl. Chambre des députés, 13ᵉ législature, n° 4233.

juge qu'entre lui et eux, il y a plus qu'une « réqui-
sition consentie » suivant la formule de M. Hauriou ; *plus qu'un statut légal,* suivant l'expression
de M. Jèze. L'Etat considère qu'il se trouve en face
de citoyens qui sont entrés librement dans les
cadres de son administration ; qu'en échange, il
s'est engagé à les maintenir dans ses services, tant
qu'ils rempliraient fidèlement et honnêtement leurs
devoirs ; qu'il manque à ses obligations en supprimant leurs postes et en les renvoyant sans compensation ; qu'il doit donc ou les rattacher à d'autres
services identiques ou les indemniser pour le préjudice causé même dans l'exercice de son droit.
Cet engagement qui, sans doute, est purement
implicite puisqu'il n'est libellé sur aucune pièce
écrite, n'en forme pas moins contrat. Il prend date
du jour de la nomination, puisque c'est à ce jour
que s'est traduite la rencontre de la volonté de
l'agent et de celle de l'administration — pollicitation et acceptation —. De cet engagement mutuel,
l'acte unilatéral de nomination n'est que le docu-
ment probatoire. Au fond il rentre très exactement
dans la catégorie du contrat.

Ces observations nous ramènent au conflit de la
doctrine et de la jurisprudence.

Il semble bien que le Conseil d'Etat ait raison
contre les auteurs. Le fonctionnaire et l'administration se trouvent liés par un « contrat de service
public » ou de « fonction publique ».

Ce contrat, nous n'en tenons que le nom et l'inspiration : le moment est venu d'analyser de plus
près ses caractères propres. Et cela revient à se

demander si les règles civiles du contrat, telles que les construisent les auteurs de droit privé, répondent à la réalité, ou s'il ne faut pas leur substituer quelqu'autre conception contractuelle, particulière au contrat de fonction publique, mais encastrée pourtant dans la théorie générale du contrat administratif.

On ne saurait trop en effet le faire remarquer : la théorie administrative du contrat est essentiellement variée, la théorie civile du contrat est une — comme les théories respectives de la propriété et de la responsabilité ; le droit civil se hausse très avant dans l'abstraction, le droit administratif semble bâtir au ras du sol.

CHAPITRE III

POSSIBILITÉ D'UTILISER LA THÉORIE DU CONTRAT

Toute obligation dérive de la loi ou du contrat (1). Il existe des obligations réciproques entre les fonctionnaires et l'administration. Obligations contractuelles ou obligations légales ? Voilà la question à résoudre.

Nous savons que le service militaire mis à part, nul n'est tenu de remplir un emploi public. Le fonctionnaire n'est soumis aux lois et règlements du service que parce qu'il lui a plu d'entrer au service de l'administration ; celle-ci n'est obligée envers le fonctionnaire que parce qu'il lui a plu de l'agréer dans les cadres de son personnel. Entre eux, il existe un accord initial de volontés, d'où découlent leurs rapports mutuels, quelque autoritaire qu'affecte leur physionomie. Un accord de volontés tendant à la production d'effets juridiques est un contrat. Les obligations réciproques entre les fonctionnaires et l'administration sont donc de la catégorie des obligations contractuelles.

C'est ce qui justifie la terminologie du Conseil d'Etat.

(1) Cf. PLANIOL. *Traité de droit civil*, 7e édit., t. II, n° 807. Certaines obligations prennent bien naissance à l'occasion de simples faits matériels (délit, enrichissement sans cause...) mais seulement en tant que la loi y attache une obligation.

Mais ce contrat est-il en tous points semblable à celui dont les conditions et les effets sont réglés par le Code civil ? Ne convient-il pas plutôt de le rapprocher des conventions régies par les principes originaux du droit administratif, le contrat **de con**cession par exemple ? Pour élucider ce problème, il convient de fixer dans une sorte de dyptique les traits généraux des deux conceptions civiliste et administrative du contrat : ce sera l'objet d'une première section ; puis nous nous demanderons où classer et comment caractériser le contrat de fonction publique : ce sera l'objet d'une deuxième section.

Section 1

Les deux conceptions du contrat

Déjà nous avons constaté l'insuffisance de la théorie civiliste à rendre compte du contrat de fonction publique. Ce défaut d'adaptation ne tient pas tant à l'inégalité des parties — l'administration est au-dessus du fonctionnaire — qu'à la prédominance de l'objet dans l'économie du marché : l'administration et le fonctionnaire ne peuvent point librement déterminer leurs mutuelles obligations, s'ils se mettent d'accord. L'objet est « prédéterminé » par les lois et règlements, sans aucune considération de personne ; dans le principe, il ne peut y être dérogé en considération de tel ou tel aspirant, ni à son détriment, ni à son profit. Il faut prendre ou laisser. Or, ceci est en contradiction avec la conception civiliste du contrat, telle du moins qu'on l'a unanimement présentée jusqu'à ces derniers temps : car elle est fortement battue en brèche depuis quelques années et les critiques se font de plus en plus nombreuses. D'après cette théorie, la volonté des parties peut façonner à sa guise les obligations réciproques, pourvu qu'il y ait véritablement accord et que l'ordre public soit sauf. Le droit administratif s'est déjà sérieusement écarté de cette conception « volontariste » ou « subjectiviste » du contrat. Bref, il y a deux théories du contrat ; il faut les mettre face à face.

§ 1. **Notion civiliste du contrat**

I. *SA PHILOSOPHIE*

Les écrits d'un peuple reflètent toujours les idées philosophiques qui ont cours dans l'opinion ; les documents de son droit positif surtout. Ainsi le Code civil.

Ses rédacteurs, imbus de la philosophie de Rousseau et des principes révolutionnaires, se sont montrés libéraux et individualistes à outrance.

Liberté complète de l'individu dans l'« état de nature » ; liberté restreinte par la liberté d'autrui dans l'« état de société » ; liberté immolée au pouvoir par le « contrat social » ; liberté rétrocédée plus ou moins généreusement par le pouvoir à la suite de cette abdication ; et donc, composition entre la liberté des citoyens les uns vis-à-vis des autres et l'autorité du corps social vis-à-vis des citoyens ; autonomie des volontés particulières dans les conventions privées et souveraineté de la

volonté étatique dans l'élaboration de la loi (¹) :
tels sont les dogmes juridiques sanctionnés par la
Déclaration des droits de l'homme de 1789 : « Les
« hommes naissent libres et égaux en droits (²)...
« La liberté consiste à pouvoir faire tout ce qui ne
« nuit pas à autrui. Ainsi l'exercice des droits
« naturels de chaque homme, n'a de bornes que
« celles qui assurent aux autres membres de la
« société la jouissance de ces mêmes droits » (³).

*
* *

L'homme est libre de faire ce qu'il *veut*. Sa
volonté est sacrée. Le droit n'a pas d'autre objectif
que de réaliser la liberté humaine ; et cette liberté
devient à elle-même sa propre fin ; il ne faut pas
chercher au delà (⁴).

« A la base de l'édifice social et juridique écrit,
« dans une thèse très remarquée M. GOUNOT, se
« trouve l'individu, c'est-à-dire une volonté libre.
« La liberté fait de l'être humain son propre maître
« et son seul maître ; elle le rend infiniment res-
« pectable et sacré ; elle l'élève à la dignité de « *fin*
« *en soi* ». Au sens le plus général du mot, le droit
« n'est autre chose que cette liberté initiale et sou-
« veraine qui appartient à tout homme. De la
« volonté libre tout procède, à elle tout aboutit...
« En fait l'individu ne vit pas isolé. Il existe une

---

(1) Cf. G. RENARD, *Le Droit, la Justice et la Volonté*, 1924,
10ᵉ conférence, p. 254 et suiv.
(2) Article I.
(3) Article IV.
(4) C'est la thèse de M. BOISTEL, *Cours de philosophie du
droit*, 2 vol., 1899 et de M. Ch. BEUDANT, *Le droit individuel et
l'Etat*, 1891.

« société, il existe des rapports juridiques. Mais
« ces relations d'une volonté libre avec d'autres
« volontés libres ne peuvent être légitimement
« fondées que sur la liberté même. Les droits pri-
« mordiaux de l'individu seraient violés, s'il se
« trouvait soumis à des obligations ou à des lois
« qui n'eussent pas leur source dans son libre
« vouloir. Et comme, de toutes les manifestations
« de volonté par lesquelles l'homme peut entrer
« en relation avec ses semblables, le contrat est la
« plus réfléchie et la mieux adaptée à ce but, il
« s'en suit que le contrat est le phénomène juri-
« dique par excellence, le fondement sur lequel
« repose toute institution, l'explication universelle
« des obligations et des droits. Tout lien juridique
« qui a à sa base un contrat, est juste, conforme
« au droit naturel, parce que conforme à la liberté...
« Source d'où tout émane, la liberté est aussi
« la fin à laquelle tout aboutit, l'idéal auquel tout
« doit tendre. Consacrer l'autonomie initiale de
« l'individu, assurer à chaque volonté le maximum
« d'indépendance qui soit compatible avec l'égale
« liberté d'autrui : c'est là toute la mission du droit
« positif. Les seules limites légitimes qu'il puisse
« apporter à l'autonomie individuelle, doivent donc
« avoir pour but d'empêcher tout empiètement des
« uns sur la liberté des autres. A l'intérieur des li-
« mites ainsi établies au nom de la liberté même,
« la volonté est souveraine : le droit doit en tenir
« pour bonnes toutes les manifestations, et, si ces
« manifestations sont des contrats, les sanctionner
« par la contrainte. Sous la seule condition, en effet,
« que les deux volontés en présence respectent mu-

« tuellement leur liberté, tout contrat est juste ; le
« droit n'a à se soucier ni de la valeur morale de
« la fin poursuivie par les parties, ni de la réper-
« cussion sociale de leur acte » (1).

Cet engouement de la liberté et du contrat aurait
pu conduire à la négation de toute société humaine
et à l'anarchie. Mais, comme la fameuse lance
d'Achille, le contrat et la liberté portent en eux-
mêmes le remède au mal qu'ils auraient pu causer :
un contrat initial, librement consenti, a fondé l'autorité ; et désormais il n'y a plus de convention permise ni de liberté légitime que dans la mesure où
le souffre la volonté du corps social. La volonté
souveraine de l'Etat tient en échec les volontés
libres des citoyens.

La doctrine de Rousseau est trop populaire pour
que nous y insistions ; telle a été son influence qu'on
a pu dire qu'elle « s'est en quelque sorte incorporée
« à notre conscience nationale » (2..

La société, devenue le résultat d'une convention passée entre les hommes, on pourrait croire
que — l'œuvre étant au service des ouvriers — le
premier devoir de l'Etat est de respecter l'autonomie des volontés individuelles. Rousseau, dans un
paradoxe fameux, se prononce pour l'opinion opposée. Les hommes, dit-il, par le « Contrat Social »
ont « aliéné » leurs libertés au profit de l'Etat. La
Souveraineté de celui-ci est donc absolue :

Absolue d'abord à l'égard des Etats étrangers.

<hr>

(1) GOUNOT, *Le principe de l'autonomie de la volonté, contribution à l'étude critique de l'individualisme juridique*, thèse,
DIJON, 1912, p. 27 à 29. Cf. PONCEAU, *La volonté dans le contrat
suivant le Code civil, essai d'une construction nouvelle*, thèse,
LYON, 1921.

(2) GOUNOT, *op. cit.*, p. **46**.

Ceux-ci n'ont point d'autre loi que celle qui réglait les rapports entre individus avant le « contrat social » : la souveraineté de chacun d'eux limite la souveraineté de son voisin ; le droit international n'est qu'un équilibre de puissances antagonistes. « C'est la résultante de ce jeu de forces qui consti-« tue la justice internationale » (¹).

. La souveraineté de l'Etat est également absolue à l'égard de ses sujets. De leur côté, elle ne rencontre aucune limite, puisque par le « Contrat Social » ils ont abdiqué à son profit toutes leurs libertés natu-relles (²). Ils ne possèdent plus que celles dont le gouvernement leur a fait la concession bénévole ; et cette concession est susceptible d'être retirée à tout moment. Les hommes ont des droits à faire valoir les uns contre les autres ; mais « l'individu n'a pas « de droit contre l'Etat » (³).

Sous son autorité discrétionnaire, toute la vie ju-ridique se ramène à des relations d'homme à hom-me, et ces relations n'ont d'autre loi que la liberté. Arrière donc tout « pouvoir intermédiaire » qui, s'interposant entre l'individu et l'Etat, porterait om-brage à l'autorité de celui-ci ou à la liberté de celui-là : abolies les associations ; détruites les maîtrises et les jurandes ; prohibés les groupements corpora-tifs ; supprimées les fondations ; anéantie toute la portion de l'économie juridique que certains au-teurs modernes opposent au droit individuel « sous

____

(1) RENARD, *Le droit, la justice et la volonté*, 10ᵉ conférence, p. 257.

(2) ROUSSEAU, essaie de démontrer que la puissance de l'Etat ne peut être oppressive. C'est un paradoxe de plus.

M. RENARD écrit à ce sujet : « On ne discute pas les tours « de prestidigitation ; on en rit, et on retourne aux besognes « sérieuses ». *op. cit.*, p. 261 et 262.

(3) G. RENARD, *op. cit.*, p. 258.

le nom de droit institutionnel » (¹). L'homme seul
compte en face de l'Etat.

L'homme en tant qu'homme ; l'homme en tant
qu'il est un échantillon de la nature humaine ;
l'homme dépouillé de toutes caractéristiques et
différenciations individuelles : un « être abstrait
« qui, semblable à l'unité mathématique ou à
« l'atome des cosmologies mécanistes est toujours
« identique à lui-même » (²).

L'autonomie de chaque volonté humaine se traduit sur le plan du droit par un ensemble d'activités, dont la plus importante est de s'accorder avec
d'autres volontés pour lier des contrats. La tâche
du droit positif est de veiller au libre épanouisse-
ment de cette activité, et à la stricte exécution de
ses engagements. Et comme l'engagement librement
consenti ne peut engendrer de droit qu'à la condition d'avoir été librement accepté, voilà le contrat
érigé en *deus ex machina* de toute l'économie juridique (³). Toute convention devient « l'accord libre
« de deux volontés naturellement créatrices de
« droit, la manifestation la plus haute et la plus
« réfléchie, de l'autonomie initiale du vouloir in-
« dividuel » (⁴).

---

(1) G. RENARD, *Le Droit, l'Ordre et la Raison*, p. 341 à 349.

(2) GOUNOT, *op. cit.*, p. 51.

(3) M. RENARD souligne après M. CUCHE que « le Code civil est
« le débordement du contrat » (*Le droit, la justice et la volonté*,
p. 159). La frénésie du contrat a fait inventer le mythe du
quasi-contrat (*op. cit.*, p. 320 et suiv. *Le droit, la logique et le
bon sens*, p. 288. « C'est ainsi, que A. BOISTEL tente de justifier
« la puissance paternelle par la volonté que le père est censé
« avoir eu, lors de l'acte générateur, de retenir un droit sur
« l'enfant qu'il procréait ; mieux, que cela, sur l'obligation étroite
« qui lui incombait d'avoir pareille intention, soit dans le
« mariage, soit même hors mariage ». G. RENARD, *Le droit, la
logique et le bon sens*, p. 391. Cf. MAYNAU, *Les fictions de contrat
dans le Code civil et depuis le Code civil*, thèse, Montpellier, 1924.

(4) GOUNOT, *op. cit.*, p. 129.

On prévoit alors les relations de la loi et du contrat : réserve faite des normes protectrices de l'ordre public, la première n'est que le substitut du second ; elle supplée au silence des parties, elle interprète leurs volontés ; celles-ci ont donc tout pouvoir d'y déroger.

Telle se résume la philosophie du contrat civil : sans doute les rédacteurs du Code Napoléon ne l'ont pas formulée ; mais elle ressort des textes qui règlent la matière des conventions : c'est ce que nous allons vérifier.

II. *SA CONSTRUCTION JURIDIQUE*

Cette construction dont le centre est l'autonomie de la volonté des parties, comporte trois ailes : la liberté des parties dans l'aménagement du contrat ; l'immutabilité des conventions, sauf, nouvel accord pour les amender ; leur force obligatoire quoiqu'il arrive.

Le contrat se définit : un accord de volonté (Code civil, art. 1.101) qui a pour but d'engager réciproquement les parties l'une envers l'autre ou seulement l'une d'entre elles envers l'autre.

L'accord est l'événement qui clôt une discussion : il n'y a de discussion possible qu'entre volontés libres et égales. Le principe fondamental du droit des contrats est donc la liberté, sous la seule réserve de l'ordre public. Les contractants débattent et façonnent comme ils le jugent bon les obligations qu'ils s'engagent à remplir. Ils se font à eux-mêmes leur propre loi : « les conventions... tiennent lieu « de loi à ceux qui les ont faites » (Code civil, art. 1.134, § I).

La volonté des contractants crée l'objet de la convention. Elle lui communique aussi sa vertu obligatoire. Celle-ci ne découle pas de l'acte instrumentaire légalement établi pour servir de preuve ; elle émane d'une puissance mystérieuse incluse dans la volonté humaine :est juste tout ce qui a été librement voulu ; la volonté de l'homme ne peut chercher à réaliser l'injuste : ainsi la volonté souveraine du législateur, quoiqu'elle ordonne, quoiqu'elle défende ; ainsi la volonté libre des particuliers, quoiqu'elle enferme dans les stipulations contractuelles. Libre et juste : entre ces deux termes il y a égalité.

De là, les règles de l'interprétation des contrats ; en toute contestation, le juge doit rechercher uniquement ce que les contractants ont voulu ; non ce qu'ils ont dit ou ce qu'ils ont écrit, mais la « commune intention » des parties (Code civil, art. 1.156)

Ainsi dans l'acte juridique, la volonté est tout ;
« elle est le seul élément essentiel de sa formation,
« comme aussi la base unique de son interprétation ; je ne suis obligé par un acte juridique que
« si je le veux, au moment où je le veux, et dans
« la mesure où je le veux » [1].

Dès lors, le droit privé se ramène, comme le droit international, à un « équilibre fortuit et fatalement
« instable de libertés contraires. A l'empire de la
« justice se substitue l'automatisme d'une bascule :
« ou plutôt, c'est cette résultante mécanique qui
« porte le nom de justice » [2].

[1] Gounot, *op. cit.*, p. 136.
[2] G. Renard, *Le droit, la justice et la volonté*, p. 256.

Puisque le contrat est en tous points l'œuvre exclusive de la volonté des parties, il ne peut-être modifié que par l'accord de ces mêmes volontés ; *nihil tam naturale est,* écrit le jurisconsulte Ulpien *quam eodem genere quidque dissolvi quo colligatum est* (1). Et le Code civil de reprendre : « Elles (les conventions) ne peuvent être révoquées que de « leur consentement mutuel, ou pour les causes « que la loi autorise (art. 1.134, § 2).

Arrêtons-nous à ce dernier membre de phrase. Depuis le « contrat social », tout droit individuel n'est plus qu'une concession précaire de l'Etat. Dans la mesure de cette concession, toutes les lois relatives aux conventions ne sont que des lois *interprétatives* de la volonté des contractants. Il existe bien des lois *impératives* ; mais elles ont pour but de sauvegarder la liberté individuelle et l'autonomie de la volonté. Quant aux premières (lois interprétatives), toute leur force obligatoire provient de la volonté des parties qui sont réputées y avoir adhéré du seul fait qu'elles n'en ont pas repoussé l'application.

Donc la volonté est le fondement unique de tout droit contractuel.

La loi, la coutume ? Interprétation de la volonté des parties et aussi protection de leur liberté contre le dol ou la violence (Code civ. art. 1.111 et suiv.) ou contre l'irréflexion (mineurs, déments...) — L'équité, la bonne foi ? Volonté tacite, sous-jacente à la formule des engagements contractuels.

En dehors de la volonté, il n'y a plus de droit.

____

(1) Ulpien, D. 50, 17, De R. J., 35.

plus d'obligation : « Nul n'est obligé sans l'avoir voulu ! » (1).

La liberté est la première face de l'autonomie de la volonté dans le droit des conventions ; la seconde est la force obligatoire des engagements librement contractés.

La doctrine civiliste comprend cette idée et l'applique avec la plus extrême riguéur. Certes, le cas fortuit et la force majeure exonèrent le débiteur ; cela est écrit dans l'article 1.148. Mais quelle définition donner du cas fortuit ou de la force majeure ? (2).

D'après la jurisprudence de la Cour de Cassation ; c'est un événement tel que l'exécution de l'obligation en devient *impossible* ; s'il n'est rendu que plus difficile ou plus onéreux, l'engagement subsiste, et le débiteur doit le remplir sans atténuation.

L'état de guerre, par exemple, n'a aucune influence sur le sort des contrats tant qu'il n'en rend pas l'exécution complètement impossible ; et

(1) GOUNOT, *op. cit.*, p. 179.

(2) « La plupart des auteurs voient dans les mots *cas fortuit*
« et *force majeure*, des synonymes signifiant indifféremment
« *toute cause étrangère au débiteur*, qui a mis obstacle à l'exé-
« cution de l'obligation... une autre interprétation a été donnée
« des deux expressions, d'après laquelle la *force majeure* dési-
« gnerait l'obstacle à l'exécution de l'obligation, *résultant d'une*
« *force étrangère* et le *cas fortuit* l'obstacle *interne* c'est-à-dire
« provenant des conditions mêmes de l'exploitation du débi-
« teur... Un système un peu différent voit dans le cas fortuit
« *l'impossibilité relative* d'exécution, c'est-à-dire celle qui a pu
« entraver l'action du débiteur envisagé, soit en lui-même,
« soit comme un *bonus pater familias* ordinaire, mais dont
« une volonté mieux armée, mieux outillée aurait pu triom-
« pher. La *force majeure* ce serait *l'impossibilité* absolue
« provenant d'un obstacle irrésistible imprévu et imprévisible...
« Il n'y a pas *en général* intérêt à distinguer... parce que l'un
« et l'autre entraînent exonération du débiteur » (COLIN et
CAPITANT, *Cours élémentaire de droit civil français*, 3ᵉ édit., t. II,
p. 9).

les juges du fond statuent souverainement sur le
départ entre la difficulté et l'impossibilité (1). « Il
« faut qu'il y ait obstacle absolu à l'exécution du
« contrat. Il ne suffit pas que la guerre rende l'exé-
« cution plus onéreuse ou plus difficile... La guerre,
« pour les tribunaux judiciaires, n'est pas un cas
« de force majeure. Sans doute, elle entraîne
« accroissement du prix des denrées, des trans-
« ports, interruption dans les communications.
« Elle rend donc plus difficile ou plus onéreuse
« l'exécution des obligations, mais elle ne la rend
« pas impossible. Donc le débiteur n'est pas
« dégagé » (2).

Au cours et à la suite d'une guerre comme celle
qui s'est terminée en 1918, cette conséquence rigoureuse mais logique de la doctrine volontariste devait
provoquer un malaise. Elle posait devant le monde
civiliste une sorte de cas de conscience. Ne pouvait-
on pas assimiler à l'impossibilité d'exécution, en
vue de permettre l'application de l'article 1.148,
les graves embarras d'une situation sans précédent ?

« L'application intégrale de la théorie de la force
« majeure, telle qu'elle a été admise jusqu'à pré-
« sent répond M. WAHL, est de nature à entraîner
« dans les circonstances actuelles, des consé-
« quences beaucoup plus graves que dans le
« passé ».

« Elle amènera souvent la ruine, impossible à pré-
« voir, de certains contractants et l'enrichissement

---

(1) Cass. Civile, 4 août 1915. S. 1916-1-17, note de M. WAHL.
(2) WAHL, *loc. cit.*

« inique d'autres... Mais il faut reconnaître que la
« théorie d'après laquelle le contrat peut être ré-
« silié, si la guerre en rend l'exécution difficile ou
« onéreuse n'est pas, non plus, sans produire des
« injustices » (1). Que faire ? Et le savant professeur de se demander s'il ne faudrait pas que le
législateur intervînt pour décider que la guerre est
un cas de force majeure chaque fois qu'elle rend
l'exécution de l'obligation extrêmement difficile ou
onéreuse.

Mais à bien réfléchir — nous parlons toujours de
réflexion dans la ligne de la philosophie volontariste — faut-il céder à une première impression et
pourquoi empêcherait-on la convention de produire son plein et entier effet ?

Après tout, il n'y a pas enrichissement *injuste* ;
l'enrichissement réalisé par l'un des contractants
n'est que la conséquence de la libre volonté des
deux. Sans doute, les évènements survenus
brisent *l'équivalence* qu'ils avaient envisagée
de leurs prestations réciproques ; mais l'équivalence n'a rien à voir avec l'appréciation de la validité et de la force obligatoire des contrats. Cette
validité tient tout entière dans l'échange des consentements ; or, ces consentements ont été libres.
Les effets qui se produisent sont bien ceux que les
parties ont librement voulus : l'exécution de tel service, la créance de telle somme d'argent... Qu'y a-
t-il d'injuste en cela, puisque tout a été *librement
voulu*. Ce serait au contraire, porter atteinte à l'autonomie de leurs volontés que d'ajouter d'autorité,

<hr>

(1) WAHL, *loc. cit.* Cf. P. VOIRIN, *De l'imprévision dans les
rapports de droit privé* thèse, Nancy, 1922.

dans le contrat, une stipulation qu'elles pouvaient prévoir et qu'elles n'ont pas envisagée ; et cette atteinte serait injuste.:

En vérité, la doctrine de la Cour de cassation est à l'abri de tout reproche. « La solution des diffé-
« rents tribunaux, reprend M. WAHL, est basée sur
« l'article 1.148 qui lui-même se base sur la *volonté*
« des parties contractantes. Ce sont elles qui doi-
« vent régler les conséquences de la force majeure,
« puisque ce sont elles qui sont appelées à la subir.
« Mais l'article 1.148 est dominé par l'article 1.134.
« Donc un contractant peut valablement stipuler...
« que la force majeure ne le libérera pas, dans le
« cas où elle rendrait impossible l'exécution du
« contrat. Réciproquement un contractant peut sti-
« puler que la force majeure le libérera ou modi-
« fiera les conditions de son engagement alors
« même qu'elle aurait simplement pour effet de
« rendre difficile ou onéreuse l'exécution de son
« obligation. Et comme toute clause peut être *ta-*
« *cite*, les juges ont le droit de chercher dans les
« circonstances de la cause, la preuve que les par-
« ties ont entendu faire l'une ou l'autre de ces con-
« ventions... Le juge est souverain quant à l'appré-
« ciation des clauses sous-entendues » (¹).

C'est exactement la doctrine de la Cour de cassation.

En vérité, cette doctrine pourrait mener bien plus loin que ne l'avoue l'éminent professeur de Paris. Elle conduirait, non seulement à condamner l'intervention à venir du législateur, mais même son

(1) WAHL, *loc. cit*.

intervention passée, y compris l'article 1.148. Pourquoi ne pas laisser aux contractants le soin d'envisager l'évènement fortuit ou le cas de force majeure, et si elles se sont abstenues de le prévoir, de quel droit faire violence à leur volonté ? Pourquoi, à défaut de stipulation à cet égard, le débiteur ne devrait-il pas s'exécuter en équivalent ou sous forme de dommages-intérêts en cas d'impossibilité d'exécution en nature, quelle qu'en soit la cause ?

En décider autrement, n'est-ce point porter atteinte à l'autonomie de la volonté ?

Cette observation suffit à miner le système. Il repose, en définitive, sur une erreur psychologique évidente. — Tout contrat s'établit sur des prévisions ; et tout événement à venir n'est pas prévisible. Il n'y a de contrat que dans la mesure des prévisions des parties, comme il n'y a de loi que dans la mesure des prévisions du législateur (¹). Qui peut prévoir, sinon la guerre, du moins sa durée et son caractère ? Nul n'avait prévu et sans doute était-il impossible d'envisager ce que fut la dernière guerre, et qui oserait prophétiser ce que sera la prochaine ?

En 1909, M. TARDIEU, en qualité de commissaire du gouvernement exposait au Conseil d'Etat (²) que, d'après la doctrine et la jurisprudence, seul,

---

(1) De plus en plus nombreux sont les auteurs, civilistes et publicistes, qui déclarent restreindre l'application de la loi dans le cercle qui a pu être raisonnablement prévu par le législateur bref, sous-entendent en tout texte législatif la réserve *rebus sic stentibus*, et, au-delà de ce cercle, proclament la liberté du juge. Voir sur ce sujet Fr. GENY, *Méthode d'interprétation et sources en droit privé positif*, 2ᵉ édition,, t. I, p. 420 ; cf. Carré de MALBERG, *Contribution à la théorie générale de l'Etat*, t. I, n° 236.

(2) C. d'E., 29 janvier 1909, Compagnie de navigation, Rec., p. 115 et suiv. avec les conclusions de M. TARDIEU.

constitue un cas de force majeure, l'évènement indépendant de la volonté du débiteur, qu'il n'a pu prévenir ni empêcher, et qui le met dans *l'impossibilité absolue* de remplir ses obligations.

Telle est la traduction intégrale de la doctrine civiliste et de la jurisprudence *judiciaire*. Que cette conception du contrat ne soit pas susceptible d'adaptation à la fonction publique, c'est évident. Il faut **renoncer** à ramener la fonction publique au contrat si la conception de ce dernier ne peut être vivifiée et assainie. Il est nécessaire de nous expliquer à ce sujet.

III. *SON INSUFFISANCE*

Depuis le XVIIIe siècle et le début du XIXe les conditions de la vie sociale ont été bouleversées. Le contrat, tel que l'entend le Code civil, suppose « deux personnes d'identique situation juridique « et de puissance économique égale » (¹) Elles discutent librement leurs prétentions, se font des concessions mutuelles et finissent par s'entendre dans un accord « dont elles ont pesé tous les termes » (²).

Ce type de contrat n'a pas disparu et n'est pas en voie de disparaître. Mais le machinisme, la grande industrie, le progrès des communications, l'extension du commerce national et international, ont imprimé au mouvement des affaires, une activité jusqu'alors inconnue. Le temps manque pour la discussion de la plupart des contrats et des plus

---

(1) GOUNOT, *op. cit.*, p. 13.
(2) GOUNOT, *loc. cit.*

usuels. Par ailleurs, l'égalité des parties, qui ne fût
sans doute jamais qu'une présomption mêlée de fictions — si on l'entend de l'égale et effective aptitude à débattre leurs intérêts : et c'est bien celle-là
qui est à la base de la conception civiliste du contrat et qui accrédite le dogme de l'autonomie de la
volonté — cette égalité est devenue une dérision.
Neuf fois sur dix, l'une des parties fait la loi —
dictat ligen — et l'autre adhère sans discussion effective ni même possible. Ainsi la grande société
commerciale et industrielle vis à vis de ses employés et de sa clientèle. Elle établit un règlement :
règlement d'atelier, police d'assurance, etc... ; et
c'est à prendre où à laisser. Il y a pourtant bien
échange des consentements, accord des volontés,
donc contrat. Mais ce n'est pas un contrat comme
les autres. Il y a une volonté dominante et une volonté en sous-ordre ; chacune des parties délibère
en dehors de l'autre : l'une élabore sa police ou son
règlement, et l'autre soupèse les conséquences de
son acceptation : chacune de son côté ; encore une
fois il n'y a pas de discussion.

Un mot qui a fait fortune voile la difficulté aux
yeux de qui ne se soucie pas d'y regarder de trop
près ; on dit : ce sont des *contrats d'adhésion.*

Nous ne pouvons nous tirer d'affaire à si bon
compte. S'agit-il de contrats, véritables ? Faut-il
leur appliquer intégralement les règles du Code
civil ? « Bien souvent, explique MM. Colin et Capi-
« tant on a contesté à ces actes le caractère con-
« tractuel lequel, dit-on, ne saurait exister là où
« il n'y a pas indépendance respective des contrac-
« tants et possibilité pour chacun d'eux de discuter

« les termes du rapport juridique projeté. En fait,
« une telle observation est peut-être fondée ; en
« droit, elle est inexacte. Et c'est avec raison que
« les jurisconsultes persistent à voir dans les con-
« trats d'adhésion de véritables contrats. Celui qui
« adhère aux conditions qui lui sont proposées est,
« en somme, libre de ne pas les accepter ; il pour-
« rait les rejeter en bloc, et, par conséquent, lors-
« qu'il les accepte, il donne bien son consente-
« ment » (1).

C'est très bien, quoique nous nous défiions un
peu de ces oppositions faciles du fait et du droit,
et de ces constructions juridiques dont la vérité logique brave crânement la « révolte des faits » (2).
Mais nous ne sommes pas beaucoup plus avancés.
Il s'agit de savoir comment interpréter ces contrats.
Faut-il chercher la « commune intention » des
parties ? Mais y a-t-il vraiment une intention commune ? N'y a-t-il point au contraire deux intentions
distinctes ? Ou du moins, si ces deux intentions se
rencontrent, n'est-ce point seulement sur quelques
clauses essentielles à l'exclusion d'une quantité de
clauses accessoires — celles peut-être qui sont justement en litige ? que d'employés et ouvriers,
que d'assurés, que de voyageurs de chemin de fer
n'ont jamais lu le règlement auquel ils sont réputés
avoir adhérés ! « Dira-t-on qu'en adhérant à un
« contrat, même sans bien savoir ce qu'il y a de-

(1) *Cours élémentaire de droit civil français,* 3e édit., t. II,
p. 258.
(2) G. MORIN, *La révolte des faits contre le Code,* cf. G. RENARD,
Le droit, la logique et le bon sens, 10e conférence : « *Le fait et
le droit* » et *Le droit, la justice et la volonté,* 3e conférence :
« *Le droit, est-ce la forme ?* ».

« dans, on accepte d'avance tout son contenu, quel-
« qu'il soit ? (¹). Dira-t-on que les intéressés sont
légalement présumés en avoir pris connaissance ?
Quel psittacisme !

C'est pourtant là qu'en est venue la jurisprudence. Nourris de la philosophie de ROUSSEAU nos
magistrats n'ont pas compris le plus souvent, que
le contrat d'adhésion offre une originalité qui répugne à l'application pure et simple des règles du
droit commun des contrats civils. Pour eux : qui
accepte la loi édictée par son partenaire est réputé
avoir tout lu, tout pesé, tout voulu » (²). A l'abri
d'une jurisprudence qu'on est tenté de taxer de
pharisaïsme, les chefs d'entreprise ont pu établir
les règlements d'atelier les plus sévères, imposer
les clauses pénales les plus rigoureuses ; les compagnies d'assurance multiplier les pièges à prendre
des clients ignorants ou insouciants ou simplement
« obligés d'en passer par là » parce que les compagnies concurrentes ont toutes les mêmes exigences...
Tout cela, c'est l'autonomie de la volonté !

Tout de même devant les abus, la jurisprudence
judiciaire a failli s'émouvoir. A la vérité, elle s'est
divisée.

La Cour de cassation demeure fidèle aux
vieux errements. Pour elle tout est censé accepté,
par qui a donné son adhésion à la loi posée par le
co-contractant ; c'est une présomption irréfragable;
juris et de jure, et la volonté présumée a le même
titre au respect que la volonté effective. Si le plai-

(1) DEREUX, *De l'interprétation des actes juridiques privés,*
thèse, Paris 1905, p. 154.
(2) GOUNOT, *op. cit.,* p. 18.

gnant a été mis en demeure de lire la charte de son
engagement, il est fautif : ou de ne pas l'avoir lu
ou d'avoir consenti ; si une partie de cette charte
lui a été cachée, à lui de prouver le dol, et tant pis
pour lui s'il ne parvient pas à en administrer la
preuve. Psittacisme encore une fois : sous le cou-
vert de la « commune intention » des parties, le
juge ne s'enquiert que de la volonté de l'un des
contractants. Du reste, cette interprétation ne relève que des juges du fait (1),; la même clause peut
donc recevoir les appréciations les plus diverses,
et aboutir à des résultats opposés sans que la Cour
de Cassation puisse intervenir. « L'intention des
« parties est chose éminemment variable. Elle
« change avec les individus ; elle change avec les
« circonstances. Rien d'étonnant dès lors si au nom
« d'une recherche scrupuleuse de la volonté des
« parties, des clauses identiques sont différemment
« interprétées suivant les tribunaux » (2).

Un certain nombre de juges ne se sont pas
résignés à la jurisprudence décevante de la Cour
de cassation. Mais, au lieu de chercher le remède
à la situation dans l'évocation d'un principe de
droit objectif antérieur et supérieur à l'autonomie
de la volonté — la justice commutative par
exemple, — ils ont usé d'expédients ; ils ont rendu
des « décisions d'espèce ». Il a bien fallu ! Chaque
fois qu'un tribunal ou une cour tentait de rompre
avec des principes surannés, la Cour de cassation
censurait son jugement ou son arrêt. On comprend
alors qu'au lieu de proclamer franchement les

(1) COLIN et CAPITANT, *op. cit.*, 3ᵉ édition, t. II, p. 310.
(2) GOUNOT, *op. cit.*, p. 178.

— 218 —

motifs d'équité, de bonne foi, d'équipollence qui devaient les conduire à tempérer l'application d'un contrat, les juges du fait aient préféré rendre un hommage contraint à la vieille doctrine de l'autonomie de la volonté, sauf à rétablir le respect de « la règle morale dans les obligations civiles » (1) en donnant une interprétation tendancieuse des clauses du contrat, en vue d'aboutir à des solutions équitables, à l'abri de la critique de la Cour suprême : la fiction de l'autonomie de la volonté est ainsi tenue en échec par la fiction d'une volonté **propre à satisfaire aux réclamations de l'équité** : *contraria contrarus curantur*. « Le juge, dit M. De-« reux, doit puiser dans l'article 1134 le droit de « corriger les clauses essentielles au nom de la « bonne foi et dans l'article 1135 celui de les com-« pléter au nom de l'équité » (2).

IV. *CONCLUSION SUR LA CONCEPTION CIVILISTE DU CONTRAT*

La Société, d'après la philosophie à laquelle s'adosse la doctrine civiliste du contrat, est un état secondaire créé par le vouloir des hommes. Dans l'« état de nature » l'homme pourrait s'en passer. « On suppose un être abstrait et isolé, étranger à « toute société et à l'histoire, trouvant en lui les « conditions de son existence et la loi de son acti-

(1) G. Ripert, *La règle morale dans les obligations civiles.*
(2) Dereux, *op. cit.*, p. 217. Sur ce sujet voir aussi les thèses de : MM. Andronesco, *L'inégalité des prestations dans les contrats*, Paris, 1922.
Maury, *Essai sur le rôle de la notion d'équivalence en droit civil français*, t. I, *en matière contractuelle*, t. II, *en matière extracontractuelle*, Toulouse, 1920.
Dijol, *La justice dans les contrats et les obligations lécionnaires*, Montpellier, 1919.

« vité » (¹). Cet homme-nature a été corrompu par
la vie sociale. Voilà le dogme philosophique dont
la théorie civiliste du contrat est la traduction juridique. Nous ne nous attarderons pas à le réfuter.

Or, si le « contrat social » — le premier des contrats — est dominé lui-même par une loi naturelle,
comme ROUSSEAU le laisse entendre en certains pas-
sages, au risque d'ajouter un paradoxe à beaucoup
d'autres (²) comment une loi naturelle ne préexis-
terait-elle pas aussi aux autres contrats, dût l'autonomie de la volonté en être ébranlée ? La volonté
n'est plus créatrice, ni de l'état de société, ni des
associations particulières formées au sein de la
Société humaine, ni de la vertu obligatoire des
autres conventions. Dans la production des effets
juridiques du contrat, elle ne joue que le rôle d'une
cause secondaire ; au-dessus d'elle, il y a une cause
qui lui est antérieure. Voilà un premier échec de la
théorie volontariste du contrat. « Le droit n'est pas
« la volonté en action, comme le voudrait l'indivi-
« dualisme, mais le rapport de la volonté aux fins
« qui la dominent et dont elle est l'instrument de
« réalisation » (³) ; et le contrat n'est, en définitive,
qu'un « instrument en vue de la satisfaction d'in-
« térêts humains... toujours destinés à se concilier
« avec d'autres intérêts particuliers ou généraux
« en conflit » (⁴).

La volonté humaine — même l'accord des volontés humaines — est donc impuissante à délimiter
arbitrairement les effets du contrat. Et au fond, la

(1) GOUNOT, *op. cit.*, p. 319.
(2) RENARD, *Le Droit, l'Ordre et la Raison*, p. 90 et suiv.
(3) GOUNOT, *op. cit.*, p. 341.
(4) GOUNOT, *op. cit.*, p. 141.

loi et la jurisprudence l'ont bien compris : ce qu'elles sanctionnent sous la formule du respect des conventions librement formées, c'est la *confiance* légitime qui existe entre les parties [1] ; mais la confiance ne peut aller au delà de leurs prévisions ; il s'agit donc, moins de rechercher leur *volonté*, que de comprendre *l'idée* qu'elles se sont faite en contractant, des suites de leur engagement. A cette *idée* se ramène la portée du contrat : de son mérite — nous voulons dire sa conformité au droit objectif (loi naturelle, justice commutative....) — dépendent la valeur juridique et la force obligatoire de leur convention. La volonté passe au second plan : elle devient la servante d'une *idée*, assujettie elle-même à une norme supérieure. La *volonté humaine* ne peut avoir d'autre valeur que sa conformité à une *idée*, elle-même conforme à l'Ordre juridique. Ce dernier n'est pas le produit de la volonté ; il la domine ; il est un **critère à discriminer les idées**, dont la volonté n'est que le sergent [2].

L'idée qui justifie et qui tempère la règle de la force obligatoire des contrats, et dont cette dernière n'est que le vêtement, c'est la confiance réciproque : il n'est pas admissible que cette règle se retourne contre l'idée qu'elle enveloppe, contre sa propre « rationalité ». Cela suffit pour imposer à l'interprète la révision ou l'exclusion du contrat en cas de survenance d'évènements imprévus, et à plus

(1) Comp. la thèse présentée par Emmanuel Lévy dans les *Questions pratiques de législation ouvrière*, juin-août 1909, et dans la *Revue critique de législation*, juin 1899 : « *Le droit repose sur des croyances* ».

(2) Cf. G. Renard, « *Le Droit, l'Ordre et la Raison*, p. 146 et s., 200 et s.**

forte raison imprévisibles ; et la discrimination des stipulations principales et des stipulations accessoires quant à la portée des contrats dits d'adhésion.

Et même dans les autres conventions, il ne faut pas exagérer le rendement qu'on peut attendre sincèrement, de la « commune intention des parties » pour la solution des conflits que soulève leur interprétation. Dans les contrats synallagmatiques, il n'y a guère de commun entre les parties que leur volonté de gagner beaucoup en déboursant le moins possible. Sans même faire état des « restrictions mentales » qu'autorise, aux yeux de quelques-uns, le relâchement de la déontologie professionnelle chez les hommes d'affaires, et de la mauvaise casuistique par laquelle on cherche à l'excuser, il faut bien avouer que le plus clair de l'intention des parties est souvent de s'enrichir aux dépens l'une de l'autre. Où donc chercher une « commune intention » au delà des stipulations nettement formulées, et des termes mêmes dans lesquels elles sont rédigées ?

Et puis, il faudrait tout de même expliquer pourquoi l'échange des volontés détermine un lien obligatoire ; pourquoi ma volonté d'hier l'emporte sur ma volonté d'aujourd'hui à ce point que celle-ci soit impuissante à rétracter celle-là. On répond : parce qu'elle a été acceptée. C'est résoudre la question par la question : pourquoi la manifestation de volonté enchaîne-t-elle ou n'enchaîne-t-elle pas son auteur, suivant qu'elle a été ou non suivie d'acceptation ? Ce ne peut-être qu'en vertu d'un principe supérieur, d'une *idée* préexistante, vraie et juste en elle-même, indépendamment et au-dessus de la volonté humaine. Et nous voilà revenus à la « confiance nécessaire », mais cette *idée,* nous venons de nous en rendre compte, nous mène assez loin de la théorie volontariste du contrat et des conclusions qu'en tire logiquement la Cour de cassation. « Li- « berté de la volonté, écrit judicieusement M. Gou- « NOT, est-ce que cela ne veut pas dire : souverai- « neté de ma volonté d'hier sur mes actes d'hier « et souveraineté de ma volonté d'aujourd'hui sur « mes actes d'aujourd'hui ? De quel droit l'une « empiéterait-elle sur l'autre ? Ma volonté d'hier..., « c'est en tout cas le passé, ce qui ne dépend plus « de moi, ce dont, pour être pleinement libre, je ne « dois plus dépendre » (1).

Le Code civil lui-même met en échec le principe de l'autonomie de la volonté dans les contrats, lorsqu'il décide que la « lésion » est une cause de nullité (2). La lésion est, à l'évidence, le défaut d'équipollence dans un échange ou dans tout autre contrat du même type. Seulement le Code civil dissimule cette brèche sous couleur de vice du consentement : le défaut d'équipollence ne donne ouverture à nullité qu'à titre de présomption propre à révéler un vice du consentement (3). Du point de vue de la doctrine volontariste, le Code a raison :

(1) GOUNOT, *op. cit.,* p. 345, 346.
(2) Code civil, art. 1118.
(3) G. RENARD, *Le droit, la justice et la volonté,* 7ᵉ conférence, p. 161. La théorie subjective de la lésion est maintenue par M. DÉMONTES, *De la lésion dans les contrats entre majeurs,* (prix Rossi de la Faculté de Droit de Paris), 1924, Cf., du même auteur, *Du fondement juridique de la lésion dans les contrats, Revue critique,* 1924, p. 37 et 161. Voir aussi le rapport de M. DEMOGUE sur la proposition de loi de M. GUIBAL, sur la lésion, *Bulletin de la Société d'Etudes législatives,* 1921, p. 216 et suiv.

c'est le rôle des procédés conceptuels les plus artificiels (présomptions irréfragables ou fictions) de permettre le rattachement aux systèmes établis, des phénomènes qui en troublent l'ordonnance logique ; c'est le truchement sous lequel pénètre, dans le système d'aujourd'hui, le germe qui doit le faire éclater, et d'où sortira le système de demain (1).

Mais prenons à la lettre l'interprétation civiliste de l'annulation pour lésion. Cette dernière révèle une contrainte morale ; est-ce que pareille contrainte n'est pas chose courante dans les contrats dits d'adhésion ? Le législateur de 1804 ne pouvait pas le prévoir — toujours l'imprévision législative ! — et du reste, même s'il l'avait envisagé, il n'est nullement certain qu'il aurait élargi la rescision pour lésion ; il était bien trop féru de l'« homme en soi », ce personnage abstrait sur lequel n'ont pas de prise les besoins et les émotions qui troublent les pauvres êtres concrets que nous sommes. Seules l'obsession de l'égalité dans les partages, et la considération de la valeur éminente de la propriété foncière pouvaient, avec le juste souci de la protection des incapables, faire échec à ses yeux au principe de l'autonomie de la volonté dans les contrats (2).

Mais voici que la roue a tourné.... La propriété foncière est descendue de son piédestal ; on en est revenu de l'égalité entre co-partageants, du moins au sens ombrageux que révèlent les articles 826 et 832 du Code civ. Et puis la guerre a tout bouleversé.

---

(1) G. RENARD, *Le droit, la logique et le bon sens,* 8e leçon : « Les fictions ».

(2) Code civ. art. 783, 887, 1.079, 1.304, 1.313, 1.674, 2.052.

La jurisprudence judiciaire demeurant réfractaire à la théorie de l'imprévision du Conseil d'Etat, il a fallu que le législateur intervînt pour « délier cer- « tains contractants de leurs obligations » (¹). Ce sont successivement les décrets relatifs aux proro- gations des créances, des effets de commerce et des paiements effectués par des banques ; les lois des 21 juin 1918 et 9 juin 1920 permettant la révision des contrats commerciaux à terme, conclus avant guerre et même leur résiliation « s'il est établi qu'à « raison de l'état de guerre, l'exécution des obli- « gations de l'un des contractants entraînera des « charges ou lui causera un préjudice dont l'im- « portance dépasserait de beaucoup les prévisions « qui pouvaient être raisonnablement faites au « moment de la convention » (²) ; et puis l'inter- minable cortège des lois sur les loyers ; lois de pro- rogation, lois de maximum (³) et, en sens inverse, lois et projets de loi de défense des propriétaires lésés par des baux de longue durée et froissés dans leurs intérêts les plus légitimes par la jurispru- dence traditionnaliste de la Cour de cassation (⁴).

Ainsi donc, par des mesures de circonstances, dont la fréquente rétroactivité accentue la har- diesse, le législateur a porté la main à la clé de voûte du droit contractuel. Il n'y va plus de l'étan-

---

(1) G. Morin, *La loi et le contrat ; la décadence de leur sou- veraineté* ; Paris Alcan, 1927. p. 71.

(2) Exposé des motifs de la loi du 9 juin 1920.

(3) En dernier lieu, loi du 1ᵉʳ avril 1926.

(4) G. Morin, *op. cit.* p. 74 et s. Par le dernier membre de phrase nous visons notamment la jurisprudence relative au chep- tel de guerre (Cass., 8 juin 1920, S. 1920-2-97 et 26 juin 1921 D. 1921-1-73. Cf. Voirin, *op. cit.*, p. 267 et s.) et la proposition de loi adoptée par le Sénat le 8 avril 1927 actuellement en suspens devant la Chambre (doc. parl., Chambre des Députés, 13ᵉ légis- lature, n° 4.352).

çonnage à coup de fictions et de présomptions ; c'est un nouvel édifice qu'il s'agit de construire sur un fondement nouveau ; l'antique pierre d'angle de l'autonomie de la volonté est définitivement, non pas rejetée, car elle demeure partie intégrante du mouvement, mais reléguée dans un rôle plus modeste, dont peut-être, il n'aurait jamais fallu la faire sortir. Est-il besoin de souligner la convergence de cette législation civile de guerre et d'après-guerre avec le développement pris, avant 1914. par la législation restrictive de la liberté — ou soi-disant liberté — du contrat de travail. Et nous voilà revenus à notre question ! Les contrats dits d'adhésion sont-ils bien des contrats ? M. Morin ne le croit pas ; et c'est pourquoi il proclame la « décadence du contrat » : « l'individu, écrit-il envisageant l'avenir « de notre droit privé, l'individu qui devient partie « à une opération juridique aura un statut dont les « clauses seront extérieures à sa volonté et résul- « teront soit de la volonté syndicale, soit de la « volonté légale » (1). Il semble que cette opération ne puisse plus être qualifié de contrat.

Tel n'est pas notre avis. Le contrat d'adhésion est une combinaison d'éléments contractuels et d'éléments statutaires. Il n'est pas un contrat si, par ce mot, on entend uniquement l'acte juridique bilatéral ou plurilatéral dont la volonté individuelle est le fondement dernier. Au sens individualiste et volontariste du mot, le contrat agonise, et M. Morin peut parler de sa décadence. Mais il y a une conception plus large, plus féconde et plus juste du

____

(1) G. Morin, *op. cit*, p. 70.

contrat, qui résiste à toutes les attaques : celle qui prend appui dans *l'idée* qu'il met en œuvre ; qui, dans cette idée cherche : et son titre de légitimité, et la règle de son interprétation, et l'étendue de sa forme obligatoire. Qu'il ait été plus ou moins longuement débattu, ce n'est pas ce qui importe : ce qui importe, c'est le mérite de *l'idée* qu'il traduit ; ce que le juge doit assurer, c'est la réalisation de cette *idée*. A la base de cette nouvelle notion du contrat, réside une autre philosophie politique que celle du poète latin : *Homo homini lupus*. Elle fait ressortir l'élément *intellectuel* de toute convention par dessus son élément *volontaire*... Déjà elle a commencé à prendre corps dans la structure juridique du contrat administratif.

En soi, le contrat administratif est un contrat d'adhésion. Il nous faut à présent l'examiner, en nous arrêtant de préférence à son type le plus achevé, la concession de service public, — le plus achevé, du moins tant que nous n'aurons pas réussi à y incorporer le contrat de fonction publique : et ce sera la conclusion de cet ouvrage.

§ 2. Conception administrative du contrat

Dans l'étude du contrat civiliste, nous sommes partis de sa philosophie pour aboutir à sa construction technique ; nous sommes allés de la théorie à la pratique, de l'abstrait au concret. Pour le contrat administratif, nous suivrons la marche inverse : nous irons du particulier au général ; de la structure technique du contrat nous remonterons à sa philosophie ; et quand nous serons arrivés au terme de nos investigations, nous nous rendrons compte que cette philosophie n'est pas si neuve qu'elle en a l'air.

1. *SA CONSTRUCTION JURIDIQUE*

Tout contrat administratif, marché de fournitures ou concession de travaux publics, comprend deux éléments, l'un statutaire ou réglementaire et l'autre proprement conventionnel. Le premier a le pas sur le second, mais plus ou moins suivant les contrats (1). Seuls relèvent des principes du droit civil — du reste amendé dans le sens expliqué au paragraphe précédent — les contrats intéressant le domaine privé et ceux que la loi a soustraits aux règles propres du droit administratif, ce qui est extrêmement rare.

Le contrat administratif pris en lui-même, abstraction faite de la qualité propre des parties intéressées (Etat, départements et communes d'une part, sociétés ou particuliers d'autre part), ressemble étrangement au contrat d'adhésion ; une « loi » établie par la partie la plus forte, l'adhésion de l'autre partie à cette « loi », enfin une convention relative à la « finance » du service rendu.

« Dans tout contrat d'adhésion, écrit l'auteur, « que nous avons déjà cité, il y a : 1° *un contrat* « proprement dit, parfaitement identique aux con- « trats ordinaires ; 2° *une réglementation* par vo- « lonté unilatérale de la situation juridique née de

(1) Nous n'insistons pas sur cette vérité banale qu'il y a tout une gamme dans les contrats passés par l'administration, depuis ceux qui se forment sous le régime du droit privé, jusqu'à ceux qui s'en écartent le plus.

« ce contrat (clauses imprimées des polices, règle-
« ments d'atelier, réglements des chemins de
« fer) » (¹).

Il vaudrait mieux, à notre avis, renverser les termes : la réglementation préexiste au contrat ; ce
dernier ne se forme qu'à la suite de l'adhésion. En
tous cas, antérieure ou postérieure, la réglementation occupe une position dominante : elle est, si
l'on peut dire, le « noyau » de toute l'opération ,
l'adhésion se résout en un assentiment sans débat,
et la convention en est la suite ; l'usine, la compagnie des chemins de fer, la société d'assurances...
sont des *institutions* au sens que donnent à ce mot
MM. HAURIOU et RENARD ; les ouvriers, les voyageurs, les associés... n'en sont que les *clients* au sens
romain du mot : les clients passent et l'institution
reste.

Mais n'est-ce ainsi que les auteurs de droit
public se figurent le contrat administratif ?

« La situation réglementaire contenant conces-
« sion relative à l'ouvrage public et au service pu-
« blic est ce qu'il y a de plus important, dit M. HAU-
« RIOU ; elle domine toute l'opération ; la situation
« contractuelle lui est subordonnée... Quant à la si-
« tuation contractuelle existant entre l'administra-
« tion et le concessionnaire, bien qu'elle comporte
« des stipulations relatives à la construction de l'ou-
« vrage et à l'exploitation du service, elle est es-
« sentiellement de nature financière et destinée
« à assurer la rémunération du concessionnaire sur

(1) GOUNOT, *op. cit.*, p. 229.

« des bases déterminées en assumant le rôle d'un
« mécanisme compensateur » (1).

Donc, à première vue, point de différence essentielle entre le contrat privé d'adhésion et le contrat administratif ; entre le cahier des charges ou le cahier des clauses et conditions générales de ce dernier et les clauses imprimées dans la police d'assurance, le réglement d'atelier ou le réglement des chemins de fer.

Pourtant, à y regarder de plus près, il reste une différence considérable, encore qu'elle aille en s'atténuant, à mesure que s'opère la transformation du droit privé, sous la pression des circonstances économiques et des attaques portées à la philosophie civiliste du contrat. Cette différence tient à la qualité des intéressés. Le contrat d'adhésion se forme entre parties — inégales sans doute — mais privées l'une et l'autre ; la loi qu'elles se donnent, rédigée par l'une et acceptée par l'autre, demeure une loi privée : ni l'un ni l'autre des contractants ne peut s'y dérober; hormis le cas de force majeure, entendu, du reste, d'une façon plus ou moins libérale, ils ne peuvent la modifier que d'un commun accord. Sans doute de puissantes compagnies transforment constamment leurs réglements, et imposent ces changements à leurs clients comme à leurs personnels ; mais, à moins qu'elles n'exploitent un service public — ce qui fait sortir le problème des limites du droit privé (2). — les particuliers ne les subissent

____

(1) HAURIOU, *Précis du droit administratif*, 10e édit., p. 754
(2) C'est ce que fait remarquer M. AULAGLON, *De la situation juridique des usagers titulaires des polices d'abonnement à l'égard des compagnies concessionnaires d'un service public, Revue trimestrielle du droit civil*, 1924, p. 5 et suiv.

qu'autant qu'ils les acceptent, ne serait-ce que par leur silence qui est encore une manière d'adhésion : qui ne dit mot, consent ; ils seraient fondés à réclamer la résiliation avec indemnité, si les compagnies passaient outre à leur opposition, sauf les droits qu'elles ont pu se réserver contractuellement.

Au contraire, en cas de contrat administratif, les parties en cause sont des personnes de droit public d'une part et des personnes privées d'autre part. L'inégalité qui existe en tout contrat d'adhésion est considérablement accentuée : ce n'est plus une simple inégalité « quantitative » ; si l'on peut dire, c'est une inégalité « qualitative ». Les contrats que passent l'Etat ou ses démembrements sont des procédés d'exécution des services publics. Toute leur économie est dominée par la nécessité du bon fonctionnement de ces entreprises : il faut qu'elles ne souffrent aucune interruption ; il convient qu'elles s'améliorent progressivement ; et c'est là une raison nouvelle qui nécessite, et par conséquent justifie l'incessente remise au point et parfois le bouleversement de la réglementation liée au contrat :

« En somme, dit M. Hauriou, le public ne doit pas souffrir de ce que le service est concédé » [1]. Mais s'il s'agit seulement d'entreprise de travaux publics ou de marché de fournitures, la collectivité ne doit pas souffrir davantage de la mauvaise qualité des marchandises ou de la malfaçon de l'ouvrage.

Le service public est le « noyau » de l'opération. L'entrepreneur ne remplit-il pas ses obligations, le

---

[1] Hauriou, *op. cit.,* p. 754.

marché de travaux publics ou de fournitures peut
être résilié et la mise en régie s'en suivre ; le concessionnaire ne satisfait-il pas aux légitimes exigences
du public, il sera frappé de déchéance. Mais si la
résiliation ou la déchéance ont été prononcées sans
qu'il y ait faute de leur part, une compensation
pécuniaire leur est due : l'entrepreneur obtiendra
sûrement des dommages intérêts ; le concessionnaire également, à moins que l'administration ne
préfère le réintégrer.

Il est bien vrai que, réciproquement, l'entreprise
peut être résiliée au profit de l'entrepreneur en cas
d'altération des conditions prévues au cahier des
charges ou d'augmentation ou de réduction de plus
d'un certain quantum de l'importance des travaux ou fournitures à effectuer, quantum fixé
par le cahier des charges. Mais, à la différence de
l'administration, l'entrepreneur ne prononce pas
lui-même cette résiliation ; il lui faut la demander
à l'autorité administrative, sauf recours contentieux. Et cette faculté s'évanouit pour le concessionnaire : celui-ci obtiendra simplement la révision
de son marché, sous la garantie de la juridiction
administrative.

En somme, la différence entre le contrat administratif et le contrat civil d'adhésion se traduit en
deux théories que le droit privé ne connait pas et
qu'il ne pourrait admettre sans renouveler du tout
au tout sa conception volontariste du contrat : la
théorie de l'imprévision qui a trait au cas fortuit,
et la théorie de la modification de la loi du service
par la volonté unilatérale de l'administration : elles
manifestent toutes deux la prédominance du point

de vue de l'équilibre dans le contrat administratif, c'est-à-dire du point de vue de *l'objet* sur le point de vue de la volonté ; elles marquent le contrat administratif d'une originalité aux yeux du praticien, comme le fléchissement de la thèse de l'autonomie de la volonté aux yeux du juriste philosophe.

A. *THEORIE DE L'IM REVISION*. — Le Conseil d'Etat n'a point admis, touchant le contrat administratif, la solution logiquement déduite par la Cour de Cassation de la conception civiliste du contrat, savoir : la force inébranlable des engagements stipulés, en dépit de tout évènement fortuit qui ne rend pas l'exécution totalement impossible, et quelque enrichissement qui s'en suive au profit de l'une des parties et aux dépens de l'autre (¹).

Sans attendre l'intervention législative, il a construit une théorie souple et féconde qui étonna au premier abord (²) parce qu'elle brisait avec la tradition civiliste, mais où l'on ne tarda pas à reconnaitre à la fois le sens de l'équité et le sens de la nécessité plus forte que la routine.

(1) Cass. civ., 26 juin 1921, D. 1921-1-73.

(2) Bien à tort du reste, car la question avait déjà été posée et résolue à propos de la réduction des charges des libéralités faites aux établissements cultuels et charitables, à la suite de circonstances imprévisibles telles que ces établissements se trouvaient hors d'état d'y subvenir au moyen des revenus de la fondation ; voir à ce sujet l'avis de la Section de l'Intérieur du Conseil d'Etat du 21 mars 1865, D. *Code de lois politiques,* t. II, p. 1090, et le rapport de l'Inspection générale des services administratifs au *Journal Officiel* du 16 février 1919 ; voir aussi ci-dessous p. 237 et suiv.

L'arrêt de principe du 24 mars 1916 a été rendu à propos d'une concession d'éclairage (1).

Pour le comprendre, il faut revenir à la distinction de deux éléments du contrat administratif : la réglementation et la convention proprement dite.

L'une et l'autre ont pour but de pourvoir à l'exécution du service public. Celui-ci doit fonctionner quoiqu'il arrive ; le devoir du concessionnaire est donc de l'assurer « même si, par suite des circons- « tances, son exploitation est en déficit, sauf à ob- « tenir des indemnités dans le cas où les dépenses « supplémentaires de l'exploitation dépassent ce « qui avait pu être raisonnablement prévu au mo- « ment du contrat ». Ainsi s'explique le Doyen HAURIOU (2).

Il semble donc, que dans la pensée de cet auteur, la théorie de l'imprévision vise au rétablissement de *l'équilibre entre le profit et la charge de l'exploitation du service*, tels que les réglements en cours en imposent l'exécution ; il n'y va pas de *l'équilibre des stipulations financières du contrat de concession* qu'il s'agirait de restaurer sur la base des stipulations initiales des parties. L'indemnité aurait sa *cause*, non dans le déplacement de la *balance du marché*, mais dans le déplacement de la *balance du compte d'exploitation* par suite d'événements défiant toutes prévisions.

M. CHARDENET semble prendre le contre-pied de cette thèse, et présenter la théorie de l'imprévision comme un moyen de *sauver l'économie du*

<hr>

(1) C. d'E., 24 mars 1916, Compagnie du gaz de Bordeaux, S. 1916-1-17, avec note, HAURIOU et conclusions du Commissaire du Gouvernement, M. CHARDENET.

(2) HAURIOU, *op. cit.*, p. 758.

contrat. Il rappelle dans ses conclusions à propos de l'arrêt de 1916 que primitivement, la concession n'a été qu'un mode d'assurer la *construction de certains ouvrages publics*; l'idée d'en faire un procédé d'exploitation ne se fit jour que plus tard, la période de construction une fois terminée ; et il ajoute : « L'élément du contrat initial a per-
« du graduellement de son importance. Il est deve-
« nu l'accessoire du service public. L'objet du con-
« trat initial n'est plus que d'établir un équilibre
« raisonnable entre les droits et les obligations du
« concessionnaire et les nécessités du service pu-
« blic ; cette économie contractuelle, d'ordre essen-
« tiellement pécuniaire, constitue une sorte de mé-
« canisme compensateur destiné à régulariser les
« relations entre l'entrepreneur et l'entreprise, mé-
« canisme qui supporte avant tout la primauté de
« l'entreprise du service public » (1).

Mais faut-il opter entre les deux explications ? Convient-il de discuter le rattachement de la théorie de l'imprévision à l'élément réglementaire ou à l'élément conventionnel de l'opération ? Et cette théorie, n'en révèle-t-elle point au contraire, l'étroite solidarité ? Ce que l'analyse juridique distingue est un dans la réalité ; et il y a des raffinements d'analyse auxquels résiste cette réalité. Décomposer le marché administratif, c'est bien ; mais après l'analyse, la synthèse ; elle s'opère justement dans la théorie de l'imprévision. La *convention* n'a pas d'autre but que de réaliser le fonctionnement du service tel qu'il est aménagé par sa *réglementation.*

(1) CHARDENET. *Loc. cit.*

Les deux éléments — règlement et contrat — s'intègrent dans une même et unique « finalité » ; la même *idée* est assimilée par la *volonté* unilatérale de l'administration dans le premier, et par l'accord des *volontés* des parties dans le second. On comprend alors que les deux facteurs combinés de l'unique opération soient *réellement* inséparables, encore qu'*intellectuellement* on puisse et doive les distinguer ; qu'il faille maintenir l'alignement entre l'organisation du service et les stipulations financières du contrat ; qu'il ait fallu imaginer un « mécanisme compensateur » pour rétablir le niveau lorsqu'il a été brisé : voilà la théorie de l'imprévision, — un réflexe de la disposition du service public concédé (1).

Dès avant la guerre, cette théorie avait été ébauchée, sinon pour la concession, du moins pour les entreprises de travaux publics et de fournitures Toutes les fois, disait le Conseil d'Etat, que le contrat n'a pu être exécuté, sans faute de l'adjudicataire, par suite de circonstances anormales ou par le fait de l'administration, des modifications correspondantes doivent être apportées dans l'économie du contrat, sous forme d'indemnité. L'intérêt des services publics est engagé à ce que les entrepreneurs fassent confiance à l'administration ; qu'ils puissent compter sur elle pour les soutenir en cas de besoin exceptionnel ; qu'ils aient la certitude en acceptant tous les risques, qu'il leur sera tenu compte finalement de leurs efforts (2).

En définitive, l'administration n'a pas le droit

---

(1) Cf. RENARD, *Le Droit, l'Ordre et la Raison*, p. 362 et suiv.
(2) C. d'E., 22 nov. 1912, Ville de Rouen, Rec. p. 1.077.

de s'enfermer dans son contrat et de se désintéresser des événements qui en troublent l'agencement. Toute discussion n'est pas irrémédiablement close le jour où l'accord des volontés a scellé les engagements. L'idée qui a présidé à l'entente initiale peut en imposer la révision. Ceci n'est point bouleverser le contrat, c'est tout au contraire lui donner l'interprétation rationnelle qu'il comporte : dégager, pour la réaliser, *l'idée* qui y est incluse, de la manifestation de *volonté* où elle a pris corps ; et juster celle-ci à celle-là, compte tenu des événements qui ont dérouté les prévisions initiales. La vraie « loi du contrat » c'est *l'idée* qui a présidé à son élaboration, et ce serait la violer que d'immoler sa raison d'être au respect hypocrite de la volonté ou elle s'est traduite. Depuis longtemps, l'interprétation des contrats, comme celle des lois, traverse la *formule* verbale ou écrite des textes pour chercher la *volonté* qu'elle exprime. Les rédacteurs du **Code** civil ne sont pas allés plus loin et cependant une interprétation rationnelle doit continuer ses investigations au-delà de la volonté pour atteindre *l'idée* qui lui est sous-jacente et qui cependant la dirige (1). Et voilà le secret de la théorie de l'imprévision.

---

(1) Le lecteur nous excusera de revenir sans cesse sur ce thème : il sort tellement des manières de voir habituelles, que cette insistance nous a semblé de mise : *Justa opportune importune* ; nous suivons le conseil de Saint-Paul. L'idée est inspirée, d'une part, par les notes manuscrites réunies par M. le professeur G. RENARD, en vue de la rédaction d'un prochain article sur *Les lois purement pénales*, notes qui nous ont été données en communication, d'autre part, par la thèse de M. Al. SANHOURY, *Les restrictions contractuelles à la liberté du travail d'après la jurisprudence anglaise*, Lyon 1925, et l'article que M. le doyen HAURIOU a écrit à ce propos ; *Police juridique et fond du droit, dans la Revue trimestrielle de droit civil*, 1926, p. 265 et suiv. Il est exploité — mais sous le rapport de l'interpré-

Toute entreprise comporte un certain nombre
de risques ; il en est quelques-uns de très normaux,
qui doivent être prévus par un homme d'affaires
averti : l'entrepreneur doit les supporter, mais les
aléas exorbitants, à qui en incombe la charge ? Dès
1910, le Conseil d'Etat répondait (à propos d'une
concession de transports en commun) : « Il est as-
« surément de la nature d'une concession de tram-
« way, il est dans l'essence même de tout contrat
« de concession de rechercher et réaliser dans la
« mesure du possible un équilibre entre les avan-
« tages qui sont accordés au concessionnaire et
« les charges qui lui sont imposées... Les avan-
« tages... doivent se balancer de façon à former la
« contrepartie des bénéfices probables et des per-
« tes prévues. Dans tout contrat de concession est
« aussi impliqué comme un calcul *d'équivalence*
« *honnête* entre ce qui est accordé au concession-
« naire et ce qui est exigé de lui (²).

La guerre et l'après-guerre devaient donner à
notre haut tribunal administratif l'occasion de multiplier les applications de ce principe posé bien
avant 1914.

Entre la théorie civiliste de la force majeure et
la théorie administrative de l'imprévision, il existe
deux différences très caractéristiques qui correspondent à deux conceptions dissemblables du con-

tation de la loi, non plus du contrat — dans une autre thèse
préparée à la salle de travail de la Faculté de droit de Nancy,
simultanément avec le présent mémoire, par M. SCHNEIDER,
L'indivisibilité de la propriété et de la gérance des officines
pharmaceutiques, 1927.

(2) C. d'E., 11 Mars 1910, Ministre des travaux publics ; S.
1911-3-1, avec les conclusions de M. BLUM et une note de
M. HAURIOU. La citation reproduite au texte est prise dans les
conclusions de M. BLUM.

trat : 1° Le droit privé ne prend en considération que *l'impossibilité* d'exécution ; le droit administratif s'intéresse à toute *aggravation de charges* qui dépasse la mesure envisagée lors de la conclusion du marché. 2° En droit civil, le cas fortuit aboutit à l'anéantissement du contrat ; pas de milieu entre son exécution telle quelle a été stipulée ou son abolition totale ; en droit administratif. l'imprévision entraîne *l'amendement* du contrat. Rien de plus normal étant donné le point de départ des deux théories, et rien de plus siginificatif que ce contraste de l'autonomie des deux manières de voir. Du point de vue volontariste, on ne conçoit pas qu'il puisse être ajouté ou retranché quoi que ce soit aux stipulations librement débattues entre les parties, elles s'exécutent tant qu'il est possible — intégralement ; une impossibilité absolue d'exécution se met-elle en travers, elles s'écroulent — de toutes pièces : c'est tout ou rien. Du point de vue *finaliste,* la grande affaire est d'atteindre le but en vue duquel les parties se sont entendues ; l'essentiel est que le service soit rempli ; la destruction du marché ne saurait être envisagée, tant que l'exécution du service n'est pas assurée ; l'intérêt public commande de *sauver le marché* coûte que coûte ; tout plutôt que l'abandon ou la mise en péril de l'*idée* ; tout, même une atteinte à l'autonomie de la *volonté.* Bref, la théorie civiliste essaye, d'abord, *d'assurer le respect des volontés* échangées, doive y périr l'idée pour laquelle elles se sont associées ; la théorie administrative se soucie principalement de *réaliser le but* poursuivi, même au prix d'un échec à la force obligatoire de l'échange des consentements.

Cette dernière préoccupation ressortirait encore avec une nouvelle force si nous avions le temps d'étudier les voies et moyens d'amendement du contrat envisagé par les auteurs et la jurisprudence. Que l'on songe, par exemple, à l'alternative posée aux compagnies gazières, d'avoir à fournir « toute espèce de lumière » ou de se désister de leurs concessions, à l'effet de permettre aux communes d'établir un mode d'éclairage inconnu à l'époque de leur marché (¹) — ou à ce régime bâtard, à mi-chemin entre la concession et la régie intéressée qui est établi, sous la pression de la jurisprudence du Conseil d'Etat, dans les avenants aux marchés d'avant-guerre ! (²). Solutions d'expédient, qui témoignent avec quelque éclat de cette vérité qu'en matière de contrats administratifs, tout cède, même les conventions et la « ligne » des classifications doctrinales, devant une *idée :* la marche du service, les scolastiques disaient : le Bien commun !

C'est la même conclusion qui ressort du second point que nous avons annoncé.

B. — *MODIFICATION DE LA LOI DU SERVICE*

L'administration a pour premier devoir d'assurer le fonctionnement des services publics conformé-

---

(1) C. d'E., 26 déc. 1891 (deux arrêts), Ville de Montluçon et ville de St-Etienne. S. 1894,3.1, note HAURIOU : 13 janvier 1902. Deville-les-Rouen, S. 1902,3,17, note HAURIOU.

(2) C. d'E., 3 août 1917, Messageries maritimes, S. 1917, 3, 33, note HAURIOU. Pour ménager les finances publiques on a proposé, à l'occasion de cet arrêt, d'offrir une option au concessionnaire, ou la prorogation de son marché, tel quel après la guerre, s'il se contente d'une faible indemnité, ou s'il refusait la substitution de la régie intéressée à la concession, après les hostilités.

ment aux exigences légitimes du public, dans un état donné du développement économique, politique, scientifique, etc... A la satisfaction de ces exigences, elle n'a pas le droit de se dérober derrière qui que ce soit — un concessionnaire, par exemple — ou derrière quelque autre obligation que ce soit, serait-ce l'obligation de respecter les conventions qu'elle a passées avec son co-contractant. Comme les lois s'ordonnent les unes par rapport aux autres, d'après l'importance de *l'idée* qu'elles traduisent, dans une conception générale de l'ordre, (1) — ainsi les devoirs de l'administration s'échelonnent, d'après leur gravité, dans une conception synthétique du « pouvoir administratif » : le devoir de satisfaire aux nécessités du service public passe avant le devoir de tenir sa parole à la léttre. Ce n'est pas à dire que celui-ci doive être entièrement sacrifié ; il est possible de les agencer harmonieusement, en effet, dans le respect de leur hiérarchie : il suffit pour cela d'autoriser l'administration à modifier la loi du service concédé, moyennant compensation *en équivalent* au profit du concession- — (2). Et telle est justement la doctrine sur laquelle s'accordent la jurisprudence et les auteurs.

La garantie du concessionnaire contre les changements apportés à la loi du service peut s'analyser dans les traits suivants :

(1) Renard, *Le droit, la logique et le bon sens*, 9ᵉ conférence, p. 300 et suiv. et le *Droit, l'Ordre et la Raison*, 4ᵃ conférence, p. 141 et suiv.

(2) Comp. la théorie des droits réels accordés aux particuliers sur le domaine public et, par exemple, la « propriété » des concessions perpétuelles dans les cimetières (elle est susceptible, en cas de transfert de la nécropole, d'être compensée par l'attribution d'une concession équivalente, cf. Hauriou, *op. cit.*, p. 692).

1° Recours pour excès de pouvoir du chef d'illégalité, dans le cas où, sous prétexte de modification, l'administration prétend assujettir le concessionnaire à un service entièrement nouveau : le lien des parties c'est l'*objet* qui a présidé à cet engagement ; hors cette idée, aucune charge ne peut être imposée à l'entrepreneur ; mais dans le cadre de cette idée, il est tenu de supporter toutes celles que — sous réserve des observations qui vont suivre — l'administration croit devoir établir. Il est à ce propos, du concessionnaire comme du fonctionnaire : toute concession comme toute fonction est l'incorporation juridique d'une idée, d'un but à atteindre ; ni le fonctionnaire, ni le concessionnaire ne peuvent être contraints à des services qui s'en détachent (1) ; le Conseil d'Etat a poussé, sur ce point, à leur plus extrême extensibilité, les pouvoirs de l'administration, lorsqu'il a autorisé les communes à contraindre, dans les conditions que nous avons rappelées, leurs concessionnaires d'éclairage à fournir de l'électricité au lieu du gaz (2).

2° Recours pour excès de pouvoir, du chef de détournement de pouvoir si la nouvelle réglementation n'a été établie qu'en vue de nuire au concessionnaire et, par exemple, de provoquer, de sa part, des défaillances propres à justifier la déchéance ;

3° A tout événement, compensation pécuniaire (3)

---

(1) Cf. les observations faites ci-dessus p.   à propos de C. d'E., 25 juin 1913, Fédération des Amicales d'instituteurs (aff. dite des cantines scolaires).

(2) Cf. ci-dessus p. 239, note (1).

(3) C. d'E., 10 janvier 1908, ch. de fer de St-Eloy, Rec., p. 21 et 22 novembre 1910, *Revue du droit publ.*, 1910, p. 270 cf. l'arrêt fondamental du 6 décembre 1907, Grandes compagnies. S. 1908, 3,1, note HAURIOU.

On s'est même demandé si une indemnité ne serait pas due, non seulement à raison d'une modification de la loi *spéciale* du service, mais à raison de mesures législatives *générales* qui auraient pour conséquence d'aggraver les charges de la concession, et si, même en rejetant le principe de « la responsabilité de l'Etat législateur », il ne faudrait pas faire une exception en faveur des entreprises placées dans un rapport contractuel avec l'Etat administrateur (1).

Ce qu'il importe de retenir, c'est que, de l'avis unanime il n'y a pas rupture du contrat — pas plus ici qu'au cas d'« imprévision ». Il n'y a pas même novation. C'est le contrat initial qui se poursuit, parce que c'est le même *service* qui continue, la *même réglementation* qui se développe en s'accommodant au milieu, la même amodiation, *la même idée...* et c'est tout cela — non pas la *convention* financière — qui est l'âme de l'opération « Ce qui « est modifié, observe judicieusement M. ROLLAND, « ce n'est pas l'obligation du concessionnaire, celle-« ci reste toujours ce qu'elle était : effectuer le tra-« vail, et gérer l'ouvrage qui en résulte. C'est l'exé-« cution de l'obligation qui devient plus onéreuse « et plus difficile. Il n'y a pas violation du contrat. « Seulement le concessionnaire subit un préjudice; « il peut obtenir de l'Etat une indemnité à raison

---

(1) Sur ce sujet, v. RENARD, *Notions très sommaires de droit public français*, chap. XIII : « La garantie des citoyens contre l'omnipotence « parlementaire » p. 136 et s. et ROLLAND, *La retraite des cheminots* (à propos de l'aggravation des charges des Compagnies de Chemins de Fer du fait de la loi du 21 juillet 1909 sur les pensions de retraite des cheminots). *Rev. du droit pub.* 1909, p. 250 et s.

« de ce préjudice s'il démontre qu'il n'était pas
« prévu au contrat (¹).

Et pour conclure, en matière de concession « la
« convention fait bien la loi des parties », mais
seulement dans l'intervalle qui sépare deux *réglementations* successives ; à chaque changement de
réglementation le contrat subit une réadaptation.
L'incorporation des nouvelles règles posées oblige
l'administration aussi bien que l'entrepreneur à
s'y conformer et le concessionnaire peut faire valoir ses droits, à l'occasion de toute *mesure particulière* prise en violation du règlement existant :
il faut changer la règle ou s'y conformer ; l'administration y est tenu *ex contractu*(²).

Nous possédons à présent la structure juridique
du contrat administratif. C'est un contrat d'adhésion composé de deux éléments — l'un statutaire
et l'autre conventionnel — mais interdépendants,
comme les pièces d'un organisme : ce qui fait l'organisme, c'est précisément l'intégration d'une *idée*
en des organes, qui par cette intégration deviennent
fonction les uns des autres (²) (³). La réglementation

(1) L. ROLLAND, *loc. cit.*

(2) On sait que par ailleurs, elle peut y être tenue *ex lege* ;
v. C. d'E., 17 mars 1911. Rec., p. 341 et 9 mars 1913. Rec.,
p. 521.

(3) Cf. RENARD, *Sur quelques orientations modernes de la
science du droit*, dans la Revue des Jeunes, 1922, 2ᵉ vol. p. 168
et suiv.

« La vie, c'est une idée, écrivait Cl. BERNARD ; c'est l'idée du
« résultat commun par lequel sont associés et disciplinés
« tous les éléments anatomiques, l'idée de l'harmonie qui
« résulte de leur concert, de l'ordre qui règne dans leur action...
« Ce qui caractérise la machine vivante, ce n'est pas la nature
« de ses propriétés physico-chimiques, c'est la création de cette
« machine d'après une *idée* définie... Ce groupement se fait par
« suite des lois qui régissent les propriétés physico-chimiques
« de la matière ; mais ce qui est essentiellement du domaine
« de la vie, ce qui n'appartient ni à la physique, ni à la chimie,
« c'est l'idée directrice de cette évolution vitale ». (D'après
Dʳ GRASSET, *Les limites de la biologie*, p. 15).

peut être amendée et cet amendement entraîne la
révision des stipulations financières sans qu'il y
ait solution de continuité dans le marché ; les organes se renouvellent et l'organisme demeure.
C'est que tout marché est *équilibré*, et l'équilibre est
sauvé dès l'instant que toute surcharge a son contrepoids.

Cela dit, on devine que le contrat administratif
traduit dans la langue du droit, une toute autre
philosophie que le contrat civiliste, philosophie
que nous allons essayer de dégager.

II. SA PHILOSOPHIE

Lorsque nous parlons de la philosophie du contrat administratif, et surtout lorsque nous l'opposons à la philosophie civiliste du contrat, il faut
bien nous entendre.

D'abord, nous nous gardons bien de croire qu'au
fond la philosophie du contrat administratif soit
essentiellement différente de celle du contrat privé (1). Ce ne serait pas traiter l'homme en être raisonnable que de ne pas chercher, derrière toutes les
manifestations de sa volonté, la *raison* qui les a
inspirées : dans les contrats, comme dans toutes les
opérations juridiques de la vie publique ou privée,
comme dans toutes sortes d'activités humaines,

---

(1) Il y a certainement une théorie commune du contrat dont
les théories civiles, administrative et internationale ne sont
que des variétés. Elle appartient à ce « droit commun » dont on
a envisagé la synthèse par dessus la diversité des disciplines
juridiques, qui sont du reste susceptibles de se différencier à
l'infini, et bien au-delà de la répartition classique des matières :
droit civil, commercial, administratif, constitutionnel, crimi-
nel, international... (Cf. G. RENARD, *Le Droit, la Logique et le
Bon Sens*, p. 321 et suiv.).

l'idée est manifestement au dessus de la *volonté* **que** les hommes mettent à son service. Nous avons suffisamment marqué notre sentiment que ce principe est à la base de la théorie du contrat civil aussi bien que du contrat administratif. Par conséquent, ce que nous opposons à la philosophie du contrat administratif, ce n'est pas la philosophie du contrat civil, c'est la philosophie civiliste du contrat, ce qui est une autre affaire.

Bien plus, nous n'avons pas manqué de souligner un mouvement doctrinal vers la réforme de cette dernière et son rapprochement avec celle qui inspire la jurisprudence administrative : le « volontarisme » est en baisse, même chez les civilistes : nous avons cité, entre autres, deux maîtres lyonnais, l'un de la Faculté de l'Etat, l'autre de la Faculté libre, MM. E. Levy et Ch. Gounot.

D'autre part, si la volonté philosophique est du côté des publicistes — et des civilistes dissidents, — et si *rationnellement*, la prédominance appartient à *l'idée* du contrat sur la *volonté* des parties, comme elle appartient à cette *volonté* sur son *expression* formelle, il ne faut pas oublier que la philosophie du droit n'est pas tout le droit. Celui-ci a ses exigences techniques, qui tendent, avant tout, à la sécurité du commerce juridique. Ces exigences peuvent amener, suivant les circonstances, à faire prévaloir la *volonté* des parties sur *l'idée* qui a dominé leur engagement ; elles peuvent même appeler la prépondérance des *formes* sur la *volonté* qu'elles traduisent : tout ici est affaire de doigté et d'opportunité.

— 246 —

La conception administrative est plus *vraie* que
la théorie civiliste, mais elle est moins *ferme* et,
pour ce motif, peut-être moins commode (¹). Cet
c'est ce qui permet à la rigueur de justifier les civilistes et la jurisprudence judiciaire, non de certaines illusions sur la *valeur spéculative* de leur
conception volontariste du contrat, mais de leur
prudence conservatrice des vieux errements et de
leurs hésitations à se lancer dans une voie nouvelle :
cette voie peut être beaucoup plus dangereuse pour
le commerce de la vie privée que pour le commerce
de la vie administrative ; le volontarisme de la philosophie civiliste est une erreur *théorique* : tem-
péré, — serait-ce par des expédients comme la rescision par lésion (²) — il n'est pas dépourvu de
toute *valeur empirique*.

(1) Nous avons signalé les positions avancées des professeurs
GOUNOT, LÉVY, MORIN. Par une voie plus classique, d'autres
civilistes réintègrent la considération de l'*idée* dans la doctrine du contrat privé, à la place de choix qui, lui revient naturellement ; ils utilisent à cet effet, le concept obscur de la
cause dans les obligations (C. civil., art. 1.131 et suiv.) V. par
exemple, H. CAPITANT, de la *cause dans les obligations*, 3e édit,
1924. « Le but fait partie intégrante de la manifestation de
« volonté créatrice de l'obligation. On peut même dire qu'il en
« est l'élément essentiel... L'obligation n'est qu'un moyen pour
« arriver à un but ». (nº 2) « Une obligation n'est valable
« qu'autant que le but visé est, d'une part, susceptible d'être
« atteint, et d'autre part licite... (nº 6) ; ce n'est pas seulement
« au moment de l'accord des volontés qu'intervient l'idée de
« cause. Son influence se fait sentir tant que le contrat n'est
« pas entièrement exécuté. En effet, l'obligation ne peut vivre
« qu'autant qu'elle reste appuyée à sa cause. Par là, la cause
« se sépare des deux autres conditions qui doivent exister chez
« le débiteur pour la validité du contrat : le consentement
« et la capacité... Quand une des parties réclame l'exécution
« de la prestation qui lui a été promise, elle doit prouver que
« cette exécution ne conduira pas à un résultat contraire à celui
« que visait l'autre contractant... Il n'est pas admissible, qu'elle
« gardera sa force obligatoire, alors qu'elle ne mène pas au
« but visé. Le moyen ne vaut qu'autant qu'il conduit au but ;
« sinon il ne doit produire aucun effet ». (nº 7). Cf. le livre
de RIPERT, *La règle morale dans les obligations civiles*, 1925.

(2) Ou la clause sous-entendue *rebus sic stantibus*.

La grande différence entre la philosophie du contrat administratif, et non plus la philosophie civiliste du contrat, mais celle du contrat civil, c'est que la convention privée est simplement *assujettie à respecter* des principes de droit objectif qui résident au dessus de la volonté des parties (Bien commun, Ordre, Droit naturel, Justice... peu nous importent ici les dénominations) : les particuliers sont libres de lier ou de ne pas lier de contrats ; mais s'ils en passent, il leur faut accorder la « loi » qu'ils se donnent à eux-mêmes à une « loi » antérieure et supérieure qui les domine et dans laquelle leur convention puise sa force obligatoire ; pour eux, le droit objectif n'est qu'une limite à la libre recherche de leurs intérêts particuliers et à la satisfaction de leurs convenances.

L'administration, elle, *doit poursuivre* les fins sociales qui limitent simplement la libre activité des particuliers ; elle n'existe que pour cela ; elle n'a point d'intérêts en dehors de celui-là. Pour elle, le contrat n'est qu'un moyen de réaliser ces fins : elle n'a le droit ni de les manquer, ni de ne pas perfectionner constamment les moyens d'y aboutir. Pour elle, la part de la volonté devient le choix de ces moyens pour atteindre le but social, le Bien commun, l'Ordre... ; ou, si l'on veut, son option ne porte que sur les *idées intermédiaires* qui sont le marchepied d'une *idée nécessaire*, que l'on convient aujourd'hui d'appeler le service public. Entre *les services publics* et leurs divers modes d'exécution (régie, concession...), elle choisit et son choix s'exerce, non seulement d'après les opportunités, mais même d'après ses préférences ; à condition toutefois qu'il soit obligatoirement dirigé vers *le service public,* dans lequel réside toute sa raison d'être. L'activité administrative est enchaînée au Bien commun de la collectivité, comme l'activité de l'individu à son intérêt personnel ; l'individu poursuit son Bien personnel dans le cadre du Bien commun ; l'administration, elle, n'a aucune autre fin à poursuivre que ce Bien commun : « Il « n'y a d'autorité sociale que pour le service du « Bien commun, de même qu'il n'y a de liberté in- « dividuelle que pour le service de la raison » [1].

Ces observations font ressortir que la volonté a bien plus libre jeu — encore que ce soit une liberté restreinte, — dans l'élaboration des conventions privées que dans celle des contrats administratifs, et surtout du contrat de concession, qui représente jusqu'ici la pointe la plus avancée de la théorie administrative du contrat. Elles expliquent aussi — non la rigidité extrême de l'interprétation judiciaire du contrat civil — mais au moins l'hésitation de la Cour de cassation à suivre, en sa souplesse extrême, celle donnée au contrat administratif par le Conseil d'Etat.

Bref, l'interprétation administrative du contrat s'écarte de la doctrine civiliste, pour se rapprocher de l'interprétation rationnelle de la loi. Car ce qui importe dans la loi, c'est beaucoup moins la *volonté* du législateur que l'*idée* dont le texte est la mise en œuvre : nous dirions volontiers, après Al. SANHOURY, sa « rationalité » [2].

---

[1] G. RENARD, *Le Droit, l'Ordre et la Raison,* 3ᵉ conférence, p. 78, 79. L'auteur aperçoit ce Bien commun « en perpétuel devenir » (Cf. 4ᵉ conférence, *Le droit naturel à contenu progressif,* p. 120 et 122).

[2] Al. SANHOURY, *op. cit.*

Nous n'hésitons pas en effet à critiquer — comme nous l'avons fait — pour le contrat l'interprétation ·volontariste appliquée à la loi : l'interprète de la loi a autre chose à faire que de chercher *quod principi placuit* (¹).

C'est du mérite de l'*idée* qu'elle traduit, que la loi tire sa force obligatoire — non de la volonté du législateur, si ce n'est en ce que cette volonté doit être présumée conforme au Bien commun (²). C'est d'après la valeur des *idées* qu'ils traduisent que les textes législatifs prennent leur ordre de préférence et que se règle leur conflit (³). C'est l'*idée* incluse dans la loi qui détermine et qui restreint la portée de son application ; et l'on n'a jamais le droit de mettre cette *idée* en péril sous prétexte de respecter la *volonté* du législateur et moins encore la *lettre* de la loi (⁴). La loi n'est jamais intangible : Elle se caractérise par son adaptation progressivement au Bien commun, soit en évoluant dans le sens d'une perfection technique croissante, soit en épousant

(1) Ceci est à la fois l'erreur des jacobins qui ne veulent admettre à aucun prix et sous aucune condition la résistance à la loi injuste, et l'erreur des casuistes qui ont fabriqué la théorie des lois *mere poenales* (le fait que ie législateur a sanctionné ses prescriptions par des peines civiles ou répressives s'interpréterait en ce sens qu'il n'a pas *voulu* obliger les citoyens à lui obéir mais seulement à se soumettre aux peines établies en cas de désobéissance).

(2) G. RENARD, *Le Droit, la Justice et la Volonté*, p. 290 et suiv. Cf. L. DUGUIT, *Traité de droit constitutionnel*, t. I, p. 88.

(3) G. RENARD, *Le Droit, l'Ordre et la Raison*, p. 142 et suiv. et L. TROTABAS, *Les rapports du droit fiscal et du droit privé*, *Dalloz hebdomadaire*, 24 juin 1926.

(4) Qu'on se souvienne de la réponse faite par M. BRIAND à l'interpellation sur la grève des cheminots à la séance du 29 octobre 1910 de la Chambre des Députés. L'orateur réclamait énergiquement le droit... et le devoir pour le gouvernement de franchir la légalité pour assurer le salut public (G. RENARD, *Notions très sommaires de droit public français*, p. 148).

les transformations incessantes du milieu historique (¹)·

C'est la même évolution qui préside à l'application du contrat administratif. Seulement, ici, elle peut être retardée par la compensation pécuniaire ou autre qu'imposent les droits acquis du collaborateur de l'administration. Le contrat créé à l'encontre de son adaptation des droits acquis qu'il faut bien respecter ou satisfaire en équivalent ; il est un facteur de stabilité ; il fait frein sur le mouvement qui pousse aux transformations nécessaires (²).

Ainsi, entre l'immobilité quasi absolue et, par conséquent, la sécurité maxima de la situation fondée sur le contrat privé et la mobilité déconcertante de la situation « purement légale et réglementaire », la situation individuelle fondée sur le contrat administratif représente une position intermédiaire, — comme certaines formes de la propriété bien connues en droit administratif entre la propriété incommutable du droit civil et les autorisations précaires d'occupation de la voie publique (³).

En définitive, pour comprendre la nature du contrat administratif, il convient de se placer suc-

______

(1) Cf. la 4ᵉ conférence de M. RENARD dans la série *Le Droit, l'Ordre et la Raison*, intitulée : *Le droit naturel à contenu progressif*.

(2) Il n'est du reste pas certain que jamais la loi elle-même ne donne lieu à réparation pécuniaire du trouble qu'elle provoque dans certaines situations établies ; nous réservons entièrement ce point dont la discussion passe les limites de notre sujet.

(3) HAURIOU, *op. cit.*, p. 692. Les concessions perpétuelles dans les cimetières sont une sorte de propriété, résoluble en cas de transfert du cimetière, mais moyennant attribution d'un nouvel emplacement.

cessivement au point de vue de l'administration et au point de vue du particulier qui traite avec elle.

Du point de vue de l'administration, le contrat n'est qu'un procédé pour atteindre un *but imposé :* la satisfaction des besoins du public, chaque fois que l'initiative privée ne peut y pourvoir, à des conditions en rapport avec les exigences du milieu social à un instant donné : il faut donc que la convention passée s'adapte constamment à ce but (1). Cette adaptation est d'abord la raison d'être de certaines stipulations des « clauses et conditions générales » des marchés : elles permettent l'extension ou la réduction des quantités suivant les circonstances et dans les limites où on peut, d'avance, en prévoir la variation ; elles établissent des prix mobiles d'après le taux du combustible, des salaires, etc. Cette transformation déjà organisée *par le contrat*, l'administration et la jurisprudence la poursuivent *au delà du contrat* — mais toujours dans l'esprit du contrat (nous allions dire l'idée du contrat), - - la première, en modifiant. quand il est nécessaire, la loi du service ; la seconde en rétablissant l'équilibre financier du marché. soit dans le cas de modification unilatérale, par voie d'autorité, soit en cas de survenance d'événements fortuits et imprévisibles.

L'idée du contrat en cristallise les deux éléments : *réglementation* et *convention* L'adaptation

---

(1) Nous parlons toujours du contrat administratif et non de tout contrat passé par l'administration : celle-ci passe des contrats civils, notamment pour la gestion de son domaine privé ; il est rare au contraire que ceux qu'elle règle en vue du fonctionnement des services publics ne reçoivent pas quelque reflet des exigences particulières de leur fonctionnement.

constante du contrat à l'*idée* poursuivie est le commun objectif que visent les stipulations conventionnelles, les modications autoritaires de la réglementation, les initiatives de la jurisprudence en vue d'ajuster ces premières aux secondes et aux circonstances ; et dans cette poursuite en commun, réglementation et convention s'entremêlent indivisiblement. Ainsi l'opération est parfaitement homogène ; elle comporte deux parties ; mais ce sont les deux parties d'un tout irréductible à ses éléments : en sus de ces deux éléments, il y a l'*idée*, son *adaptation*, et dans cette *idée* et par cette *adaptation*, *l'équilibre vital des parties dans le tout*. **Domination et adaptation de l'idée** ; par conséquent mouvement et continuité, unité substantielle et compénétration intime de la réglementation et de la convention : voilà le marché administratif.

Du point de vue du particulier qui traite avec l'administration — et nous songeons toujours en première ligne au concessionnaire — le contrat est un mode de *collaboration à l'exécution d'un service public*. L'entrepreneur, le concessionnaire cherche **son intérêt.** Mais pour prix de l'avantage qu'il en retire, il se place dans une situation subalterne, une sorte de clientèle qui comporte des sujétions, l'obligation de se conformer aux changements à survenir dans la réglementation du service — mais aussi **des profits** : la rémunération de toutes les charges extracontractuelles, qu'elles proviennent du fait de l'administration ou du cas fortuit si ce dernier passe les prévisions possibles au moment du marché. La convention n'est pas à proprement parler la loi des parties, *au sens où l'entendent la* *plupart des civilistes* ; sa signification est double :

1° Elle énonce la *nature du service* — l'idée — auquel le contractant apporte sa collaboration et dont il lui faudra subir les exigences progressives.

2° Elle sert d'*étalon* pour le maintien de l'*équilibre financier* de cette collaboration : toute surcharge extracontractuelle appelant un contrepoids pour rétablir la balance.

Section II

Adaptation de la conception administrative au contrat de fonction publique

Le lecteur a pressenti, au cours de nos développements sur le contrat administratif, le profit que nous comptions en tirer pour l'élaboration de la théorie de la fonction publique ; sa pensée a devancé nos explications ; celles-ci pourront être d'autant plus brèves.

Il y a un « contrat de fonction publique » et, comme tous les contrats administratifs, il est du type du contrat d'adhésion. Il ne diffère — avec les autres contrats administratifs — des contrats privés d'adhésion qu'à raison de la prééminence plus caractérisée de la partie *quae dictat legem* et de la qualité particulière de l'idée par laquelle il est dominé : le service public ; d'où la faculté de modification unilatérale de la loi du service. Nous dirons dans un moment que, s'il diffère des autres contrats administratifs, même de la concession, c'est par une accentuation plus prononcée de la distance qui sépare les contractants et de la prédominance de l'intérêt du service sur l'accord des volontés. Contrat d'égal à égal, contrat civil d'adhésion, contrat administratif, contrat de concession, contrat de fonction publique... c'est une gamme continue, au terme de laquelle nous avons déjà fait apercevoir la situation « purement légale et réglementaire » : celle de l'homme de troupe. D'un bout à l'autre de la gamme, l'*idée* qui préside au rapport de droit accuse davantage sa prépondérance sur la *volonté* par laquelle elle prend corps d'acte juridique ; à cette progression croissante vers plus de « vérité » dans l'analyse de ce rapport répond une progression décroissante de la « sécurité et de la « stabilité » des situations juridiques qui en découlent.

La doctrine aujourd'hui en honneur place la position juridique du fonctionnaire à la pointe extrême de cette gamme ; comme la plupart des juristes ramènent toute économie contractuelle au type représenté par le contrat civil et son interprétation civiliste, les auteurs de droit public en viennent à dresser une antithèse presque violente entre le statut *réglementaire* de l'agent public et la position *contractuelle* du préposé des entreprises privées.

Voilà qui est tout de même un peu trop simple pour traduire la réalité : cet excès de simplicité est à la base de toutes les hérésies, même juridiques : « La source de toutes les hérésies est de « ne pas concevoir l'accord de deux vérités et de « croire qu'elles sont incompatibles. La source de « toutes les hérésies est l'exclusion de quelques-

« unes de ces vérités » (1). Même les hérésies juridiques !

Donc, pour nous, la position du fonctionnaire
n'échappe pas au cadre général des conventions.
Le contrat de fonction publique comporte, comme
tout autre contrat administratif, un élément statutaire et un élément conventionnel : le premier a
trait à l'organisation du service ; le second se décompose lui-même en deux pièces : d'une part la
détermination de la nature du service pour lequel
est offerte et acceptée la collaboration du candidat,
et dans l'exécution duquel il devra se plier à toute
réglementation à venir, mais duquel néanmoins il
ne pourra être distrait ; d'autre part la détermination — non d'une rémunération immuable —
mais d'une base de rémunération susceptible de
varier en même temps que les charges imposées à
l'agent, soit du fait de l'administration, soit du fait
des événements fortuits qui viendraient à se produire.

Avant de justifier ces affirmations, qu'il nous
soit permis de souligner l'assentiment du Conseil
d'Etat à cette conception une et complexe du contrat de fonction publique : un contrat en plusieurs
éléments interdépendants, solidarisés, fondus en
quelque sorte dans une opération homogène : convention et réglementation, rapports de débiteur à
créancier et rapports de hiérarchie et de subordination. « La somme de ces rapports est le contrat
« administratif dont le juge est le Conseil

---

(1) PASCAL, *Pensées*, 862 édit. Brunschvicg.

« d'Etat », écrit un membre de cette haute juridiction (¹).

Mais, s'il y a contrat entre le fonctionnaire et
l'administration, si l'élément réglementaire de cette
relation est assimilé par l'élément conventionnel,
si les règles du service, le statut des agents, la « loi
« fonctionnelle » ne sont que « les éléments d'une
« opération contractuelle » (²) toute décision
administrative prise en violation de cette réglementation est en réalité une violation de la convention ; alors ne relève-t-elle pas exclusivement
du juge du contrat et comment expliquer la receva-
bilité du recours pour excès de pouvoir ?

L'auteur que nous suivons pose très carrément
le problème et en propose une solution : « Il paraît
« dès lors étrange, écrit-il, que cette violation
« puisse être invoquée comme moyen d'excès de
« pouvoir. Cependant on peut expliquer cette ano-
« malie... Elle peut tout d'abord être regardée
« comme inspirée par une mesure de bienveillance
« et d'équité. Le plus clair de ses effets est de dis-
« penser les recours des fonctionnaires du minis-
« tère d'avocat et des frais inhérents au recours
« contentieux de pleine juridiction. Le Conseil
« d'Etat admet que la violation de ce contrat *sui*
« *generis* est une violation de la *règle de droit* équi-
« valente à la violation des lois et règlements. L'ef-
« fort n'est pas grand puisque le Conseil d'Etat
« jouit d'une certaine latitude pour aménager les
« recours à l'égard desquels il est toujours compé-

(1) ALIBERT, *Le contrôle juridictionnel de l'administration au
moyen du recours pour excès de pouvoir*, 1926, p. 311 et suiv.
(2) ALIBERT, *loc. cit.*

« tent, et puisque d'autre part les clauses contrac-
« tuelles dont il est exceptionnellement appelé à
« connaître comme juge de l'excès de pouvoir sont
« en réalité contenus dans des lois et règle-
« ments » (1).

Voilà — diront quelques critiques — une explication qui n'explique pas grand chose, et qui se ramène en somme à l'idée d'une faveur qu'il a plu au
Conseil d'Etat d'accorder à certains procès ou à
certains plaideurs : c'est ainsi que jadis le Haut
Tribunal réalisa l'incorporation du recours pour
violation de la loi dans le cadre du recours pour
excès de pouvoir : la cause était favorable.

Et ce n'est pas davantage une explication qui
nous est proposée lorsqu'on nous parle de la possibilité de détacher du contrat, la loi ou le règlement qui est inclus afin de permettre l'exercice d'un
pourvoi à bon marché contre les décisions de l'administration qui les enfreignent : « Le Conseil
« d'Etat, poursuit le même auteur, extrait de cette
« opération complexe, en dépit de son caractère
« contractuel, les actes administratifs unilatéraux
« qui peuvent être isolés de l'ensemble pour être
« examinés sous l'angle du recours pour excès de
« pouvoir : ce sont ceux qui se rapportent au sta-
« tut et ceux qui dans les rapports pécuniaires
« peuvent être annulés pour illégalité, c'est-à-dire
« les refus d'allocation attaqués pour violation de
« la règle de droit » (2).

____

(1) ALIBERT, op. cit., p. 312.
(2) ALIBERT, op. cit., p. 315. Aux deux éléments que nous
avons indiqués, éléments statutaire et conventionnel, M. ALI-
BERT ajoute une troisième sorte de rapports : les rapports quasi-
délictuels, savoir la réparation pécuniaire due aux fonction-

Tout ce qu'on peut dire en faveur de la jurisprudence du Conseil d'Etat sur ce point, c'est qu'elle est en harmonie avec les habitudes de la maison. En toute opération complexe, qui ressortit au plein contentieux, le Conseil d'Etat accepte ou refuse de détacher les décisions unilatérales qui y sont renfermées, selon qu'il juge ou ne juge pas expédient de procurer au requérant les avantages pécuniaires du recours pour excès de pouvoir (²); et ce n'est pas la première fois que nous observons cette incursion du recours pour excès de pouvoir sur le terrain du recours de pleine juridiction

Quoiqu'il en soit, l'objection n'arrête pas le Conseil d'Etat : il tient ferme pour le contrat de fonction publique. Pour en pénétrer la constitution juridique, le plus simple est de le comparer à celui des contrats administratifs avec lequel nous lui savons déjà le plus d'affinité : le contrat de concession.

Nous procédons tout bonnement par « ressemblances » et « différences ».

§ 1. Ressemblances entre la condition du fonctionnaire et celle du concessionnaire

Elles nous paraissent devoir se ramener à trois points, dont les deux derniers ne sont du reste que les corollaires du premier.

naires du dommage qui peut leur avoir été injustement causé par l'administration. Ces derniers ne nous intéressent pas ; ils ressortissent d'ailleurs du contentieux de pleine juridiction, ainsi que tous « rapports pécuniaires qui ne sont pas uniquement appréciables sous l'angle de la légalité pure ».

(2) J.-J. CHEVALLIER, *L'instruction de service et le recours pour excès de pouvoir*, thèse, Nancy, 1924, p. 103 et suiv. et G. RENARD. Note sous divers arrêts, 1. 1922. 2. 81.

1° C'est dans le même sens que le contrat de concession et le contrat de fonction publique « font la loi des parties ».

2° L'un et l'autre contrat laissent à l'administration la faculté de modifier la réglementation du service.

3° Dans l'un et l'autre, l'équilibre financier des stipulations échangées doit être maintenu.

I. LA « LOI DES PARTIES »

Si nombre d'auteurs répugnent au contrat de fonction publique, c'est à cause de la faculté réservée à l'administration de modifier l'organisation du service et d'imposer ces modifications aux fonctionnaires en exercice.

A ce compte, la concession devrait être également exclue du cadre du droit contractuel, et du même coup, nombre de marchés administratifs !

Nous avons déjà répondu :

1° que ce qui fait la loi des parties, en cette sorte de contrats, c'est *l'idée* qui doit se réaliser et pour laquelle elles se sont entendues : effectivement le fonctionnaire, pas plus que le concessionnaire, ne peut être astreint à un autre service que celui en vue duquel il s'est engagé ; il peut seulement être obligé à l'exécuter d'une façon différente, et par exemple à une augmentation du travail à fournir, — mais toujours dans la ligne du même service et du même emploi (1). Un service ou un emploi public se caractérise par l'aménagement de

(1) Cf. ci-dessus, pour les contrats administratifs en général, p. 250 et 251.

certains moyens d'exécution autour d'un *but* (MM.
Hauriou et Renard diraient que c'est un phénomène institutionnel) : l'administration de la justice, l'enseignement des mathématiques ou du droit,
le commandement d'un corps de troupe,... ce sont
autant d'*idées* qui servent de base à l'aménagement
d'une foule de services et de postes correspondants;
jamais loi ni règlement ne pourront forcer un colo-
nel d'artillerie à enseigner les mathématiques dans
un lycée ou un président de tribunal à se faire professeur de droit civil dans une Faculté : ce serait
sortir de l'*idée* de leur fonction ; c'est en ce sens
que la convention fait la loi des parties. Que la
délimination entre les sujétions nouvelles qui peuvent ou non être imposées au fonctionnaire soit
souvent incertaine et délicate, c'est l'évidence
même, et nous y reviendrons plus loin. Toujours
est-il qu'il y a, de ce côté, une restriction contractuelle à la liberté de l'administration vis-à-vis des
agents ; et ceci est la première signification, en
matière de contrats de concession ou de fonction
publique, de la règle que « la convention fait la loi
des parties ».

On peut entendre aussi — et c'est encore un
simple rappel :

2° que le contrat fait la loi des parties, dans un
sens beaucoup plus absolu, celui-là même où les
civilistes entendent cette formule ; — mais seulement dans l'intervalle de temps compris entre deux
réglementations successives du service : d'où suit
l'annulabilité de toute mesure particulière déro-
geant, au détriment d'un agent, à la réglementation
existante à un instant donné. Il y a lieu de faire,

sur ce point, au contrat de fonction publique l'application des principes posés ci-dessus à propos des contrats administratifs en général (¹). Si nul ne conteste l'exactitude juridique de cette position lorsqu'il s'agit du concessionnaire, nous voudrions bien savoir, pourquoi elle deviendrait inexacte lorsqu'il s'agit du fonctionnaire ; et, n'était l'importance, du reste exagérée à notre avis, qu'accorde la doctrine à une différence que nous discuterons sous le paragraphe suivant, nous inclinerions fort à lui reprocher une contradiction.

Voilà, en tout cas, deux considérations propres à appuyer, en l'approfondissant, la thèse contractuelle qui garde la faveur des magistrats administratifs : « C'est le pouvoir exécutif, disait M. Romieu « en 1906, qui posera les règles du contrat qui lie « l'Etat à ses agents... Ces règles constitueront, « dans tous les cas, cet état particulier du fonc- « tionnaire. qui peut toujours être modifié par les « pouvoirs publics pour l'avenir, mais qui *fait la* « *loi des parties* et subsiste tel qu'il a été fixé par « les textes organiques... tant que ces textes n'au- « ront pas été modifiés » (²).

II. *LA FACULTÉ DE REVISER LA RÉGLEMENTATION DU SERVICE ET DE LA FONCTION*

Cette faculté — que nul ne conteste — est le centre de la résistance à la théorie contractuelle. Nous nous sommes expliqué à ce sujet, soit à propos du contrat administratif en général, dans la sec-

(1) Cf. ci-dessus, p. 251 et suiv.
(2) Concl. Romieu sur C. d'E., 4 mai 1906, Babin, S. 1908-3-110.

tion I de ce chapitre, soit dans cette section II, à propos du contrat de fonction publique. Rappelons donc simplement :

1° qu'autre chose est d'imposer à un fonctionnaire la réorganisation de son service et de son emploi, autre chose que l'assujettir à un nouveau service ou à un nouvel emploi ; contre une mesure administrative tendant à le faire sortir du service et du poste qu'il a acceptés, le fonctionnaire est armé du recours pour excès de pouvoir (1) ;

2° que le recours pour excès de pouvoir serait également ouvert, du chef de détournement de pouvoir, contre toute révision dont le véritable objet ne serait pas le bien du service, et qui n'aurait pour but, par exemple, que d'éliminer tels ou tels fonctionnaires, au mépris de leur garanties légales ou réglementaires (2). Il y va ici, non plus de légalité, mais de *moralité* administrative (3).

Nous n'ignorons pas les objections que soulève, de la part de publicistes éminents, la notion à laquelle nous venons de faire allusion, et leurs efforts pour incorporer dans le contentieux de la légalité le recours pour détournement de pouvoir (4); et nous ne faisons pas de difficulté pour reconnaître que cette notion de moralité administrative est déconcertante par son imprécision ; peut-être même

(1) Cf. ci-dessus, p. 255-256; C. d'E., 1913, Combier et Courrèges, Rec., p. 920 ; Hauriou, *op. cit.*, p. 576.

(2) Cf. ci-dessus, p. 77.

(3) Cf. ci-dessus, p. 78 note (1), et ci-dessous, p. 263.

(4) Voir les articles de R. Bonnard, *Le pouvoir discrétionnaire des autorités administratives et le recours pour excès de pouvoir. Rev. de droit pub.*, 1923, p. 363 et suiv. ; M. Réglade, *L'exception d'illégalité en France, Rev. du droit publ.*, 1923, p. 393 et suiv. ; Jèze, *Du contrôle juridictionnel des lois. Rev. du droit pub.*, 1924, p. 400 et suiv.

ne traduit-elle pas exactement la pensée du Conseil d'Etat.

Or, voici justement que nous nous trouvons en mesure de l'éclaircir et de la redresser.

Si, par moralité administrative, il fallait entendre la sentimentalité — traduisons : l'arbitraire et la fantaisie du juge... ou « l'équité des Parlements » — hors le droit, cette notion subversive de tout ordre positif !

Par moralité administrative, ce qu'il faut entendre — et nous revenons à la conception jurisprudentielle du détournement de pouvoir, — c'est la « rationalité » de la loi, du contrat, de la concession ou de la fonction ; *l'idée* dont cette loi n'est que la traduction, ce contrat la mise en œuvre, cette fonction la prise en charge ; *l'idée* qu'il faut chercher derrière la loi ou le contrat et à laquelle il convient d'ajuster la volonté du législateur et même celles des contractants - sous les réserves signifiées, pour le contrat privé. à la fin de la précédente section (¹) : l'idée qui préside à l'engagement des agents publics et qui représente la direction et la limite dans lesquelles de nouvelles charges peuvent être imposées au fonctionnaire... comme au concessionnaire.

Toute loi, tout contrat, toute fonction à sa « moralité » dont elle est le vêtement juridique, comme la fable est l'enveloppe poétique d'une « moralité ». Cette moralité, c'est son *idée,* sa *raison,* chaque emploi public est un « rôle » à jouer dans une « pièce » qui est le service public ; nul fonction-

___

(1) Cf. ci-dessus, p. 225.

naire ne peut être contraint à changer de rôle. Ainsi
la formule équivoque de la moralité administrative
n'est, en somme, qu'une nouvelle manière d'exprimer cette vérité qu'en toute activité raisonnable
— même l'activité juridique et même celle de l'administration — tant vaut l'idée, tant vaut la volonté
appliquée à la servi. (¹).

De ce point de vue — moralité ou rationalité de
la fonction, comme il plaira, — découlent les deux
restrictions que nous venons de relever au pouvoir
de l'administration quant à la révision de la loi du
service, et qui sauvent le caractère contractuel du
lien entre l'administration et ses agents :

Restriction touchant le détournement de ce pouvoir à des fins étrangères au bien du service ;

Restriction touchant le détournement de l'activité de l'agent à des objets étrangers à la nature du
service et au cadre de l'emploi dans lesquels il s'est
engagé.

Il est une troisième restriction, commune avec les
deux premières, dans le principe du moins au cas
du fonctionnaire et au cas du concessionnaire.

Si, dans la ligne du service et de l'emploi, l'agent
se trouve grevé de nouvelles charges par suite d'une
nouvelle réglementation, et que cette surcharge
dépasse les prévisions qui étaient raisonnables lors
de l'engagement, n'y a-t-il pas pour le fonctionnaire, comme pour le concessionnaire, matière à
dedommagement ; et l'indemnité n'est-elle pas due
même lorsque le préjudice cause au fonctionnaire

---

(1) Nous empruntons ces développements aux notes qui nous
ont été communiquées par M. le professeur Renard (Cf. ci-dessus. p. 236. note (1).

comme au concessionnaire l'est par des événements fortuits qui bouleversent le milieu économique ? Si nous sommes en mesure de trancher cette question par l'affirmative, le rapprochement se fera tout à fait impressionnant entre les deux situations : ce rapprochement, hâtons-nous de le dire, n'ira, du reste pas, jusqu'à l'identité.

III. *L'ÉQUILIBRE FINANCIER DU CONTRAT DE FONCTION PUBLIQUE*

Deux situations peuvent être envisagées.

Première situation. L'administration, sans transgresser les limites de la légalité et de la moralité administrative, établit une réglementation nouvelle du service qui accroît la sujétion du fonctionnaire. Si elle n'accorde pas une compensation pécuniaire, elle risque fort de mécontenter son personnel ; nombre d'agents seront tentés de chercher ailleurs un emploi plus lucratif ; les plus intelligents et les plus actifs trouveront les premiers ; l'administration conservera les autres : l'intérêt public, le bien de la collectivité dont l'administration à la charge et d'où découlent tous ses pouvoirs et ses devoirs *juridiques,* n'y trouve évidemment pas son compte. L'administration n'a-t-elle point le devoir *juridique* de parer à cette débandade ?

Sans doute, elle est armée : elle peut refuser la démission ; mais que vaudront les services d'agents retenus contre leur gré et privés, par la volonté autoritaire de l'administration, de la situation qui leur était assurée dans les entreprises privées ?

*Vis-à-vis du public, sinon vis-à-vis de ses agents,
le devoir juridique* de l'administration n'est-il pas
d'augmenter les appointements en proportion de
l'augmentation des charges ? En fait, c'est bien ce
qu'elle fait : elle se comporte *comme si* ses fonctionnaires se trouvaient par rapport à elle dans un
rapport contractuel analogue à la situation du concessionnaire. Et voici justement qu'une proposition
de loi vient d'être déposée, qui tend à « réglementer
les *contrats individuels* entre les fonctionnaires et
l'Etat », et qui répond à la pensée d'accorder aux
plus méritants et aux plus dignes des avantages
particuliers afin de les retenir dans les cadres des
services publics (1). La pensée n'est peut-être pas
absolument neuve : c'est elle que traduit déjà, quoique peut-être insuffisamment le système de l'avancement au choix : toujours est-il que cette proposition manifeste bien l'appréhension que provoquent
chez les praticiens, les pouvoirs dont la doctrine
tient à gratifier l'administration sur ses agents —
augmenter le travail sans augmenter les appointements, — et leur croyance, non seulement à l'obligation pour l'Etat de se comporter *comme si* un
contrat le liait à ses fonctionnaires, mais à *l'existence même* de ce contrat, dont il conviendrait seulement de mieux « réglementer » les conditions :
alors, ce n'est plus seulement *vis-à-vis du public*
que l'administration aurait le *devoir juridique* de
rémunérer le travail supplementaire, *mais vis-à-vis
des fonctionnaires* ; cela deviendrait une question
de *justice commutative.*

(1) Proposition de loi déposée par M. Borel, le 24 décembre
1925, Doc. parl., Ch. des Dép., 13ᵉ législature, n° 2.314.

Quant aux représentants de la doctrine, les plus judicieux d'entre eux avouent que la condition légale et réglementaire n'est que la « théorie littéraire » de la fonction publique. « La rigueur de ce « droit (celui d'augmenter les charges), écrit M. « Hauriou, est, dans la pratique, singulièrement atténuée, par les traditions de l'administration, qui « s'attache à ménager les intérêts de ses fonction- « naires et qui, notamment, ne leur impose guère « des besognes supplémentaires sans leur allouer « des suppléments de traitements ou des gratifica- « tions ». (1)

En fait, l'administration se comporte donc vis-à-vis de ses fonctionnaires comme vis-à-vis de ses concessionnaires : à travail supplémentaire, rémunération supplémentaire.

Il y a tout de même une différence : c'est que, suivant la doctrine, à cette rémunération supplémentaire le fonctionnaire n'a pas *droit* ; il la reçoit comme une *faveur*. Et c'est là précisément le danger : pour les agents, d'abord, et, par ricochet, pour le service public et pour la collectivité. Si l'agent n'a ni certitude juridique contre l'aggravation des charges qui lui incombent, ni certitude juridique d'être rémunéré du surcroît de travail qui pourra lui être imposé, ni même certitude juridique du maintien de son traitement, à travail égal, et à conditions économiques égales, quelle certitude juridique l'administration peut-elle avoir et donner au public que cet agent n'ira pas chercher ailleurs la sécurité qu'elle lui refuse — ou du moins que la

____

(1) Hauriou, *Précis de droit administratif*, 10ᵉ édit., p. 576.

doctrine voudrait la forcer à lui refuser ? N'aperçoit-on pas que, sous prétexte de sauver le principe d'autorité dans l'administration, la doctrine met en péril le fonctionnement régulier des services publics, dont beaucoup de ses représentants font le principe fondamental du droit administratif et dont la première exigence est la stabilité du personnel ? Il n'y a pas de stabilité qui ne repose sur la confiance, pas de confiance qui ne repose sur le sentiment du droit.

Passons à la seconde situation. Les conditions économiques étant bouleversées par un cas fortuit dont les conséquences passent toutes prévisions, la jurisprudence du Conseil d'Etat oblige l'administration à rétablir au profit du concessionnaire l'équilibre financier du marché. La théorie de l'imprévision joue-t-elle également au profit du fonctionnaire ?

Nous n'hésitons pas à répondre que oui — quoi qu'on ne lui donne pas habituellement la dénomination sous laquelle elle a été popularisée ; et nous pourrions reprendre *mutatis mutandis*, à propos de cette seconde manifestation de l'idée d'équilibre financier, l'argumentation que nous venons de présenter à propos de la première.

D'abord, théorie mise à part, l'administration, en fait, tient compte des charges imprévues et imprévisibles que ses agents se trouvent supporter — non seulement comme le concessionnaire pour assurer le fonctionnement de leur service, —mais pour boucler leur propre budget. Indemnité de cherté de vie, de résidence, ou relèvements de traitement

indépendants de toute aggravation de service : ce
ne sont que des procédés de rétablissement d'équilibre entre les obligations corrélatives de l'administration — la garantie de ce que nous appellerions
le « salaire vital » si la terminologie reçue n'oppo-
sait pas justement le fonctionnaire au salarié. Pacte
de confiance, encore une fois — et la confiance ne
s'appuie qu'à un droit ; pacte à base de *justice distributive* — sous le rapport à présent considéré, —
dont l'exécution constitue pour l'administration un
double devoir *juridique* : devoir juridique *vis-à-vis
du fonctionnaire*, au profit duquel la saine raison
impose cette garantie en échange du dévouement
totale que l'administration est en droit d'en attendre et d'en exiger ; devoir juridique *vis-à-vis du
public,* dont c'est le droit de compter sur l'entier
dévouement des agents des services publics et qui
n'y peut compter, ni en fait ni en droit, sans cette
contre-partie !

Bref, le contrat de fonction publique assure à
tout agent, l'ajustement de ses appointements à
l'étalon envisagé lors de son engagement, soit à un
train de vie en rapport avec son rang dans la
société.

Ces obligations, l'administration les tient et elle
les tient parce qu'elle a le sentiment de le devoir :
voilà le contrat.

Et ce n'est pas tout. Non seulement à la suite de
la hausse du prix de la vie, les traitements des fonctionnaires en activité de service ont été augmentés
et les pensions, basées sur la moyenne des dernières
années de traitement, ont suivi une ascension pro-
portionnelle ; mais tel est le sentiment *du devoir*

juridique de garantie de l'administration à l'égard de ses fonctionnaires, qu'elle en est venue à relever les pensions de retraite liquidées **avant la guerre**, pour cette simple raison que ces pensions ne permettaient plus à leurs titulaires de **vivre** ; et qu'elle porte la responsabilité — elle, l'administration — du sort des citoyens qu'elle a une fois incorporés dans ses cadres. (Le fonctionnaire doit vivre de sa fonction), ceci est une thèse contractuelle : celle-là même — toutes distances observées et *si licet parva componere magnis* — qui autorise certains auteurs ecclésiastiques à classer les vœux de religion dans la catégorie du contrat : « le prêtre doit vivre de l'autel » — celle-là aussi qui permet de tenir pour une dette contractuelle l'obligation du mari de fournir à sa femme « tout ce qui est néces-« saire pour les besoins de la vie selon ses facultés « et son état » (art. 214, Code civil).

Seulement, il y a contrat et contrat, et beaucoup de variétés de contrats entre le mariage et les marchandages du bazar turc : le contrat de fonction publique est à mi-chemin...

Le fonctionnaire a *droit* à l'adaptation progressive de son contrat aux charges que font peser sur lui, d'une part les transformations de la loi du service — c'est le point de vue de la *justice commutative,* — d'autre part, l'aggravation du coût de la vie, par suite d'événements imprévisibles — c'est le point de vue de la *justice distributive.*

Bien entendu, l'administration a contre le fonctionnaire un *droit réciproque* en cas d'allègement des charges du service ou d'amélioration fortuite de la situation générale. Les traitements peuvent être réduits...

Sans autre limite, pour cause d'abaissement du coût de la vie, que le maintien d'une situation équivalente à celle qui avait été établie lors de l'engagement : l'administration doit à son agent un certain *étalon de vie,* ni plus ni moins.

En revanche, tant qu'elle exige de ce fonctionnaire le dévouement total que mentionnent tous les ouvrages de droit public au chapitre « des droits « et devoirs des fonctionnaires », elle n'a pas le droit, sous prétexte de réduction définitive ou temporaire des obligations du service, de réduire les appointements au dessous de cet étalon : le point de vue de la *justice distributive* tient en échec le point de vue de la *justice commutative.* C'est exactement l'attitude prise par le gouvernement lors de la dernière réforme administrative et judiciaire; jamais peut-être n'a mieux été mise en lumière l'obligation de *garantie* assumée par la collectivité envers les fonctionnaires de l'administration.

En définitive, *c'est peut-être en ceci que le contrat de fonction publique diffère le plus du contrat de concession, savoir que, du point de vue financier, celui-ci se ramène à UN SEUL PRINCIPE D'EQUILIBRE : charges et profits de l'entreprise, — celui-là vise à l'agencement d'UN DOUBLE PRINCIPE D'EQUILIBRE : équilibre du service rendu et de sa rémunération, équilibre des traitements et des besoins vitaux du fonctionnaire.*

C'est que le concessionnaire est un commerçant ; l'administration ne lui doit pas cette sorte de patronage qu'elle doit au fonctionnaire en échange du dévouement total qu'elle lui demande ; entre l'administration et le concessionnaire, il n'y a qu'une *relation d'affaires* ; entre le fonctionnaire et l'administration, il y a — si nous osons parler ainsi — un lien de famille ; pouvons-nous dire une obligation alimentaire : une obligation susceptible de perpétuelle révision « dans la proportion des besoins » du créancier et de « la fortune du débiteur » (C. civil, art. 208) ?

Nous venons ainsi d'anticiper sur la seconde partie de la comparaison entre le fonctionnaire et le concessionnaire.

§ 2. Différence entre le contrat de fonction publique et la concession

L'administration et le fonctionnaire ont des *droits* réciproques qui résultent d'un véritable contrat synallagmatique.

Pourvue de la prérogative de l'action d'office, l'administration n'a point de peines à réaliser ses droits : elle réduit les traitements, sauf aux intéressés à se pourvoir devant la juridiction administrative ; s'il n'est relevé ni cas de détournement de pouvoir, ni cas d'illégalité, le pourvoi sera rejeté.

Mais les droits du fonctionnaire au relèvement de ses appointements, au rétablissement de l'équilibre financier de sa collaboration au service public ?... C'est ici qu'apparaît la différence entre la condition du fonctionnaire et celle du concessionnaire.

Le concessionnaire a une action en justice pour obtenir le rétablissement de l'équilibre financier de son marché, s'il vient à être brisé par la volonté de l'administration ou par cas fortuit et imprévisible.

Observons pourtant que, pour bénéficier de cette reconnaissance par jugement, et pour être liquidé au contentieux, le droit du concessionnaire n'en reste pas moins privé de tout moyen de contrainte : l'administration exécute les jugements rendus si elle le veut bien et lorsqu'elle le veut bien (1). Personne n'a jamais tiré argument de là pour contester le caractère contractuel des rapports financiers de l'administration avec ses concessionnaires, ou — car il aurait fallu pousser la logique jusqu'au bout — pour contester l'existence d'obligations juridiques quelconques de l'administration envers les administrés : il n'en est aucune qui, même judiciairement établie, soit sanctionnée par la contrainte.

Cette observation ramène à sa juste mesure la différence entre le contrat de fonction publique et le contrat de concession. Le fonctionnaire, lui, n'a même pas d'action en justice à l'appui de son droit au réajustement de ses appointements.

En vérité, nous aboutissons à cette conclusion que *l'obligation contractuelle* de l'administration est de l'ordre des *obligations naturelles*, mais en y ajoutant que *la distinction entre l'obligation parfaite et l'obligation naturelle est moins profonde lorsque l'obligé est l'administration que lorsqu'il est un particulier*, puisque la seule supériorité de la première est de permettre au créancier d'obtenir

(1) Mlle M. FAYOLLE, *La force exécutoire des décisions de justice à l'encontre des décisions administratives*, thèse, Nancy, **1926**.

une décision de justice dont l'ascendant — purement moral — lui donne plus de chances de vaincre
la résistance de sa débitrice.

L'an dernier, l'un de nos prédécesseurs dressait
avec élégance tous les procédés imaginés par le
Conseil d'Etat pour amener l'administration à respecter *bénévolement* ses jugemeı ts (1) : les arrêts
de justice ne sont eux-mêmes qu'une manière de
peser sur l'administration pour la déterminer à
exécuter *bénévolement* ses obligations parfaites ;
l'imperfection de ses obligations naturelles n'est
que la privation d'un mode particulier d'influencer
la *bonne volonté* administrative.

Or, même en droit civil, l'obligation naturelle est
tenue pour tout autre chose qu'un devoir moral ;
c'est un vrai *devoir juridique* : « L'obligation natu-
« relle écrivent MM. Colin et Capitant, doit être
« distinguée avec soin du simple devoir moral.
« Elle est une véritable obligation, un lien de droit
« créant un créancier et un débiteur ; mais par
« suite de causes particulières, ce lien de droit est
« privé de la force coercitive. Le devoir moral, au
« contraire, est inexistant au point de vue juri-
« dique »(2). A *fortiori* l'obligation naturelle administrative, puisqu'en définitive toute obligation
administrative, même celle qui est assortie d'une
action en justice, est dépourvue de voies d'exécution.

*
* *

(1) Mlle M. Fayolle, *op. cit.*

(2) Colin et Capitant, *cours élémentaire de droit ci-
 çais*, 3ᵉ édit., tome II, p. 66.

Ainsi la seule objection qui reste à l'encontre de la théorie contractuelle de la fonction publique, c'est l'illusion tenace que « droit et contrainte, « c'est tout un ». Le mot est de KANT ; mais l'illusion règne bien au delà de la famille intellectuelle du philosophe de Kœnigsberg. Tout le droit international, tout le droit constitutionnel protestent contre la confusion du domaine juridique et du domaine contentieux : celui-ci a seulement une tendance à s'étendre jusqu'aux limites de celui-là ; d'où l'inclination moderne au contrôle juridictionnel de la constitutionnalité et les progrès de l'organisation de la justice internationale (1).

Du reste, il faut bien convenir que le procédé contentieux, — quelqu'ait été son rendement véritable à l'effet d'adapter les contrats administratifs et spécialement la concession, — n'est pas, jusqu'ici du moins, le procédé habituel d'accommodation du droit existant aux exigences nouvelles de la situation politique ou économique ; et c'est une raison de plus, du reste, d'admirer le courage intellectuel du Conseil d'Etat, lorsqu'au cours et au lendemain de la guerre, il s'est risqué dans la théorie de l'imprévision. Cette adaptation est plus souvent l'œuvre de la force que l'œuvre de la justice. C'est pourquoi le doyen HAURIOU soutient, au point de vue du droit constitutionnel, que les révolutions peuvent être tout autre chose qu'un fait purement historique, savoir un phénomène juridique de fon-

---

(1) G. RENARD, *Le Droit, la Justice et la Volonté*, 8ᵉ conférence, *Le Droit et la contrainte*, et DUGUIT, *Traité de droit constitutionnel*, tome II, p. 176 et suiv.

dation (¹) ; qu'au point de vue international. M. Le
Fur renouvelle la théorie scolastique de la guerre
juste(²) ; et qu'au même point de vue Paul Bureau
écrivait, au cours de la discussion du pacte de la
Société des Nations : « De même que des ouvriers
« qui se mettent en grève ne se plaignent pas néces-
« sairement de la violation des engagements pris,
« mais prétendent qu'il faudrait en prendre
« d'autres, et que les anciens sont devenus injustes
« et malfaisants, de même qu'à l'origine des mou-
« vements populaires et des révolutions, les insur-
« gés ne se plaignent pas de la prévarication des
« magistrats chargés de rendre la justice et des
« violations des lois qu'ils auraient commises, mais
« loin de chercher d'autres juges, soutiennent au
« contraire que tout jugement nouveau ne serait
« encore qu'une consécration nouvelle de l'injus-
« tice, et demandent justement que d'autres règles
« de droit, que d'autres institutions viennent rem-
« placer les anciennes règles et institutions décla-
« rées injustes, mauvaises — de même l'Etat qui se
« prépare à la guerre soutient qu'un *droit nouveau*
« doit être reconnu à son profit. Il n'a que faire de
« la stabilisation et de la consécration du *droit an-*
« *cien*, puisque justement, contre ce droit-là il pro-
« teste de toutes ses forces, et qu'il se déclare prêt

(1) M. Hauriou, *Précis de droit constitutionnel*, p. 10, 182 et
suiv.

(2) Cf. Le Fur, *Guerre juste et juste paix*, dans la *Rev. générale du droit international public*, 1919, p. 9 et suiv., 268 et
suiv., 349 et suiv. A rapprocher A. Vanderpol : *La doctrine
scolastique du droit de guerre* (édit. Chénon) 1919 et les articles
de MM. Battifol, Monceaux, Chénon, Vanderpol, Rolland, réunis sous le titre : *L'Eglise et le droit de guerre*, 2ᵉ édit., 1920.

« à mobiliser ses armées et ses flottes pour l'abo-
« lir » (1).

Le lecteur éprouverait pourtant une déception
sur laquelle nous nous en voudrions de le quitter,
si, au bout de la théorie contractuelle de la fonction publique, nous ne laissions entrevoir la réalisation des *droits* des fonctionnaires à l'ajustement
de leurs appointements, que par la violence ; et il
se méprendrait complètement sur notre pensée, s'il
nous prêtait une apologie de la grève dans les services publics (2). Nous sommes parfaitement persuadé, au contraire, que nulle doctrine n'est plus
apte que la théorie contractuelle à en éloigner la
perspective ; et peut-être est-ce là un titre à son
crédit auprès des « hommes de réalisation », qui
se soucient davantage d'y obvier effectivement
qu'ils ne s'intéressent à sa condamnation impi-
toyable au nom des principes, lorsque cette répro-
bation théorique s'accompagne d'un aveu d'impuis-
sance à peu près complète à l'empêcher et à la
réprimer (3).

Même dans les rapports internationaux, la violence n'est qu'un moyen extrême, auquel il n'est

(1) P. BUREAU. *La Société des Nations dans la Rev. hebdomadaire* du 8 mars 1919 (d'après G. RENARD, *le Droit, l'Ordre et la
Raison*, p. 128 et suiv.).

(2) Elle va contre le devoir de dévouement total que nous
maintenons, avec tous les publicistes, à la base des obligations
du fonctionnaire, mais dont nous exigeons la contre-partie,
sous la forme de ce que nous allons appeler un droit de garantie.

(3) L'unique sanction découverte jusqu'aujourd'hui est la
révocation sans recours aux formalités prescrites par la loi
(communication du dossier) ou par les règlements du service.
Elle est encore atténuée par la nouvelle loi sur les retraites
(14 avril 1924), suivant laquelle tout fonctionnaire qui, hors
le cas d'invalidité, quitte le service *pour quelque cause que ce
soit* avant de pouvoir obtenir son admission à la retraite, a
droit à la restitution des retenues qu'il a subies (art. 17 § 1).
L'administration ne peut plus punir,,, qu'en payant !

permis de recourir qu'à défaut de tout moyen pacifique.

Entre *l'organisation de la vie privée*, où la justice
qu'on se rend à soi-même a disparu devant la justice d'Etat, — et *l'organisation* (ou la désorganisation) *de la vie internationale* où la guerre demeure
hélas ! une fatalité dont on ne parviendra peut-
être jamais à empêcher définitivement le retour, —
l'organisation de la vie administrative occupe une
position intermédiaire.

Entre la *justice* des tribunaux, dont le règne a
presque complètement refoulé l'usage de la *force*
dans les relations de la vie privée, — et la *force,*
dont les progrès de l'idée de *justice* internationale
ne permettront pas, de longtemps. aux Etats de
dédaigner l'usage, — il est des moyens intermédiaires dont l'ancien droit privé a fourni les mo-
dèles, et dont le droit international a recueilli la
tradition : négociations, bons offices, médiation,
arbitrage... tranchons le mot : *contrat.*

En avance sur le droit international, en retard
sur le droit privé, la théorie de la fonction publique
est peut-être aujourd'hui le terrain d'élection de
ce troisième procédé de réalisation du droit.

C'est en tout cas éloigner la perspective de la
grève dans les services publics, que de l'organiser
solidement !

Le moment n'est pas venu, sans doute, pour les
tribunaux, d'user à l'endroit du contrat de fonction
publique, de la liberté qu'ils ont prise à l'endroit
du contrat de concession, et d'ajuster, d'autorité,
traitements et indemnités complémentaires aux
nouvelles exigences de la réglementation du ser-

vice et aux transformations du milieu économique.

Mais le moment est venu d'organiser entre les fonctionnaires et l'administration, selon les convenances propres des divers services, un régime de *collaboration* qui comporte la *solution pacifique des conflits* qui peuvent les diviser.

C'est la tâche des associations professionnelles de la provoquer ; c'est le devoir de l'administration de s'y prêter.

En fait, c'est bien, dès à présent, dans une collaboration, souvent confiante, entre l'administration et les associations corporatives que se *négocient* les barèmes de traitement, et c'est en conséquence de ces *accords* avec les représentants dûment mandatés de ses agents, que l'administration fixe par *mesure unilatérale*, la rémunération de son personnel.

Nous avons, au cours de ce travail, relevé maintes *réglementations* administratives assimilées par des *conventions* ; voici, pour finir, des *conventions* — singulièrement analogues au contrat collectif de travail — assimilées par des *réglementations*.

Opération *réellement une* et indécomposable, dans l'un et l'autre cas, en dépit de *l'analyse logique* que nous en suggère notre tempérament intellectuel de juristes brisés au droit romain et à la scolastique ; opération *réellement complexe*, en dépit de ce culte des *abstractions simplificatrices* qui nous porte, en l'un et l'autre cas, à abolir par persuation la moitié des données de la situation et

è mirer notre propre esprit dans la belle clarté...
de ce qui reste (¹).

Réglementation mobile, dont les variations régissent sur l'économie de la convention sans parvenir à en rompre l'équilibre : voilà le contrat de
fonction publique. Négociations contractuelles,
dont les conclusions se cristallisent en forme de
règlement : ainsi s'accomplit la réadaptation constante de ce contrat.

Le contrat est à la naissance de l'état de fonctionnaire, et c'est par le contrat que l'état de fonctionnaire s'accommode, au jour le jour, aux besoins
du public et aux besoins du fonctionnaire ; le contrat est le régulateur qui tient en constant équilibre
ces deux groupes de besoins : par les satisfactions
en nature qu'il assure aux premiers la réadaptation du service aux légitimes exigences des
usagers ; par les satisfactions en argent qu'il assure
aux seconds : la compensation pécuniaire des
charges nouvelles et imprévisibles, qu'elles proviennent du fait de l'administration ou du cas fortuit : la *garantie* — au sens civiliste du mot —
savoir l'obligation de *maintenir* un état de choses
contre le *trouble,* d'où qu'il provienne, la garantie
de la jouissance d'une « situation », *rem habere
licere* (Dig., xɪx, 1, *de actionibus empti et venditi,*
30 § 1) (²).

---

(1) Au cours de l'impression de cet ouvrage paraît un article
de M. A. Rouast, *L'abstrait et le concret dans le droit,* au 8ᵉ
Cahier de la Nouvelle Journée intitulé : *Où chercher le réel ?*
Nous regrettons de n'avoir pu l'utiliser.

(2) Cette conception n'impose pas nécessairement l'échelle
mobile des traitements. C'est une question de pure technique
de savoir s'il ne vaut pas mieux conserver le système des traitements fixes, sauf à courir le risque de révisions assez rap-
prochées en période d'instabilité monétaire, ou même s'il n'est

CONCLUSION

Nous voilà de retour au point de départ de cet
ouvrage.

La *garantie* du fonctionnaire sur laquelle nous
venons de clore la discussion, est-ce autre chose
que la *stabilité* du poste et de l'attachement de
l'agent à son emploi, par où nous l'avons ouverte
dans l'introduction ?

Garantie : ce mot est d'origine civiliste ; et le
droit civil connaît bien des variétés de la garantie.
La garantie est un genre aux espèces multiples. Le
genre, c'est l'obligation de maintenir un état de
choses contre les éventualités qui viendraient à le
compromettre : le trouble ; une obligation dont
l'objet n'est déterminé que par le résultat à
atteindre : la sécurité, et qui demeure incertaine
quant aux activités qui s'imposeront au garant
pour y parvenir. Mais autre est la garantie due par
le vendeur, autre la garantie contre l'éviction,
autre la garantie due par le bailleur, autre la
garantie des copartageants ; autre la garantie
contre des vices cachés... Ce sont les espèces. Ainsi
en droit public, autre est la garantie due au concessionnaire, autre la garantie due au fonctionnaire :
ce sont les mêmes éventualités qui y donnent ouver-

---

pas préférable de combiner les deux procédés, celui-ci fonction-
nant pour les traitements de base, et celui-là pour certaines
indemnités complémentaires.

ture — le fait du garant et le cas fortuit, — et elles aboutissent toutes deux à une simple réparation pécuniaire ; mais, l'une est assortie d'une action en justice, l'autre n'est qu'une obligation naturelle...

Garantie : ce terme civiliste n'est pas étranger à la langue administrative. Dans celle-ci, on a coutume de l'entendre de la protection accordée par l'administration à ses agents contre les poursuites des particuliers — l'indestructible article 75 de la constitution de l'an VIII, — une manière de garantie « contre le fait des tiers », une garantie qui aboutit non seulement à une réparation pécuniaire comme la garantie « contre le fait de l'administration » (aggravation du service) ou contre « les cas « fortuits » (imprévision), mais à une « défense directe » : « prendre le fait et cause » pour le fonctionnaire, le soustraire aux poursuites dirigées contre lui, se substituer à lui devant la justice.... Est-ce que l'article 75 de la jurisprudence du Tribunal des Conflits ne représente pas simplement une *espèce* de plus dans le *genre* de la garantie ? Et ne pourrait-on pas prolonger le cadre de la garantie jusqu'à cet ensemble de mesures que les criminalistes appellent la « protection pénale de la fonc- « tion publique » : répression des délits contre fonctionnaires, privilège de juridiction des fonctionnaires ?

Stabilité, garantie... Pour traduire ces idées, la technique juridique n'a point de forme plus adéquate et pour réaliser ces desiderata de procédé plus énergique que le *contrat*.

Le contrat représente dans l'économie juridique la catégorie de la sécurité, comme la loi (ou le règlement) la catégorie de la mobilité : les lois et les règlements changent et les situations contractuellement acquises demeurent, résistant au changement des lois et des règlements. C'est lè plus clair de la théorie de la non-rétroactivité des lois, — de la distinction des droits subjectifs et des statuts [1] (ou des droits et des intérêts, des situations individuelles ou subjectives et des situations générales ou objectives, des actes générateurs et des actes-condition... suivant les vocabulaires).

N'existe-t-il donc pas une affinité spontanée entre la fonction publique et le cadre contractuel ? Et si le cadre contractuel, tel qu'on le trouve décrit dans les ouvrages de droit civil est inapte à abriter la condition du fonctionnaire, n'y a-t-il pas lieu de présumer que c'est ce cadre qui est trop étroit ?

C'est la pensée qui a inspiré nos recherches. Nous l'avons prise pour une hypothèse. Nous ne nous flattons pas de la belle sérénité du savant qui bâtissait ses hypothèses avec amour, et puis qui les traitait en ennemies, s'acharnant à les démolir afin d'en éprouver la résistance. Nous ne nous défen dons pas d'avoir trop souhaité la vérification, pour prétendre à un désintéressement absolu dans la poursuite de nos investigations... Nous ne pensons pas, tout de même, tomber dans le parti pris, en signant, à cette dernière page, le protocole de la démonstration.

---

(1) G. RENARD, *Notions très sommaires de droit public français*, p. 164 et suiv.

Que si pourtant nous avons exagéré la part du contrat dans la théorie de la fonction publique, notre entreprise n'en gardera pas moins — nous osons l'espérer — une sorte de valeur dynamique : il fallait bien un contrepoids aux doctrines qui exagèrent l'élément légal et réglementaire de la situation ! Ce serait déjà quelque chose d'avoir contribué à remettre cet *équilibre...*

Et si nous fûmes tellement maladroit, qu'il ne reste rien en cette étude qui mérite d'être retenu, ce sera encore notre consolation de nous souvenir que maintes erreurs loyales ont aidé à la découverte de la vérité, et qu'en ce monde, où tout est ordonné, il n'est pas possible qu'un effort sincère soit tout à fait perdu.

ERRATA

P. VII - ligne 10, *au lieu de* : des contrats, *lire* ; du contrat.

ligne 21, *au lieu de* : joindrait, *lire* : joindraient.

ligne 26, *au lieu de* : nous à, *lire* : nous a.

P. 2 - ligne 10, *ajouter* ? à *fonctionnaire*.

P. 7 - ligne 3, *au lieu de* : titularisation de, *lire* : titularisation dans.

ligne 31, *au lieu de* : il leur reste, *lire* : il lui reste.

P. 8 - lignes 4 et 5, *au lieu de* : contentieux de leur responsabilité et de leurs contrats, *lire* : contentieux de sa responsabilité et de ses contrats.

P. 10 - ligne 11, *au lieu de* : émoluements, *lire* : émoluments.

lignes 17 et 18, *au lieu de* : laisser l'option *aux villes et aux communes*, *lire* : laisser l'option *aux employés des villes et des communes*.

note 3, *au lieu de* : plus haut, *lire* : ci-dessous.

P. 11 - ligne 17, *au lieu de* : *élément contractuel*, *lire* : *l'élément contractuel*.

P. 18 - note, ligne 9, *au lieu de* : 3ᵉ édit., *lire* : 11ᵉ édit.

ligne 13 et 14, *lire* : *Les agents de l'Etat*, étude publiée dans Leçons de droit, etc.

ligne 16, *barrer* : 2ᵉ édit.

P. 27 - ligne 29, *au lieu de* : Mais quel, *lire* : Mais quelle.

P. 32 - note, ligne 2, *au lieu de* : est acceptée, *lire* : et acceptée.

P. 39 - ligne 26, *au lieu de* : doit, *lire* : peut.

P. 42 - note, ligne 2, *au lieu de* : ci-dessous, *lire* : ci-dessus.

P. 45 - note, ligne 5, *au lieu de* : l'acceptation plurilatérale, *lire* : l'acte plurilatéral.

P. 46 - note 1, ligne 2, *au lieu de* : une manifestation, *lire* : une double manifestation.

note 4, *au lieu de* : 1915, *lire* : 1916.

P. 48 - lignes 4 et 5 des notes *à intervertir*.

P. 51 - lignes 2 et 3 des notes *à intervertir*.

P. 58 - note, ligne 3, *compléter* : (p. 17 et 42).

P. 61 - ligne 26, *barrer* : parallèles du droit civil et.

P. 66 - ligne 13, *au lieu de* : d'obligations juridiques, *lire* : d'obligation juridique.

P. 69 - ligne 4, *après* : conformes, *ajouter* : des commissaires.

P. 70 - ligne 8, *au lieu de* : l'exécution, *lire* : l'exclusion.

note, ligne 1, *au lieu de* : qu'elle est, *lire* : qu'elle s'est.

P. 75 - *barrer* : ligne 25.

P. 91 - ligne 16, *au lieu de* : prélimitaires, *lire* : préliminaires.
note, ligne 5, *barrer* : pas.

P. 95 - ligne 31, *au lieu de* : travail, *lire* : brevet.

P. 101 - note 2, *après* : *Rev. du droit publ.*, *ajouter* : 1917.

P. 105 - ligne 22, *au lieu de* : emploi réservé, *lire* : emplois réservés.

P. 106 - lignes 2 et 3, *au lieu de* : aux lieux et places, *lire* : aux lieu et place.

P. 111 - ligne 17, *au lieu de* : distincte, *lire* : distinctes.

P. 113 - note, ligne 1, *après* : PECHIN, *ajouter* : *Rev. du droit publ.* 1917
note, ligne 7, *au lieu de* : protestative, *lire* : potestative.

P. 115 - ligne 5, *au lieu de* : peut toujours modifier, *lire* : peut toujours la modifier.
note, *barrer* : de ce même chapitre.

P. 116 - ligne 20, *au lieu de* : conscrits, *lire* : inscrits.

P. 117 - ligne 2, *après* : obligations, *ajouter* : militaires.

P. 120 - ligne 26, *au lieu de* : d'en, *lire* : à en.

P. 121 - ligne 18, *remplacer* : (2) par (1); *de même* : ligne 9 des notes.

P. 126 - ligne 18, *au lieu de* : et de stage requis, *lire* : de stage requises.

P. 133 - ligne 3, *au lieu de* : suffirait, *lire* : suffira.

P. 137 - note 1, ligne 3, *au lieu de* : d'autre part, *lire* : d'une part.

P. 141 - note 3, ligne 5, *au lieu de* : confiés, *lire* : confiées.

P. 146 - ligne 21, *au lieu de* : en plus de traitement, *lire* : en plus de leur traitement.
note 1, ligne 8, *au lieu de* : pour surplus, *lire* : pour le surplus.

P. 148 - ligne 14, *au lieu de* : envers les ters, de même elle doit éviter de les substituer, *lire* : envers les tiers, de même elle doit éviter de se substituer.

P. 149 - ligne 3, *entre* 1912 *et* un ministre, *intercaler* : confirmant et accentuant les mesures déjà prises par un arrêté du 13 juillet 1908.

P. 150 - ligne 9, *au lieu de* : trop, *lire* : très.

P. 151 - ligne 5, *au lieu de* : qu'on y, *lire* : qu'on lui.

P. 152 - ligne 4, *au lieu de* : Personnels, *lire* : Personnel.
note 1, ligne 11, *au lieu de* : et ils, *lire* : et ne.

P. 153 - ligne 13, *entre* d'autre part *et* par le législateur, *intercaler* : écartée.

Supprimer la note 2.

Intercaler au début de la note 3 : Loi du 27 fév. 1912, art. 30, pour les commis des contributions directes, de l'enregistrement et des hypothèques (cette disposition qui, dans le projet figurait sous les art. 39 et 41, fut combattue au Sénat, en tant qu'elle consolidait les garanties de stabilité données à ce personnel par l'arrêté du 13 juil. 1908, confirmé et accentué depuis lors par l'arrêté du 27 juil. 1912; et pour les motifs mêmes qui entraînèrent l'annulation de ce dernier arrêté, cf. S. *Lois annotées* 1913, p. 404, et ci-dessus, p. 149).

P. 157 - ligne 6, *au lieu de* : c'est, *lire* : c'était.

lignes 13, 14 et 15, *au lieu de* : On ne peut donc en tirer un argument... Il ne s'en suit pas... doive être, *lire* : on ne pouvait donc en tirer un argument... Il ne s'en suivait pas... dût être.

P. 158 - *Intercaler entre lignes 5 et 6 :* Quant aux chefs de cabinet, chefs adjoints, mem-.

P. 159 - ligne 7, *au lieu de* : engager pour, *lire* : aux dépenses engagées pour.

ligne 16, *au lieu de* : réservé, *lire* : reversé.

ligne 21, *au lieu de* : de supporter, *lire* : supporter.

P. 160 - ligne 18, *au lieu de* : comprennet, *lire* : comprennent.

P. 162 - ligne 20, *au lieu de* : du fonctionnaire, *lire* : des fonctionnaires.

note 1, ligne 10, *au lieu de* : n° 274, *lire* : p. 274.

P. 164 - note 4, *ajouter in fine* : 4000 frs.

P. 194 - lignes 23 et 24 *à intervertir*.

P. 218 - note 2, ligne 7, *au lieu de* : lécionnaires, *lire* : lésionnaires.

P. 230 - ligne 21, *au lieu de* : l'incessente, *lire* : l'incessante

P. 236 - note 1, ligne 3, *au lieu de* : Justa, *lire* : Insta.

P. 240 - lignes 22 et 23, *au lieu de* : concession-, *lire* : concessionnaire.

P. 241 - note 1, *compléter* : ci-dessus p. 174.

P. 243 - ligne 14, *au lieu de* : tenu, *lire* : tenue.

P. 245 - ligne 18, *au lieu de* : la volonté philosophique, *lire* : la vérité philosophique.

P. 249 - ligne 18, *au lieu de* : progressivement, *lire* : progressive.

P. 269 - ligne 4, *après :* administration, *intercaler :* et de ses agents.

P. 280 - ligne 16, *après ;* premiers, *intercaler* :

P. 281 - ligne 19, *barrer :* autre la garantie d'éviction.

ligne 21, *après :* copartageants, *intercaler :* autre la garantie contre l'éviction.

ligne 22, *mettre :* espèces *en italique.*